中国传统文化的发展与创新研究

樊尚婧 ◎ 著

中国原子能出版社
China Atomic Energy Press

图书在版编目（CIP）数据

中国传统文化的发展与创新研究 / 樊尚婧著 . -- 北京 : 中国原子能出版社 , 2022.12

ISBN 978-7-5221-2572-5

Ⅰ . ①中… Ⅱ . ①樊… Ⅲ . ①中华文化—研究 Ⅳ . ① K203

中国版本图书馆 CIP 数据核字 (2022) 第 241638 号

中国传统文化的发展与创新研究

出版发行　中国原子能出版社（北京市海淀区阜成路 43 号 100048）

责任编辑　马世玉

责任印制　赵　明

印　　刷　北京天恒嘉业印刷有限公司

经　　销　全国新华书店

开　　本　787mm × 1092mm　1/16

印　　张　10.125

字　　数　205 千字

版　　次　2022 年 12 月第 1 版　　2022 年 12 月第 1 次印刷

书　　号　ISBN 978-7-5221-2572-5　　　定　　价　76.00 元

前　言

在全球化背景下，我国传统文化的传承与发展工作要与时俱进，紧跟时代前进的步伐。中华民族有着极为深厚的文化底蕴，传统文化源远流长，为了提升我国在世界范围内的综合实力，实现中华民族的伟大复兴，就必须高度重视对优秀传统文化的传承和发扬工作，向世界展现出自身丰富且优秀的传统文化底蕴。中国作为四大文明古国之一，拥有悠久的历史文化，中国传统文化代表着中华民族发展历程中的文明、风俗以及精神，是民族谋求稳定、可持续发展的重要支撑。在社会不断发展的当下，我国政府部门要高度重视中国传统文化的创新传承与发展工作，充分发挥自身的重要作用，引领各行各业加强对优秀传统文化的学习和传承，推动我国文化事业建设和谐健康发展。

本书对中国传统文化的传承与发展展开分析与探讨。首先介绍了中国传统文化的基础知识、中国传统文化的发展、中国传统文化的基本精神，然后探讨了中国传统艺术、中国传统文化的创新研究，最后重点分析中国传统文化的传承以及新时代中国传统文化的传承价值等。

在撰写本书的过程中得到了许多专家学者的指导和帮助，在此向他们表示诚挚的谢意。由于笔者水平有限，加之时间仓促，书中难免有不尽如人意之处，欢迎各位读者批评和指正，以便笔者进一步修改，使之更加完善。

目　录

第一章　中国传统文化概述

第一节　浅析中国传统文化

世界文化丰富多彩，中国传统文化是其重要的一部分。要想更好地认识中国传统文化，必须正确地认识中国传统文化在当今世界的地位、作用及发展前景：中国传统文化在当今世界的地位举足轻重、不容忽视；中国传统文化在当今世界的作用如鼎之重；中国传统文化在当今世界的发展前景一片光明。

一、中国传统文化在当今世界的地位

世界文化由各个国家独具特色的文化构成。虽然各个国家的文化没有好坏优劣之分，但是有强与弱、主流与非主流、主导与非主导之别。现在，中国的传统文化独领风骚，在世界文化潮流中处于核心地位，并且全球各民族的传统文化处于“你中有我，我中有你”的和谐状态。

在历史上，各个国家的传统文化在整个世界文化中的地位、强弱由其自身在世界中的作用、贡献大小来决定。从人类几千年的发展历史来看，一个国家不论大小，都对世界文化做出过贡献，这是一个不争的事实。但另一个事实是，各个国家对世界文明、文化做出的贡献是不一样的。有的国家对周围国家产生了较大的影响，而有的国家对周围国家的影响相对较小。在古代，中国是世界上社会经济发展最好的国家之一，社会经济的发展带来的是中国传统文化的兴盛，此盛况使得各国纷纷向我国学习。可以说中国传统文化在很长一段时间内影响着世界文化的发展。

到了近代，西方各国纷纷进入工业化生产阶段，并早早地完成了工业革命。相比中国传统文化，近代工业时期的西方文化更能代表世界文化发展的大趋势。与此同时，中国传统文化在整个亚洲乃至全世界的核心地位受到严重影响，且处于下滑趋势，相反，近代工业时期的西方文化居于领先地位。

在现代，伴随着西方世界种种弊端的出现，西方文化在世界上的领先地位开始动

摇，而中国传统文化开始渐渐显露出它的优势。西方文化与中国传统文化都是构成世界文化的有机组成部分。从世界范围来看，西方文化与中国传统文化相得益彰，且处于一种“你中有我，我中有你”的和谐状态。

二、中国传统文化在世界范围内的作用

（一）中国传统文化是中国向世界展示自身的一面镜子

偌大的世界由众多的国家组成，各个国家在世界中既是各自独立的，又是紧密联系的。近年来，随着全球化的深入发展，世界各个国家和民族的联系越来越紧密。而此时，中国在世界的发展势头日趋强劲，这得益于其自身丰富的传统文化。中国的传统文化是中国向世界展示自身的一面镜子，通过这面镜子，世界上的各个国家和民族都可以更好地认识中国，从而为中国在世界的发展奠定良好的基础。

（二）中国传统文化是可供其他国家借鉴的文化宝藏

中国传统文化既是中国的文化又是世界的文化，文化最大的特点在于其无国界性。中国传统文化的发展得益于中国得天独厚的自然环境及人文条件等，中国独特的传统优秀文化博大精深、内涵丰富，有着无限的开放性、包容性等。中国传统文化的诸多特点中有很大一部分是其他国家文化所不具有的，因此，这就对其他国家的文化有了一定的借鉴意义。

三、中国传统文化的发展前景

（一）中国：发展壮大

中国传统文化是在中国土生土长的文化。有人说，在经济全球化的今天，各个国家的联系日益紧密，照这样发展下去，国家与国家之间的界限会越来越模糊，此时，各国的传统文化便会显现出其巨大的作用。各国的传统文化是各个国家形象的标志，为了更好地体现本国的民族特色，各国都在大力发展本土的传统文化，中国也不例外。中国的传统文化是中国在漫长的历史发展过程中延续下来的思想文化、思维方式、行为方式、风俗习惯、制度规范和宗教艺术等的总和。同时，它也是“中国”之所以成为“中国”、“中国人”之所以叫作“中国人”的原因。大力发展中国传统文化，可以更好地巩固中国的根基，可以更好地展示中国与其他国家的不同之处。为此，我国应大力发展中国传统文化，使中国传统文化在本土能够将根基扎得更牢，从而得到更好的发展。

（二）国外：广泛传播

当今的世界不仅是文化多元的世界，还是文化融通共荣的世界。中国优良传统文化的源远流长不仅在中国本土有体现，而且在世界范围内也有体现。中国在发展自身传统文化的同时，也加快了将自身文化向世界传播的速度。中国优秀传统文化与其他国家的文化相比必定有其出彩的地方，这促使其被他国学习、借鉴。这是一个发展的态势，也是一个必然的趋势。

（三）世界：汇聚普世源流

中国传统文化的核心是儒学。儒学是人类文明宝库的重要组成部分，在中国乃至全世界的现代化历史进程中有举足轻重的地位。不仅如此，中国传统文化的精髓更是为世界文化的丰富多彩奠定了坚实的基础，提供了重要的思想源泉。例如中国传统文化儒家思想中的“天下为公”“大同社会”等思想至今仍不过时，后人根据所处时代背景不断对其加以完善，形成具有时代意义、包含新时代内涵的新思想，如“和谐社会”“公有”“民主平等”等。这些思想具有更大的开放性、包容性。这些都是今后世界发展的大势，是全人类共同发展进步的必由之路。

第二节　浅谈中国传统文化的基本特质

习近平总书记在党的十九大报告中指出，要“深入挖掘中华优秀传统文化蕴含的思想观念、人文精神、道德规范，结合时代要求继承创新，让中华文化展现出永久魅力和时代风采”。尤其是面对当前历史虚无主义、文化虚无主义的肆意泛滥和西方文化的挑战，发挥和利用好中国传统文化的优势，讲好中国故事，传播好中国声音，对提高中国文化软实力、增强民族文化自信有着非常重要的现实意义。弘扬和创新中国传统文化，首先要把握中国传统文化的基本特质。与西方的智性文化、罪感文化相比，中国传统文化主要表现为和合文化、德性文化、喜感文化。

一、和合文化

“和合”有和谐、和平、融合、包容、和而不同等多重含义，“和合”理念是贯穿中国传统文化的一条主线，是中国文化具有包容性、和谐性、持续性等特点的主要原因。国学大师汤一介先生认为，中国传统文化最为显著的一个特点和优势是追求“普遍和谐”。“普遍和谐”的观念体现在儒释道三家的思想中，包括自然的和谐、人与

自然的和谐、人与人的和谐以及人自我身心内外的和谐四个方面，它比较全面地体现了中国文化的本质。儒家的和谐观念以“自我身心内外的和谐”为起点，通过提高道德修养实现自我身心的和谐，进而推广到人与人的和谐，人类社会和谐了，人才能很好地处理人和自然的关系。人与自然和谐了，人才不会破坏自然本身的和谐。

“合”音同“和”，二者在意义上是相通的。在文学含义上，“合”指运动时全身上下能互相配合、协调一致，各肢体间的动作能恰到好处，没有过与不及的情况，即“中和”。汤一介先生指出，中国哲学的主题和精义是“天人合一”“知行合一”“情景合一”，这三者对应着具有普遍意义的真、善、美三个价值。中国传统哲学的主流儒家思想是康德式的“真—美—善”，儒家思想的主流大都把论证“天人合一”或说明“天人合一”作为第一要务。中国人的思维方式主要表现为一种“合”的整体性思维，其讲究共性，包含集体主义观念、爱国主义传统等。与此相反，西方文化更多地承袭了古希腊柏拉图、亚里士多德等人主客二分的思维方式。汤一介先生说：“欧洲（西方）的思维模式从轴心时代的柏拉图起就是以‘主—客’（即‘心—物’或‘天—人’）二分立论。然而中国哲学在思维模式上与之有着根本不同，是从轴心时代就以‘天人合一’（即‘主客相即不离’）立论。”从柏拉图的宇宙二元论将现实世界与理念世界区分开来，到康德的“现象界”和“物自体”之分，西方文化中的“分”的思维方式始终占据主导地位，且更多地强调个人权利至上。

二、德性文化

钱穆先生曾指出，“中国的文化精神，要言之，是一种人文主义的道德精神”。张岱年先生说，如果把西方文化视为“智性文化”，那么中国文化则可以被称为“德性文化”。西方文化重知识，中国文化尊德性。中国德性文化以“天人合一”“物我一体”为前提，以人与自然的和谐为目标；而西方智性文化以人和自然的对立为前提，以人类对自然的征服为目标。在主客二分的思维模式下，西方人追求的是一种向外的超越，要与自然做斗争。斗争必须借助自然科学这种理性工具，所以，一切科学知识都是为人类改造世界而服务的，甚至哲学在西方也被称为“智慧之学”。西方传统文化普遍认为人是理性的动物，理性是人区别于其他动物的重要标志，教育的目的就是追求知识、探索真理，把人培养成富有理性的人。中国传统文化一直以儒家思想为主导，而儒家文化以伦理道德为本位。孔子是儒家思想的缔造者，在长达几千年的中国传统文化与传统教育中，对人类影响最大的莫过于孔子，孔子提出了“天人合德”的观点，认为人应效法天，与天合德，以达到“天人合一”。儒家文化非常强调教化的作用，其在发展过程的始终都渗透着伦理道德的观念。所以，汤一介先生认为，儒家学说的核心在于“教人如何做人”，教育最主要的目的是培养有德行、具有健全人格的人。

仲小燕在《论中华传统德性文化》一文中将中华传统德性文化概括为“天人合德”

的崇德意识、“厚德载物”的立德思想、“以德修身”的自律主张、“为政以德”的治国方略、“德才兼备”的人才要求和“以德报德”的伦理准则。在笔者看来，崇德意识是最重要的，而中国人的崇德意识实际上与前文所述的“和合”理念密不可分，要讲和谐，必与人为善。董仲舒说过：“夫德莫大于和，而道莫正于中。”“德”生于“和”，“和”即“德”。“德”的最终目标和落脚点就是“和”，道德建设的目标就是追求和谐的价值理想。上至国家的稳定和谐，中至宗族、家庭的团结和睦，下至个人自我身心的宁静和谐，其实现的途径都是“尊德性”。周公（周文王姬昌第四子）提出，统治者必须“以德配天”“敬德保民”，只有有德者才可承受天命，而失德就会失去天命。因此，统治者必须恭行天命，尊崇上天与祖宗的教诲，爱护天下百姓，做有德之君。《朱子家训》云：“君之所贵者，仁也。臣之所贵者，忠也。父之所贵者，慈也。子之所贵者，孝也。兄之所贵者，友也。弟之所贵者，恭也。夫之所贵者，和也。妇之所贵者，柔也。事师长贵乎礼也，交朋友贵乎信也。”朱熹对君臣、父子、兄弟、夫妻、师生、朋友之间的伦理道德关系做了全面的论述，讲明了每个人在国家、社会、家庭中应尽的道德责任和相应角色的义务，构建了一个相亲和睦的理想图景，是对中国传统德性文化要求极为简洁而恰当的说明。

三、喜感文化

大致而言，中国传统文化是一种讲究和谐、追求完美、注重以和为贵的喜感文化。中国的“喜感文化”和“德性文化”都是从“和合文化”中派生出来的。

在“和合”理念、“合”的整体性思维的指导下，人们在生活实践中必然注重崇德向善、热爱和平、以和为贵，其结果必然是皆大欢喜、其乐融融。简言之，“合”则“和”，“和”则“喜”。与中国传统文化“合—和—喜”基本特质相对应，西方传统文化的特点是“分—斗—悲”。如上文所述，西方文化在主客二分理念支配下的目标必然是征服自然、改造世界，而斗争的结果往往带有悲剧色彩。在西方人看来，西方悲剧意识、罪感文化的源头可以追溯到亚当和夏娃。当年其二人因受毒蛇的诱惑，违背了上帝的禁令，偷吃了伊甸园里的智慧果，受到了上帝的惩罚，最终被赶出伊甸园。亚当和夏娃的这一罪过传给了他们的后代，成为人类一切罪恶和灾难的根源，被称为原罪。人在出生的时候为什么要哇哇大哭？因为人生而有罪，人生就是赎罪的过程。所以，叔本华说，“人生的本质就是痛苦”，人从出生开始就是一个悲剧，注定要受苦受难。

中国的喜感文化体现在中国传统文学作品中就是大团圆式的结局。与西方的罪感文化不同，中国式的悲剧作品往往会在悲剧之后加上一个“尾巴”，让它有一个相对圆满的收场，典型的如《梁山伯与祝英台》《长生殿》等爱情故事，其基本上都是本着“大团圆”的原则让有情人终成眷属；《窦娥冤》《赵氏孤儿》等中的人物最终一定是“善有善报、恶有恶报”。所以，中国“悲剧”是否真的属于悲剧，一直以来备受争议。依笔者看来，中国传统文学作品中的悲剧实质上是一种“悲喜剧”，体现的是中华民族特有的人文关怀和乐观主义精神。而西方古典悲剧往往会令主人公处于悲惨的境遇中，乃至令他们被毁灭，使读者心生怜悯和恐惧，或以一种悲壮的美让人久久不能忘怀。在西方人看来，残缺也是一种美。而中国人总觉得断臂的维纳斯有点儿美中不足，不够完美，这是因为中国人追求的是“十全十美”，在潜意识里接受不了罪感文化，没有西方人的悲剧意识。

第三节　科学对待中国传统文化

在纪念孔子诞辰 2565 周年的国际学术研讨会暨国际儒学联合会第五届会员大会开幕会上，习近平总书记指出:“应该科学对待民族传统文化，科学对待世界各国文化，用人类创造的一切优秀思想文化成果武装自己。”科学对待中国传统文化，就是要以马克思主义的科学方法整理、研究、分析传统文化，切实推动传统文化的创造性转化与创新性发展。

一、以客观的态度研究传统文化

以客观的态度研究传统文化是对五四科学精神的继承。在新文化运动中，毛子水、胡适等人提出了以科学精神和科学方法研究中国传统文化的主张，他们打破了人们对传统经典的盲信与崇拜，而仅将其看作学术研究的材料，并以客观中立的眼光审视。胡适认为，以科学方法“整理国故”，应从三个方面着手：第一，用历史的眼光来扩大国学研究的范围；第二，用系统的整理来部署国学研究的材料；第三，用比较的研究来帮助国学材料的整理与解释。胡适倡导的“整理国故”运动，对推动中国传统文化研究范式的现代转型产生了积极的历史作用，但也有需要反思之处。首先，从文化立场上看，“整理国故”运动的发起者多是西化论者，“整理国故”不是为了挖掘传统文化中的积极价值，而是将其作为“再造文明”的有益资源，是为了揭露传统文化的糟粕，以达到其反传统的目的。胡适说：“我十分相信‘烂纸堆’里有无数的老鬼，能吃人，能迷人、害人的厉害胜过柏斯德（Pasteur）发现的种种病菌。”“整理国故”的目的是“用精密的方法，考出古文化的真相”“可以保护人们不受鬼怪迷惑”。这种文化态度足以消解国人的文化自信。其次，从研究方法上看，胡适所谓的科学方法并没有脱离传统汉学的训诂学、校勘学、考据学的窠臼。这些工作固然是研究传统文化之必需，但由于缺乏社会科学理论的指导，其无法对许多历史文化现象予以合理的解释。对此，胡适的弟子唐德刚批评说：“搞‘整理国故’的人，多少要有一点现代社会科学、比较史学、比较文学、比较哲学等方面的训练，各搞一专科。否则只是抱着部十三经和诸子百家‘互校’，那你就一辈子跳不出“乾嘉学派’的老框框。”

马克思主义者对传统文化的研究整体上超越了“整理国故”运动。唯物史观既是一种社会科学方法论，也是研究传统文化的科学方法论。从唯物史观出发，文化是在一定的生产力水平及由此决定的社会关系的基础上生发出来的。因此，马克思主义始终将文化与其所依存的现实生活世界联系在一起进行考察，它可以充分吸收自然科学与社会科学的优秀成果，以深入而准确地认识历史文化现象。在学术史上，郭沫若、翦伯赞、范文澜、吕振羽、侯外庐等马克思主义史学家以唯物史观为指导，加之扎实的材料搜集整理功夫，曾在中国古代史领域收获了丰硕的理论成果。在新时代，我们应继续以马克思主义科学理论为指导，加强对中华传统文化的整理与研究。

二、以历史的态度分析传统文化

以历史的态度分析传统文化，就是要辩证地对待传统文化。传统文化并不是首尾一贯的整体，而是包含着各种文化元素。习近平总书记指出：“传统文化在其形成和发展过程中，不可避免会受到当时人们的认识水平、时代条件、社会制度的局限性的制约和影响，因而也不可避免会存在陈旧过时或已成为糟粕性的东西。”我们既要避免历史虚无主义与文化虚无主义的态度，充分肯定优秀传统文化在历史和现实中的积极作用；也要避免盲目尊古崇古的唯古主义态度，以免传统文化中的糟粕沉渣再起。

以历史的态度分析传统文化，就是要具体地评价传统文化。历史唯物主义既是正确认识传统文化的科学方法论，也是评价传统文化的价值尺度。在历史唯物主义的视野下，所有的文化现象都是在一定的生产力水平下以及由此决定的社会关系的基础上生发出来的，它以此为生存与发展的土壤，并因其变化而发生变化。因此，对于传统文化中的不同文化元素，要把它们放在具体的历史情境中予以具体的分析，从而找出那些曾在历史中发生过积极作用，但如今已完全失去其价值的元素；以及那些具体内容已随着社会生活的变迁而被抛弃，但其理念可以通过赋予新的内涵而仍能再焕光辉的元素。

以历史的态度分析传统文化，就是要古为今用地简择传统文化。习近平总书记指出：“传承中华文化，绝不是简单复古，也不是盲目排外，而是古为今用、洋为中用，辩证取舍、推陈出新，摒弃消极因素、继承积极思想，‘以古人之规矩，开自己之生面’，实现中华文化的创造性转化和创新性发展。”因此，简择、弘扬优秀传统文化的标准即在于是否符合现代社会文明发展的方向，是否符合中国现代化建设的需求，是否可以为社会主义文化建设贡献资源。

以“孝道”为例。“孝”是中国传统文化的核心价值观念之一，中华民族对孝道的弘扬出于一种自然的情感，孔子所追求的“老者安之，朋友信之，少者怀之”（《论语·公冶长》)、孟子所说的“君子有三乐”中居于首位的“父母俱在，兄弟无故”(《孟子·尽心上》)等，至今仍能引发人们深层的情感共鸣。但在后世的发展过程中，孝道失去了“父父子子”这种父子相互对待的关系前提，变为了一种绝对的道德律令，于是形成了许多非理性的、悖于常情的内容，如《二十四孝》中所宣扬的“郭巨埋儿”等。在新文化运动时期，随着宗族家庭制度的崩塌，传统的孝道也受到了广泛质疑。尽管如此，孝道至今仍有其广泛的情感基础与社会价值。但在弘扬孝道时，人们要将其本质与历史中“伦理异化”的内容区分开来，使其既能与现代社会追求的平等人格兼容，又能适应现代社会结构与家庭结构的特征，从而在和睦家庭、安定社会、培养良好的个人品格与社会风气中发挥出积极作用。

三、以实践的态度推动传统文化与现实生活的融合

推动传统文化与现实生活的融合是马克思主义思想品格的内在要求。马克思主义从诞生之日起就具有一种现实的品格。习近平总书记指出：“实践的观点、生活的观点是马克思主义认识论的基本观点，实践性是马克思主义理论区别于其他理论的显著特征。马克思主义不是书斋里的学问，而是为了改变人民历史命运而创立的，是在人民求解放的实践中形成的，也是在人民求解放的实践中丰富和发展的。”在当今世界，人类面临着许多重大问题，如贫富差距的持续扩大、个人主义的恶性膨胀、人与自然关系的日趋紧张等，要解决这些问题，就必须积极汲取传统文化中的营养元素，将其变为改造现实生活的精神力量与思想资源，为人类提供正确的精神指引。

推动传统文化与现实生活的融合是传统文化延续与发展的内在要求。传统与现实并不是截然对立的，而是处于辩证统一的关系中。一方面，现实并不是凭空而来的，而是历史发展的一个阶段，是从过去走向未来的一个环节。因此，传统文化并不是博物馆里的陈列，而是存在于现代思想文化中的活的要素。宣传与弘扬传统文化，就是要把跨越时空、超越国界、富有永恒魅力、具有当代价值的文化精神弘扬起来，激活其内在的强大的生命力，使其更好地为现实生活服务。另一方面，“人能弘道，非道弘人”(《论语·卫灵公》)，传统文化不能自行延续与发展，它通过代代传薪者与文化传统的对话解决自身所处的现实困境，从而得到充实与发展。因此，中国传统文化并不像某些人所认为的那样，是一成不变、封闭保守的思想体系，而是蕴含着多元的思想因素，能够在不同时代、不同地域呈现出多样化的文化风貌的文化。

推动传统文化与现实生活的融合是建设社会主义先进文化的现实要求。我国现在正处于建设社会主义强国、实现中华民族伟大复兴的关键时期，这需要我们更加坚定自己的民族自豪感与文化自信心，充分发扬中华民族的伟大创造精神、伟大奋斗精神、伟大团结精神、伟大梦想精神，为实现伟大目标而不懈奋斗。因此，自党的十八大以来，以习近平同志为核心的党中央更加强调对中华优秀传统文化的挖掘和开发，使中华民

族最基本的文化基因能够同当代中国文化相适应、同现代社会相协调，使我国人民能够在民族文化的血脉中开拓前进。

四、科学对待中国传统文化需要反对四种错误倾向

如何科学地对待中国传统文化是一个重大的理论和现实问题。要回答和解决好这一问题，必须牢牢坚持历史唯物主义和辩证唯物主义，旗帜鲜明地反对全盘否定、虚无历史，以古非今、简单复古，故步自封、盲目排外，妄自菲薄、“去中国化”等四种错误倾向。

（一）坚持客观对待、辩证分析，反对全盘否定、虚无历史

人们对待中国传统文化问题的全盘否定、虚无历史倾向主要表现为否定传统文化的历史作用和现实意义，把传统文化说得一无是处。其主要危害在于，否定了传统文化的作用和意义，否定了科学对待中国传统文化、正确传承和弘扬优秀传统文化的重要性和必要性，进而使得科学对待中国传统文化、正确传承和弘扬优秀传统文化成了伪命题。

中国共产党人是马克思主义者、历史唯物主义者，不是历史虚无主义者、文化虚无主义者，要始终坚持用历史唯物主义和辩证唯物主义的观点、方法看待文化与历史的问题。在对待中国传统文化问题上，我们要看到其在形成和发展过程中不可避免地会受到当时人们的认识水平、时代条件、社会制度的局限性的制约和影响，因而不可避免地会存在陈旧过时或已成为糟粕的东西，会阻碍和束缚社会的发展进步。但与此同时，我们还应看到其在历史上发挥的进步作用和其思想精华在今天依然具有的借鉴价值。

从历史上看，中国传统文化中的优秀成分对中华文明形成并延续发展5000多年而绵延不绝，对形成和维护中国团结统一的政治局面，对形成和巩固中国多民族大家庭，对形成和丰富伟大的中华民族精神，对激励中华儿女维护民族独立、反抗外来侵略，对推动中国社会发展进步都发挥了十分重要的作用。从现实来看，中国优秀传统文化中蕴含的“积极向上向善”、具有“跨越时空、超越国度、富有永恒魅力、具有当代价值”的思想精华，依然可以对我们今天正在进行的中国特色社会主义伟大事业产生积极影响，为我们认识并改造世界、治国理政提供有益借鉴和启示。

因此，中国优秀传统文化的历史作用和时代价值是客观存在的事实，是不应该也不可能被否定和无视的。这是历史唯物主义和辩证唯物主义的基本要求。从这个意义上说，科学对待中国传统文化、正确传承和弘扬中国优秀传统文化，就不是一个虚无缥缈、无关痛痒的问题，而是一个实实在在、关系重大的重要问题，不是要不要回答并解决的问题，而是怎么样回答并解决的实际问题。

（二）坚持以古鉴今、古为今用，反对以古非今、简单复古

人们对待中国传统文化问题的以古非今、简单复古倾向主要表现为美化历史，主张复古，照搬古代历史上的做法，甚至提出“以儒治国”“以儒代马”的主张。其主要危害在于，割裂马克思主义与中国传统文化的辩证统一关系，模糊马克思主义与中国传统文化的本质差异，动摇和替代马克思主义的指导地位。

这一问题与上一问题实际上是同一个问题的两个不同侧面，但本质上还是如何客观辩证地看待中国传统文化的历史作用和时代价值的问题。

中国传统文化中的思想精华、有益成分并不能弥补其思想糟粕和历史局限所带来的影响。中国传统文化所起的历史作用和具有的时代价值也不能掩盖曾长期占据中国传统文化主导地位并作为封建社会意识形态的儒家思想中的许多落后、消极因素，以及其曾束缚和阻碍中国社会发展进步的历史事实。因此，对待传统文化，既不能无视其历史作用和时代价值，把它说得一无是处，视之为影响中国进步的万恶之源，也不能忽视其局限性和落后性、消极因素，把它说得尽善尽美，视之为解决一切问题的万能妙药。

我们党带领全国人民开展革命，建设、改革的一条根本成功经验就是把马克思主义基本原理与中国具体实际有效结合起来，不断推进马克思主义中国化进程，并利用马克思主义中国化的理论成果指导新的实践。这其中的中国具体实际当然包括中国的历史文化实际。因此，推动马克思主义与中国传统文化的有机结合是马克思主义中国化的题中应有之义；马克思主义与中国传统文化都是推进和发展中国特色社会主义事业的必需因素，二者互为需要、不可割裂。但这并不意味着二者没有区别、不分彼此，甚至可以相互取代。实际上，它们不仅有时代性的差异，更有层次和本质的区别。马克思主义是中国共产党的指导思想和立身之本，是全党全国人民团结奋斗的共同思想基础，在思想意识形态领域具有指导地位。坚持马克思主义的指导地位是中国共产党作为马克思主义政党的必然选择，也是中国共产党经过历史实践反复检验的正确选择；走马克思主义道路不是谁强加给我们的，也不是天上掉下来的，而是中国共产党和中国人民多方比较、反复检验后做出的自主的历史选择。

因此，传承和弘扬中国优秀传统文化绝不是要动摇和代替马克思主义的指导地位，而是要坚持以古鉴今、古为今用，发挥优秀传统文化以文化人、资政育人的作用，助力社会主义文化的发展和繁荣，为中国特色社会主义事业服务，在推进马克思主义中国化进程中不断巩固马克思主义的指导地位。

（三）坚持兼容并蓄、交流互鉴，反对故步自封、盲目排外

人们对待中国传统文化问题的故步自封、盲目排外倾向主要表现为满足于自己已

经取得的文化成就，排斥甚至拒绝学习、借鉴世界其他地区的文化成果。其主要危害在于，看上去“维护了民族文化自主性”，实际上违背了文化发展规律，封闭久了难免使自身走向没落。

“物之不齐，物之情也。”文化多样性是客观存在的。每种文明和文化都是在特定的地理环境和特定的人群中产生和发展的，都有自己的本色、长处、优点，相应地也就都有需要丰富和提高之处。不同国家、民族的文化和文明各有千秋，只有姹紫嫣红之别，而无高低优劣之分。唯我独尊、“只此一家，别无分店”的文化优越论是不切实际的。

“独学而无友，则孤陋而寡闻。”文化和文明因交流而多彩，因互鉴而丰富。取人之长，补己之短是增强本国本民族思想文化自尊、自信、自立的重要举措。任何一种文化和文明，不管它曾经如何辉煌，如果只陶醉于过往的辉煌，故步自封、封闭排外、不思进取，那么必然会陷入僵化、走向衰败。这是文化和文明传播和发展的一条基本规律。中华文明之所以能够经受各种磨难而绵延不绝，其中一个重要原因就是中华文化具有兼收并蓄、开放包容的特性，注意在同其他文化和文明的交流中汲取有益的营养，不断丰富和发展自己。

因此，科学对待中国传统文化，传承和弘扬中国优秀传统文化，不仅不能故步自封、盲目排斥域外文化，而且还应虚心学习、积极借鉴世界其他国家文化的一切有益的成果，从中寻求智慧、汲取营养，取长补短、融会贯通，推动中华文化的繁荣与发展。

（四）坚持文化自信、洋为中用，反对妄自菲薄、“去中国化”

一些人对待中国传统文化问题的妄自菲薄、“去中国化”倾向主要表现为以洋为尊、唯洋是从，盲目追随所谓的“现代潮流”，跟在别人后面亦步亦趋，主张割断历史，“去中国化”。其主要危害在于，割断中华民族的精神命脉，消除中华民族的身份认同，模糊中华民族的来路，扰乱实现中华民族伟大复兴的既定部署。

这一问题与上一问题也是同一个问题的两个不同侧面，本质上都属于如何正确对待民族文化与域外文化关系的问题。

习近平总书记在庆祝中国共产党成立95周年大会上的讲话中指出：“文化自信，是更基础、更广泛、更深厚的自信。在5000多年文明发展中孕育的中华优秀传统文化，在党和人民伟大斗争中孕育的革命文化和社会主义先进文化，积淀着中华民族最深层的精神追求，代表着中华民族独特的精神标识。”不忘历史才能开辟未来，善于继承才能善于创新。任何一个国家、民族都是在承前启后、继往开来中走到今天的。身份认同是一个国家、民族凝神聚力、团结一致的重要前提。所谓身份认同，就是要知道自己是谁，从哪里来的，要到哪里去。优秀传统文化是一个国家、民族传承和发展的根本，如果丢掉了，就相当于割断了精神命脉和思想灵魂。一个国家、一个民族，如果不知道自己是谁，不坚守甚至放弃自己的身份认同，不了解甚至有意模糊自己的来路，不正视甚至全面否定自己的历史，不珍惜甚至彻底贬损自己的思想文化，就会行无依归、丢魂落魄，就会失去方向、陷入迷途，就会丢掉根本、丧失命脉，这样的国家、民族“不仅不可能发展起来，而且很可能上演一场历史悲剧”。

中国优秀传统文化是中华民族的“根”和“魂”，积淀着中华民族最深沉的精神追求，其最核心的内容已经成为中华民族最基本的文化基因，成为中华民族和中国人民逐渐形成的有别于其他民族的独特标识，是中华民族在世界文化激荡中站稳脚跟、坚定文化自信的坚实根基和突出优势。

因此，对于世界其他国家创造的优秀文化成果，我们既要认真学习借鉴，为我所用，又要始终坚持以我为主，坚定文化自信，坚决反对妄自菲薄、唯洋是从，甚至搞削足适履、“去中国化”的思想与做法。

第二章　中国传统文化的发展

“你从远古走来，巨浪荡涤着尘埃；你向未来奔去，涛声回荡在天外。”人们常把悠远浩博的中华文化比作汇流百川、奔腾不息的长江大河，这惊涛拍岸、呼啸千里的气势，使每一个中国人心中都产生探究江河之源的强烈欲望。尽管探源之路上会有险峻的冰峰雪岭阻隔我们的脚步，也有迷茫的云山雾障遮挡我们的视线，可我们寻根的信念不变、问祖的热血澎湃，只要我们万众一心、持之以恒，循着龙的轨迹、黄帝的脚步，拂去历史的尘埃，就会勾勒出中华文化发生及其发展的基本轮廓。

第一节　中国传统文化的孕育期（先秦）

一、上古：中国文化的发生

1. 盘古和女娲的传说

文化的实质性含义就是“人化”或“人类化”。有了人就有了文化。中国人从哪里来？更进一步问，人从哪里来？我们的祖先曾为这千古之谜而深深的困惑。他们百思不得其解，只得借助想象，构造了一个又一个美妙的神话传说来回答自己并遗诸子孙。

有名的盘古开天创世传说这样记载：天地混沌如鸡子，盘古生其中。万八千岁，天地开辟，阳清为天，阴浊为地，盘古在其中，一日九变。神于天，圣于地。天日高一丈，地日厚一丈，盘古日长一丈。如此万八千岁，天数极高，地数极深，盘古极长。后乃有三皇。数起于一，立于三，成于五，盛于七，处于九，故天去地九万里。（《三五历记》）首生盘古，垂死化身；气成风云，声为雷霆，左眼为日，右眼为月，四肢、五体为四极、五岳，血液为江河，筋脉为地理，肌肉为田土，发髭为星辰，皮毛为草木，齿骨为金玉，精髓为珠玉，汗流为雨泽。身之诸虫，因风所感，化为黎氓。（《五运历年记》）更有名的是女娲造人的神话：俗说天地开辟，未有人民，女娲抟黄土做人，剧务，力不暇供，乃引绳于泥中，举以为人。（《风俗通义》）据鲁迅解释，女娲所引之绳，是她“信手一拉，拔起一株从山上长到天边的紫藤”。（《故事新编·补天》）女娲将紫藤伸进泥潭，搅浑泥浆，向四面挥洒，泥点溅落，变成许许多多活蹦乱跳的小人儿。人总会死去，为免除无休止的造人劳作之苦，女娲又把男人和女人配合起来，让他们自己去繁衍后代。“女娲祷祠神，祈而为女媒，因置婚姻。”（《风俗通义》）今天看来，用这些瑰丽的传说试图解答中华民族乃至人类起源的奥秘，不过是一种原始人的想象而已。

2. 人的诞生

根据“大陆漂移”和“板块构造”学说，在距今3亿年前的古生代石炭纪，原始大陆是一个整体。到距今7000万年的中生代白垩纪，原始大陆破裂为几大板块，板块之间发生横向位移，并产生碰撞。距今1800万年时，印度板块脱离冈瓦纳大陆，向北漂移4000英里（1英里≈1.6千米），与欧亚板块发生碰撞，引起新构造运动，其结果是喜马拉雅山系的隆起。由于巨大的挤压作用，该山系在东经100°附近猛烈转折，形成南北走向、高山深谷、褶皱密集的横断山脉。地壳的剧烈运动从根本上改变了这一地区的生态环境。原有的热带、亚热带森林景观消失不见，代之以冷燥的疏林草原景观。腊玛古猿赖以生存的温暖气候，以及果实丰厚的密林不复存在，为了生存，它们不得不下到地面，两足站立，迈开了生物进化链中关键的一步——向人类转变。横断山脉东侧地区因此成为人类的摇篮之一。正是在这一地区，1965年5月，我国学者从云南元谋县那蚌村发现了距今170万年的猿人化石，并将其定名为元谋猿人。在其后百余万年，我国许多地区都曾有过人类活动的足迹。迄今为止，已经发现的人属中第一批成员的直立人猿人还有：陕西蓝田猿人（距今80多万年），北京猿人（距今约70万—23万年），河南南召猿人（距今50万年），安徽合县猿人（距今30万至40万年）。如果说直立人还是恩格斯称的“正在形成中的人”，那么智人便是他所称的“完全的人”。现今中国版图内出土的早期智人（即“古人”）化石有：广东马坝人（距今13.5万—12.95万年），陕西大荔人（距今10余万年），山西许家窑人（距今约10万年）；晚期智人（即“新人”）化石有：内蒙古河套人（距今约14万—7万年），黑龙江哈尔滨人（距今2.2万年），北京山顶洞人（距今3万年），四川资阳人（距今3.5万年）。根据人种学分类，中国人属蒙古人种。从元谋猿人、蓝田猿人到马坝人、大荔人，再到资阳人、山顶洞人，颧骨高突、铲形门齿、印加骨、额中缝等一系列现代蒙古人种所具有的典型体征一脉相承，但同时有了明显的进化趋势。经过上百万年的艰难进化，我们的祖先终于彻底地与猿类告别，走向了崭新的世界。

“人猿相揖别，只几个石头磨过”，人类的文化史与人类的形成史同步。中华文化的曙光正是从旧石器时代升起。这一时代，中华先民在极为困苦的条件下，以石器的研磨敲打，演出中华文化史诗的前奏。他们所能简便、大量、直接利用的自然物只有坚硬的石块。在近百万年实践的启发、训练下，他们学会运用碰砧、打击、刮削等方法对石块进行简单的加工，使之成为实用的工具。考古学上将这一时期称为旧石器时代。上述从元谋猿人直至资阳人均处于这一时代。火的使用是旧石器时代先民的一项具有划时代意义的伟大文化创造，恩格斯曾称用火是“第一次使人支配了一种自然力，从而最终把人同动物界分开”。在中国神话传说中，取火技术的发明权有时记在“燧人氏”名下：“谓之燧人何？钻木燧取火，教民熟食”（《白虎通义》）；有时记在“伏羲”名下：“伏羲禅于伯牛，钻木作火”（《绎史》卷三）；有时又归功于“黄帝”：“黄帝钻燧生火，以熟荤臊，民食之，无肠胃之病”（《太平御览》卷七十九）。这种歧说并陈的现象正反映了原始初民经过广泛的、多渠道的实践才发明取火技术的文化史本来面目。随着人们制造石器工艺水平的提高，磨制的较精致石器逐渐取代打制的较粗糙石器。从距今一万多年开始，中华先民进入新石器时代。迄今为止，在遍及现今全国所有省、市、自治区的辽阔版图内，已发现新石器时代的文化遗址一万余处。新石器时代物质文化领域的重大革命是农业、畜牧业取代采集、狩猎，成为首要的生产门类。在长期的采集活动中，人们发现植物生长的周期性规律，开始人工种植某些可供食用的野生植物，这便是农业的起源。中国上古神话中有关农业的起源有一些美妙的传说：“神农之时，天雨粟，神农遂耕而种之；作陶冶斤斧，为耒耜锄耨，以垦草莽，然后五谷兴助，百果藏实。”（《绎史》）“天雨粟”，曲折地反映了原始农业对于自然条件（天）的极度依赖。“弃（即后稷）为儿时，屹如巨人之志，其游戏，好种树麻菽，麻菽美。及为成人，遂好耕农，相地之宜，宜谷者稼穑焉，民皆法则之。”（《史记・周本纪》）农耕初为孩童的儿戏之作，后来才成为专门产业，也暗示有计划地大规模种植瓜果谷物经历了一个从不自觉到自觉的演进过程。中华文化的农业基础，从新石器时代便开始铺垫。

3. 龙是中华民族“发祥和文化肇端的象征”

当人类能够分清主客体之后，先民们便开始试图对他们长期困惑的自然现象，例如月落日升、电闪雷鸣、草木枯荣、动物乃至人类自身的生死，提出各种疑问和解释。在这当中梦幻诱发了先民的“灵魂”观念。在梦中有激烈的争斗、危险的狩猎，也有失败的沮丧、成功的欢悦……但是一觉醒来，伴随他们的却只有空寂的寒夜与阴冷的山风。他们不禁思考“问苍茫大地，谁主沉浮？”在这种诱导下先民们设想出一种寄寓于人体之内，但又不受身体制约，在人们睡梦中或死亡后便离开躯体自由活动的“灵魂”的存在。这种观念扩而大之，他们便认为凡世上不受人的身体直接控制、不受人的意愿随意支配的万事万物都是受某种神灵驱使。于是，所有影响、作用于人类生活的自然物、自然力，纷纷被幻化为形形色色的神灵：日神、月神、雷公、电母、土地爷、河伯……祈祷这些神灵保佑平安，帮助先民战胜无法预料又无力抵御的灾祸，原始宗教便由此发端。中华先民原始宗教崇拜的对象非常广泛，大致可分为自然崇拜、祖先崇拜和图腾崇拜三大类。

（1）自然崇拜。中华先民最先感受到的是自然的存在及其巨大威力。自然物、自然力因此成为最古老的崇拜对象。对于已进入农耕时期的新石器时代的中华先民来说，太阳普照大地、土地滋养万物，太阳和土地不仅是他们赖以生存的依靠，也是他们虔诚供奉的神祇。

（2）祖先崇拜。中华先民对自身的繁衍非常关注，由此产生了生殖崇拜。同时，也崇敬创造生命的祖先。在母系社会主要是供奉女性祖先，随着父系社会的到来，男性祖先逐渐成为被供奉的对象。祖先崇拜往往有严格的仪式，在这些仪式中，中华先民虔诚地寄托对祖先创造生命的崇拜。

（3）图腾崇拜。与自然崇拜和祖先崇拜相比，图腾崇拜是较为高级的宗教形式。“图腾”是美洲印第安人奥基华斯部落的语言，表示氏族徽号或标志。新石器时代的中华先民一般都相信自己的氏族与某种动物、植物或无生物之间有一种特殊的亲密联系，并以之作为氏族的崇拜对象和标志，这便是“图腾”。图腾有的是现成的自然物，有的是人们运用抽象、概括的思维能力创造出来的并非实有的信仰对象，前者如鸟、鱼、熊，后者如龙、凤。抽象的、非实有崇拜对象的诞生是原始宗教走向成熟的起点。它是人类思维进步的产物，同时从根本上体现了“人创造了宗教，而非宗教创造了人”的宗教文化的本质。考古发掘和神话传说里有丰富的图腾崇拜的资料。相传黄帝率熊、罴、貔、貅、貙、虎六兽同炎帝殊死搏斗，这六兽其实是指以其为各自图腾的六个氏族。河姆渡遗址的象牙雕刻中有鸟的图案，陕西半坡遗址的陶器上刻有人面鱼纹，鸟、鱼分别是该氏族的图腾。江苏吴县良渚文化墓葬出土的器物上不仅刻有鱼、鸟、兽的形象，还有一种似蛇非蛇、似龙非龙的勾连花纹，据分析可能与古越人的龙图腾崇拜有关。1971 年，内蒙古翁牛特旗三星他拉村红山文化遗址发掘出一尊大型玉龙，呈墨绿色，高 26 厘米，体蜷曲为“C”字形，吻部前伸，双眼突起，造型生动，工艺精美。考古工作者分析，其龙首形象可能源于与其时人们生活密切相关的猪。龙首源于猪首生动地说明，这种似乎高不可攀的神物，最初并非单纯幻想的产物，而是原始农人从日常生产和生活中创造出来的形象。玉龙显然是被神化了的神灵崇拜物。在南北相距数千公里的不同新石器时代文化遗址里分别发现龙的图腾，表明中华民族的龙崇拜至少已有五千年的历史文化渊源。闻一多称龙是中华民族“发祥和文化肇端的象征”，我们更常以“龙的传人”而自居，这种观念从意识形态方面去探本溯源，都会在原始宗教的龙图腾崇拜中找到依本。虽然我们今天看到的龙的形象已经有别于五千年前的中华先民心目中神圣的图腾，但是不难发现，二者之间有着生动的形象转换的关系。龙头似牛、似猪、似熊、似虎，龙身似蛇、似鱼，龙爪又似禽。这种情况比较合理的文化学解释是：随着氏族、部落之间的相互融合，作为氏族标识的各种图腾形象也产生了拼合，飞禽走兽游鱼，各取其外形特点鲜明的部位，拼合出了一种综合性的、虚拟的动物，以之作为打破血缘关系而按照地域划分人群的文明时代中华先民共同崇拜的全民族的保护神。

4. 混血的龙

中华文化的多元发生，不仅有考古学方面的充足论据，也得到了神话传说及民族学、民俗学方面的有力说明。中华民族的多元组成与中华文化的多元发生是同一问题的两面。“华夏民族，非一族所成。太古以来，诸族错居，接触交通，各去小异而大同，渐化合以成一族之形，后世所谓诸夏是也。”（梁启超《饮冰室合集》第十一册）中华民族的远祖可分为华夏、东夷、苗蛮三大文化集团。中华先民的一部分很早就自称“诸夏”或“华夏”，或单称“华”“夏”。华夏集团发祥于黄土高原，其内部又分为两支，一支称黄帝，一支称炎帝（黄帝与炎帝，均既是个人的名字，又是氏族的称号）。黄帝列五帝之首，炎帝是他的弟弟，颛顼是他的孙子，帝喾是他的曾孙。夏、商、周人的始祖都与黄帝有联系。夏人的始祖是治水的大禹，而大禹是黄帝的玄孙。商人的始祖契，相传为简狄吞食玄鸟之卵而生，而简狄原是黄帝曾孙帝喾的次妃。相传周人的始祖后稷为姜嫄踏天帝足印感怀而产，而姜嫄是帝喾的元妃。正因为如此，黄帝便成为中华民族共同祭奠的先祖，华夏集团也成为中华民族的古老代表了。东夷集团的活动区域大致在今山东、河南东南和安徽中部一带。与黄帝恶战的蚩尤、凿井的伯益、射日的后羿、为舜掌管刑法的皋陶都属于这个集团。苗蛮集团主要活动于今湖北、湖南、江西一带。大名鼎鼎的伏羲、女娲都属于这个集团。随着生产力的发展，私有财产、私有观念的萌生，异姓部落各有自己的利益和崇尚，终于导致兄弟同室操戈，这也是很自然的事。先是黄帝与炎帝的争斗，最后炎帝溃败，向东南方转移，渐与东夷和苗蛮集团融合。黄帝后来能独自成为华夏集团的代表，这是重要原因。且说炎帝流落东方，其后裔蚩尤，向华夏集团掩杀过来。“黄帝以仁义，不能止蚩尤，乃仰天而叹”，被迫在“涿鹿之野”布下阵势，与蚩尤决一死战。几经恶战，黄帝抓住蚩尤，最终在黎山之丘将他处死。蚩尤戴过的枷锁被掷于大荒之中，宋山之上，化为一片火红的枫树林。随后，华夏集团在与苗蛮集团的冲突中取得了胜利，中原地区较为先进的巫教风俗也在两湖三湘之地流行开来。这样，由于华夏集团的连续胜利，巩固了自己在中华民族及其文化多元发生中的主流地位。“华夏”，也进而成为中华民族的历史称号。

二、殷商西周：从神本走向人本

世界上任何民族的文化都经历了一个由以神为本向以人为本发展的过程。这是因为早期人类面对自然界的淫威，深感无能为力，不得不寻求“神灵”的庇护和保佑。就中国文化史而言，殷商时代是天神至上的时代，宗教迷信观念占据着支配地位，形成了一种以祖先崇拜和天神崇拜为价值取向的粗陋的王权神授理论和宗教信仰。但是神毕竟是人类凭借幻觉和想象构造出来，欺骗自己的“异化”之物，它并不能真正给予人类一丝一毫的具体帮助。所以随着实践经验的丰富和智力、体力水平的不断增进，人类对于神的力量的崇拜便渐次淡薄，而对于自身能力的信心却与日俱增。于是，以神为本的文化便逐渐向以人为本的文化过渡。从西周开始，社会文化浓郁的宗教迷信氛围渐次被注重世事的精神所冲淡，“周人尊礼尚施，事鬼敬神而远之。”（《礼记·表记》）世人把对天神无条件的绝对依赖修正为有条件的相对崇拜。人们在理性之光的照耀下，开始挺直腰杆，着力于创造现实的美好人生。

1. 殷商神本文化

商人发祥于山东半岛渤海湾。在初始阶段，商人主要从事游耕农业，其都城不定。大约在公元前 14 世纪，商族在第十代君王盘庚率领下，从奄（今山东曲阜）迁徙并定都于殷（今河南安阳小屯村），在此传位八代十二王，历时 273 年。

甲骨文的出现标志着我国文字的发展进入成熟阶段。在我国，很早就有“仓颉造字”的传说。但从科学角度来说，汉字是由原始社会晚期已经普遍存在于陶器上的抽象符号和概括式图形符号这两种表意符号分化、质变、创新而产生出来的。但符号毕竟不能等同于文字。陶符可以信手画来，只要自己明白就行，而文字却需要得到社会的认可，不可能人人随心所欲。从陶符到文字的转变、定型工作，只能由社会中脱离体力劳动的专门知识人才完成。殷商时期崇尚迷信，因此有一批专管人神交流的“巫史”，他们将占卜的行为和言辞刻在龟甲和兽骨上，就形成了甲骨文。甲骨文上承陶符，下启金文，它基本体现出汉字结构的规律（六书）。这样，就使得殷商人率先“有册有典”。

神本文化特色表现在观念、方法、特点方面。在观念上主要是宗天、尚鬼。宗天，意味着对自然神的虔诚崇拜。殷人祭风雨、祭星辰、祭山川、祭土地，但在他们心目中，地位最崇高的乃是“天皇大帝耀瑰宝”——太阳神。据卜辞记载：乙巳卜，王宾日。庚子卜贞，王宾日亡尤。出入日，岁三牛。辛未卜，又出于日。郭沫若断定，殷人每天早、晚均有迎日出、送日入的仪式。“宾日”“出入日”“又于出日”正是这类活动的记录。这是因为在殷人的观念中，至上神同时又是自己的宗祖神。“天命玄鸟，降而生商。”（《商颂·玄鸟》）据卜辞记，殷人认为王母简狄在春分时节去河边沐浴，吞食玄鸟遗卵，怀孕产契。玄鸟是天的使者，殷人的祖先契也就是天的儿子，天神自然也就等同于自己的宗祖神。因此，宗天与祭祖在殷人那里是密不可分的。尚鬼，即殷人迷信人死之后精灵不灭，称为鬼。“众生必死，死必归土，此之谓鬼。”（《礼记·祭义》）所谓天神、地祇、人鬼，都是大千世界中游荡不息的神灵，都在殷人的顶礼膜拜之中。殷人诚惶诚恐地奉祀祖先，是因为他们确信在冥冥上界，祖先的亡灵时时刻刻都在监视人间的事务，随时随地准备予以训诫和惩罚。日常起居，诸多禁忌，神经紧张，疑神疑鬼，几乎到了无处不祟，动辄得咎的程度。殷人尚鬼成为一时的文化现象。在方法上主要是嗜酒和占卜。殷人毫不怀疑人神之间相互交通。但在现实生活中，头脑清醒时，人神交通很难取得出神入化的满意效果，而酒正好可以帮助人们醉眼蒙眬、目不暇接。酿酒的罍、贮酒的壶、贮而备斟的尊、盛鬯备送的卣、温酒的盉、烫酒的瓤，以及斟酒的斗、爵、觯……不一而足。富者用铜制，贫者用陶制，阶级身份有别，而嗜酒之风则同。但是人总是清醒时多一些，在这种情况下，为了达到人神交流，人们就用占卜的方法来取得神的旨意。所以他们在日常生活中事无巨细，都要先卜而后行，几乎到了无事不卜、无日不卜的地步。年岁丰歉、出入吉凶、旬夕安否、战争胜负、官吏黜徙、疾病轻重、妇女生育，统统都在占卜之列。而且一卜总要连问多次，正卜、反卜、一卜、再卜以至于十几卜。其特点是重巫。巫史在殷商西周时代（尤以殷商更甚）的社会宗教、政治生活中占有崇高的地位。从宗教方面说，他们是神人交通的媒介，因而是神的意志唯一的权威阐释者和神权的实际掌握者。从政治方面说，巫史以上天意志的代表自居，有权训御君主的言行。“天子听政，使公卿至于列士献诗，瞽献曲，史献书，师箴，瞍赋，矇诵，百工谏，庶人传语，近臣尽规，亲戚补察，瞽史教诲，耆艾修之，而后王斟酌焉，是以事行而不悖。”（《国语·周语上》）巫史不仅是社会的精神领袖，而且在政治统治机构内也居于显赫地位。商王既是政治上最高的统治者，又是最高的祭司。总之，如果说宗天、尚鬼和嗜酒的习俗为殷代平民和奴隶步入虚幻之境以摆脱黑暗现实提供了唯一可供逃遁的天堂之门，那么对于殷商统治阶级来说，宗天、尚鬼和嗜酒的日趋极端——不惜残民以事神，为了避祟，杀牛宰羊还不够，还要斩杀几十甚至上百个奴隶——导致腥秽上冲，天怒人怨，一朝覆亡。

2. 周的人本文化

周是一个历史几乎与商同样悠久的部落，作为偏处西方的“小邦”，它曾经长期附属于商。经过数百年的惨淡经营，周族部落逐渐强大，并利用商纣的腐败和商人的主力部队转战东南淮夷之机，起兵伐纣。公元前 11 世纪，建立了周朝。

“天命靡常”的旗帜。当周取代商之后，为了宣扬自己的正统性，用“天命靡常”作为旗帜。一则警告殷商遗民，老老实实承认天命已经转移于周人的现实，不要逆天意而妄动；一则告诫周初统治者，“宜鉴于殷，骏命不易。命之不易，无遏尔躬。”（《诗经·大雅·文王》）那么如何才能使“靡常”的天命不再转移，永久地照耀周原的沃土呢？仅仅依靠虔诚的供奉和祈祷显然无济于事，因为殷人在这方面可以说是竭尽了全力，可还是被上天无情地抛弃。鉴于此，就要从纯宗教的范畴扩展、转移到现实政治领域。“受禄于天”的必要前提条件并不在祭物的丰厚和礼拜的虔诚，而在于统治者的“宜民宜人”。“皇矣上帝，求民之莫”，仁慈的上天原本就是保佑人民安居乐业的啊！周人明智地感悟到，要想江山“本支百世”“于万斯年”，唯一的途径就是“王配于京，世德作求，永言配命”（《诗经·大雅·下武》），“小心翼翼，昭事上帝，聿怀多福”《诗经·大雅·文王》。配命、多福的神旨获得，就在“宜民宜人”的人事努力之中。

敬德保民的宗旨。周人进而提出“德”的概念，作为统治者“宜民宜人”的立论依据。“德”在殷商卜辞中从未出现，可见它是周人独创的思想。“德”具有多方面的理论内涵。从宗教方面，“帝谓文王，予怀明德……不识不知，顺帝之则”《诗经·大雅·皇矣》）；从政治方面，“民之质矣，日用饮食。群黎百姓，编为尔德”（《诗经·小雅·天保》）；从个人修养方面，“既见君子，孔燕岂弟。宜兄宜弟，令德寿岂”（《诗经·小雅》）。在三者之中，尤以伦理内容为核心。只有统治者自身修养达到“德”的境界，才能实现“宜民宜人”，从而得到“靡常”天命的长久垂青。把“敬德”观念落实到“宜民宜人”的现实中就是“保民”，这不仅是对殷人“尚鬼”文化的反驳，也是人本思想的实践。因为殷人极尽奉神事鬼之能事，终不免牧野倒戈，江山易主，这不啻给予周人以明确警告：真正可畏的，并非天神人鬼，而是芸芸众生。《尚书·康诰》记载着周公对康叔的谆谆告诫：为民除恶当如病痛在身，不可有丝毫的松懈。天威之明，唯德是辅。德之与否，验之民情便一目了然。小民难保，就要尽心尽力，毋苟安淫乐，这才是治民之道。由此可见，周人保民思想的实质就是为了保王，所以保民是比宗天、尚鬼更为急迫的现实课题。可见周公的本意原来并不包括悲天悯民的慈悲情怀，但其中包含的“民之所欲，天必从之”的思想因子（《左传·昭公元年》）却开启了春秋战国之时大兴的民本思潮之先河。应该说“德”的出现在中国文化史上乃至整个中华民族历史上都是里程碑式的标志，对于中华民族文化心理的建构、文化形象的塑造都起到基础和骨架的作用，它的主要发明人周公，也因此而成为后世志士仁人心中的偶像。

制礼作乐的意义。从西周开始，祖先的世界与神的世界逐渐分开，成为两个范畴的问题。周人取殷而代之以后，面临着两种选择：或者把上帝与殷人子姓祖先的关系切断，而把它与自己的姬姓祖先接上关系；或者干脆把上帝与人类始祖的血缘联系一刀截开，把人与神划分到不同的血缘系统中去。周人祖先后稷之母姜源“履帝武”而孕的传说表明第一种选择曾为周人所尝试，但周代日后宗教观念的发展却证明第二条路径才是他们最终的选择。所以与殷人不同，周人的祖先本身已不是神了。割断人神之间的脐带以后，人类本身、氏族本身的自然血缘关系便成为巩固社会秩序的主要因素。正是在这种观念的驱使之下，周首先建立了完备的宗法制度（在前已论述过，这里不再重复），其次就是制礼作乐。所谓制礼作乐，就是把上下尊卑等级关系固定下来的礼制和与之相配合的情感艺术系统（乐）。礼起源于原始时代的社会习俗和祭祀仪规，进入文明和国家阶段，统治阶级便对之加以改造和条例化，以作为稳定社会秩序的制度的手段。如商周时代的“乡饮酒礼”便沿袭氏族制习俗，在会食聚餐时，尊长敬老，合议军政。周代的礼制是周代制度文化、行为文化和观念文化的集中体现，它既是典章制度的总汇，又是政治生活、经济生活、社会生活、家庭生活各种行为规范的准则。“道德仁义，非礼不成；教训正俗，非礼不备；分争辨讼，非礼不决；君臣上下，父子兄弟，非礼不定；宦学事师，非礼不亲；班朝治军，莅官行法，非礼威严不行；祷祠祭祀，供给鬼神，非礼不诚不庄。”（《礼记·曲礼》）周人的礼包括形式和内容两个方面。其形式为“仪”，即各种礼节和仪式。周制规定，各种贵族祭祀、用兵、朝觐、婚丧都要遵循严格的合乎其等级身份的礼节仪式，以体现君臣、父子、兄弟、夫妻的上下尊卑之别。礼的内容：一是“亲亲”，贯彻血缘宗族原则；二是“尊尊”，执行政治关系的等级原则。周代礼制的内容与形式统一在其主旨上，就是“别贵贱、序尊卑”，以保证“天无二日，土无二主，国无二君，家无二尊，以一治之也”（《礼记·丧服四制》）。乐在原始时代的社会习俗和祭祀仪规中与礼相配合使用，但这只是“自在”的结合。到了西周时代，统治者“人为”地将礼和乐结合起来，“相须为用”，礼乐偕配，形成其他民族文化史上少见的礼乐制度。在礼乐制度下，“乐”不仅指歌、舞、曲，而且包括与礼制相偕配的所有艺术程式和意识规范。如果说基于宗法制度的礼从外部给人提供一种强制的社会规范，那么，基于审美情感的乐则是从内部为人塑造一种自律的文化规范，所谓“乐由中出，礼自外作”，其目的都在于“整民”。有了礼的规范、政的划一、刑的强制，配之以乐的感染，便能统一民心，成就“王道”“治道”，这正是周代“制礼作乐”的深远用意。礼乐制度与宗法制和分封制相表里，通过具体的行为规则、礼典仪式，以及表示身份差别的舆服族旗、宫室器用等体现宗法等级制度。在人们的政治生活和社会交往中，都必须“合礼”“合理”，达到“非礼勿视，非礼勿听，非礼勿言，非礼勿动”（《论语·颜渊》）。

总之，周的人本文化从里到外无不渗透着强烈的伦理道德精神，它对中国传统文化中的德治主义、民本主义有着不可估量的影响。

三、春秋战国：中国文化“轴心时代”

公元前770年，周平王将都城从关中盆地的丰镐东迁到伊洛盆地的洛邑，从而揭开了春秋战国的帷幕。春秋近300年间，“弑君三十六，亡国五十二，诸侯奔走不得保其社稷者不可胜数”（《史记·太史公自序》）；战国250余年间，发生大小战争220余次，“争地以战，杀人盈野；争城以战，杀人盈城”（《孟子·离娄上》），呈现出“礼崩乐坏”的局面。然而，在这个充满血污与战乱的动荡时代，中国文化却奏起了辉煌的乐章。

1. 春秋战国的文化背景

春秋战国的文化辉煌，最根本的原因是社会大变革时代为各阶级、集团的思想家发表自己的主张，进行“百家争鸣”提供了历史舞台，同时，它也有赖于多种因素的契合。首先是“士”阶层的崛起。“士”是一个内涵和外延都很广泛的历史概念，在严格的宗法制社会里，士原本属于统治阶级的一部分，终身依附于卿大夫，不得有丝毫僭越之举。由于宗法制度的崩溃，他们失去了生活保障，除了“六艺”知识，已经一无所有；同时他们不再依附于宗族，也不受卿大夫的役使，获得了较大的人身自由。另外，春秋时期的社会剧变松动了宗法制度的坚硬地表，也就为庶人中大批知识人才的破土而出创造了条件。这些人都有自觉的道德修养、博大的胸怀与开放的心态，更重要的是他们都有强烈的政治参与意识，所以他们担当了社会转型时期的文化主体。其次有宽松的学术环境。由于激烈的兼并战争打破了孤立、静态的生活格局，使得文化传播能够在冲突、交织与渗透中进行重组；也因为各竞相争霸的诸侯列国尚未建立一统的观念形态，使得文化人有可能进行独立的、富于创造性的精神劳动；同时，随着周天子“共主”地位的丧失，世守专职的宫廷文化官员纷纷走向下层或转移到列国，直接推动了私家学者集团的兴起。正是上述各因素的聚合，为中华民族的精神发展创造了一个千载难逢的契机。气势恢宏的诸子“百家争鸣”，正是在这样的文化背景下应运而生。

2. 百家兴起及其学派的历史特征

所谓“百家”，当然只是诸子蜂起、学派林立的文化现象的一种概说。对于其间主要流派，古代史学家有不同的论说，西汉司马谈将诸子概括为阴阳、儒、墨、名、法、道德六家；西汉刘韵将诸子归为儒、墨、道、名、法、阴阳、农、纵横、杂、小说十家。本书无意详列他们的成果，只从如何奠定中华文化之基石，长久作用于中华民族文化心理这一角度，对其中影响最大的儒、墨、道、法、阴阳五家做简要分析。

（1）儒的醇厚。在诸子中，孔子创立的儒家，以重血亲人伦、重现世事功、重实用理性、重道德修养的醇厚之风独树一帜。它继承血缘宗法时代的原始民主和原始人道遗风，契合春秋战国时代谋求安定生活的普遍社会心理，并为之设计了易行的实践手段，因而成为时代的“显学”。具体说来，在天道观上，儒家承袭西周史官文化以“天命”与“人德”相配合的思路，宣扬“畏天命，畏圣人之言”，同时对神灵崇拜做淡化处理，甚至声言“未能事人焉能事鬼”“未知生，焉知死”，实际上是把超自然的信仰放到了现实人事的从属地位。在历史观上，它标榜“信而好古”，每每试图恢复“周公之礼”，将捍卫三代典章文物当作自己的神圣使命，同时也不排斥对不符合时代潮流的礼俗政令加以适当的变通修改。在社会伦理观上，它以“仁”释礼，把外在的等级制度、历史传统转化为内在的道德伦理意识的自觉要求，从整顿人的社会性（人际关系）中最基本、最一般、最亲密的家庭关系入手，讲求父义、母慈、兄友、弟恭、子孝，并以家国同构精神推而广之，讲求“父子有亲、君臣有义、夫妇有别、长幼有序、朋友有信”，从而扶宗法等级大厦之将倾。这种由血统而政统、道统的致思路径深刻启发了后世儒者，创造出一整套正心诚意、修身齐家、治国平天下的理论。先由社会政治收缩为家庭人伦，再由家庭人伦发散到社会政治，完成这样一次往返之后，“仁学”便因其植根于亿万人心深处最切近、最亲密、最难以摆脱、最本能捍卫的血亲观念之上，而获得远胜于其他学派的巩固地位，从而构筑起中国传统文化伦理—社会—政治学说基本框架的理论基础。在认知观上，孔子强调以知（智）为认知手段，诱导社会成员知仁、循礼、行义。他承认人的先天素质有差异，“生而知之者上也，学而知之者次之；困而学之，又其次也；困而不学，民斯为下矣。”（《论语·季氏》）虽然“唯上智与下愚不移”，但是毕竟任何人都有“知”的可能条件，因此，如果就“所以知之在人者谓之知，知有所合谓之智。所以能之在人者谓之能，能有所合谓之能”（《荀子·正名》）而言，又是人人平等的，而这恰恰是全社会意义上的“为仁由己”《论语·颜渊》的前提。孔子非常重视对人民进行“教化”，在更多的场合，孔子是以教育家而非哲人或政治家的面貌出现的，后世之“儒者”，也成为“学人”“教师”的代名词。应该说，这种充满理性实践精神的问学、施教之道，是儒学体系中最具科学意义的组成部分。这一思想精华对于中华民族以人世思想为主导心理，全民族的宗教迷狂得以避免，起到了导向作用。

（2）墨的谨严。在百家争鸣中，与儒家一样居于显学地位的学派是鲁国人墨翟所创立的墨家。如果说孔子是古代文化的辩护者，那么墨子则是它的批判者；如果说孔子是文雅的君子，那么墨子是战斗的传教士。所以就风格而言，与儒家的醇厚相对的，是墨家的谨严。该学派的信徒多系直接从事劳作的下层群众，故特别强调物质生产劳动在社会生活中的地位（“尚力”），反对生存基本需要外的消费（“节用”）；但他们也感受到天下大患有三，“饮者不得食，寒者不得衣，劳者不得休”（《墨子·非乐上》）。造成这种状况的原因是统治者的横征暴敛、巧取豪夺。所以，他们特别反对战争，主张“非攻”，即反对那些攻伐兼并的战争。他们指责“王公大人天下之诸侯”，为一己私利，“攻伐无罪之国”，涂炭生灵。为此他们奔走呼号于周道之间，守城救弱，企图以“普遍的爱停止战乱取得太平”（“兼爱”）。就是说，要求不分等级、无差别地爱一切人，实质上具有打破宗法等级观念的作用。为了实现这一理想，他们又通过尊崇天神（“天志”）的权威，提出了“尚贤”“尚同”，“尚贤”就是不分贵贱亲疏，以贤能为用人标准；“尚同”就是不同的人、家庭、诸侯国都以统一的思想为行为原则。在这里我们可以看到尚贤只是通向尚同的方式之一，尚同和尚贤也是兼爱的根本目的。在秦汉以后，墨家丧失了生长的适宜氛围，逐渐消失无闻，只在历代农民暴动时有关公平、互爱及至鬼神、符命的宣传中，或在一些除暴安民的侠义之士的身上，可听到它的嗣音。

（3）道的飘逸。以老庄为代表的道家是先秦诸子中与儒家并驾齐驱的一大流派。他们认为，人生在世，会受到无数外在的束缚，如肌体之累、声色之乐、利禄之欲、死亡之惧、仁义礼乐之羁。只有超然于这一切之上，才能领会到人生之真谛——道。后来的学者把它与儒家的“人世”思想相比，称道家为“出世”思想，把儒道的结合称为“刚柔并济”。大致来看，它们有以下几个特征：首先主张“天道无为”。道是世界万物的本源，也是宇宙运行的总规律。作为前者，道生万物；作为后者，“道法自然”（《老子·二十五章》）。就是说规律的表现形态是自然地运行（“无为”），这便是“德”。如果有人故意地去有所作为，那便违背了道与德，必致天下大乱。其次是朴素辩证法和相对主义。在老子看来，矛盾双方具有相互依存的关系，“有无相生，难易相成，长短相形，高下相倾，音声相合，前后相随”（《老子·二章》），而且事物矛盾的两方面遵循“物极必反”的法则，相互转化，于是便有“大直若屈，大巧若拙，大辩若讷”（《老子·四十五章》），“祸兮，福之所倚；福兮，祸之所伏”（《老子·五十八章》）。但是老子却忽视了矛盾转化的前提条件，并发展为相对主义。在庄子看来，是非、生死、可与不可，其性质、差异都是相对的。以“道”观之，它们的性质、差异、矛盾关系都是不断变幻的，都处在循环无尽的圆圈运动之中，“道通为一”，故庄子得出“万物齐一”的结论。再次是重视个体价值与精神自由。在先秦诸子中，老子是第一个说明人在自然界中的重要地位的。“故道大，天大，地大，人亦大，域中有四大，而人居其一焉”（《老子·二十五章》）。但是，真正从人的本性的意义上突出个体的地位、个体的尊严、个体的价值的，却是庄子。在庄子看来，社会化的各种存在，如名、利、家族、事业等，都是外在之物，只有超越这一切的束缚，复归人的自然本性，才是人的价值的真正实现，其途径是“内省”，而具体方式是“心斋”与“坐忘”。就是要除情欲，虚静端坐，彻底忘掉一切，精神离开肉体的壳，从而得以摆脱“物”之役，自由自在地邀游于无功、无名、无已的绝对自由境界。最后是设计出超世、顺世、游世的三种境界。“超世”就是把愤世嫉俗的情怀表现为个体的孤傲独行，“游戏污渎之中自快，无为有国者所羁，终身不仕”（《史记·老子韩非子列传》）。但是，当精神自由的泡沫破灭后，超世主义便转化为顺世主义。“知其不可奈何而安之若命，德之至也”（《庄子·人间世》）。可是单纯的超世主义难免于冻馁灾祸，单纯的顺世主义又必然导致人的自然本性的失落，所以庄子又提出了“游世”的最高境界。“夫明白入素，无为复朴，体性抱神，以游世俗之间者，汝将固惊邪？”（《庄子·天地》）总之，道家的思想给中华民族精神打上了深刻的烙印。顺应天道，崇尚无为，一方面体现了人对自然、社会规律不可抗拒的初步认识，比之儒家的“知其不可而为之”，更显现出理性的冷静，但另一方面，在强调无为的同时，又贬低了人的积极进取精神。儒家把人固定在等级名分的框架之中，混灭人的奋斗欲望，道家超越于等级名分之上，但又将人完全被动地从属于“道”的运行，随遇而安，在这一点上，互补的儒道两家正所谓“一致而百虑，同归而殊途”了。

（4）法的冷峻。法家的前期代表人物是管仲、商鞅、慎到、申不害；而韩非子则是集前期法家思想之大成的重要代表人物。应该说，儒家力图以血亲人伦来淡化、融化社会矛盾关系；墨家借“天志”名义向统治者呼吁“兼爱”；道家则企图超越时代，返归人的古朴本性。但是这一切，在人欲横流、争战日烈的现实政治面前都成为不同程度的空想。唯有法家，对现实政治有着独特的深刻理解。用现代的术语说，法家所讲的是组织和领导的理论和方法，是封建时代的政治学，冷眼静观的理智态度、冷冰冰的人的利己主义构成法家学说的冷峻特色。在法家看来，社会的动乱是人口繁衍和物质需求的矛盾所致，舆人欲人之富贵，匠人欲人之夭死，卖康者致力，主人家美食，统统不过是围着一个“利”字打转。所以，韩非“观往者得失之变”，总结了前代法家人物慎到、申不害、商鞅等人的思想，认为“皆未尽善也”（《韩非子·定法》），经过综合改造，提出了以“法”为本，法、术、势三要素统一的政治学说。“法”的思想首倡于商鞅。商鞅主张政治要“一任于法”，统一的法令“为治之本也”，但韩非认为商鞅只讲“法”而不讲“术”，虽然民富国强，“然而无术以知奸，则以其富强也资人臣而已矣”（《韩非子·定法》）。“术”的思想源于申不害。申不害主张君主要藏权术于心中，玩臣下于股掌，防止臣下“蔽君之明，塞君之听，夺之政而专其令”（《群书治要·大体》）。韩非子批评他只讲权术，不知立法，“不一其宪令，则奸多”（《韩非子·定法》）。“势”的发明权在慎到。他认为“贤不足以服不肖，而势位足以屈贤矣”（《慎子·威德》），国君凭借权势就能“令行禁止”“南面而王”。韩非子评价说，慎到的所谓“势”，还只是“自然之势”，它还不能保证天下之治，必须代之以“人为之势”，即用赏善罚恶的手段来抱法处势，才能一压天下。所以韩非子就将法（政令）、术（策略）、势（权势）三者有机地结合起来，主张在治国方略上要严刑峻法，在文化政策上“以法为教”“以更为师”，形成了最为有效的政治学说。法家是战国时期的显学，后来成为秦王朝统治天下的政治理论。汉以后，儒学独尊，但法家学说仍然或隐或显地发挥作用，历代统治者多采用“霸王道杂之”或“阳儒阴法”来进行统治。

（5）阴阳流转。“阴阳”本义是指日照的向背，“阴者见云不见日，阳者云开而见日”（《说文通训定声》）。春秋战国时期，以邹衍为代表的思想家往往借用这对概念来解释自然界中相互对立、彼此消长的物质或其属性，并且已经意识到阴阳的相互作用对于万事万物产生、发展的重要意义。在邹衍看来，阴阳消长的结果体现五行相生，循环运转：木克土、金克木、火克金、水克火、土克水，往复无穷。用这个观点来解释历史的发展和王朝的更替，便有所谓“五德之次，从所不胜，故虞土、夏木、殷金、周火”。这就是阴阳学派把自然哲学同历史哲学结合起来，把时间和空间结合起来，融天地人为一体的思维方式。在反映阴阳学派思想的重要典籍《月令》中，东方与春季相配，由木主持；南方与夏季相配，由火主持；西方与秋季相配，由金主持；北方与冬季相配，由水主持；土则兼管中央和四季。土作为大地及大地上皇权的象征，在天人关系中又代表人。在阴阳家看来，没有脱离时间的空间，也没有脱离空间的时间；没有脱离主体而存在的绝对时空，也没有超时空的主体。时空一体，天人一体，这一卓越思想深刻启发了后代哲人。中华民族独特的、早熟的系统思想虽然出现于秦汉时代，但其直接的理论和方法论却早就蕴含在春秋战国时代阴阳学派的思想之中。

创立诸子学派的孔、墨、老、庄都是中国文化史上第一批百科全书式的渊博学者，他们以极大的热情、雄伟的气派和无畏的勇气，开创学派，编撰、修订《易》《书》《礼》《春秋》等中国文化的“元典性著作”，并对宇宙、社会、人生等无比广阔的领域发表纵横八极的议论。正是经由各具特色的诸子百家的追索和创造，中国文化精神的各个侧面得到充分的展开和升华，中华民族的文化走向大致确定。鉴于此，文化史学家借用德国学者雅斯贝尔斯的概念，将春秋战国称为中国文化的“轴心时代”。

3. 华夏族的最终形成

春秋战国的特殊文化环境不仅为文化“轴心时代”的确立提供了契机，而且有力地推动了华夏族的最终形成。正是在这一时期，中原地区各个古老部族在诸侯国攻伐不已的兼并战争中统一到少数几个大国的版图之中，其中北方的狄族多为晋兼并，西方的戎族多为秦兼并，东方的夷族多为齐鲁，南方的苗蛮及华夏小国则为楚统一。被华夏各国视为蛮夷的秦、楚二国，经过春秋近 300 年的变迁实现华夏化，在语言文字、生活方式、政治制度、礼仪文化等方面趋于一致。自此，中国燕山以南、长江以北的黄河中下游及淮、汉流域广大地区的居民基本融合成为一个统一的民族，而不再有华夏与蛮、夷、戎、狄的区别。

第二节　中国传统文化的成型期（秦汉）

公元前 221 年，经过多年兼并战争，秦王嬴政终于完成“吞二周而亡诸侯，履至尊而制六合”的统一大业，建立了中华民族第一个统一的、封建专制主义的中央集权国家——秦朝。但维持不过 15 年光景，秦王朝便在农民大起义的烈焰中轰然坍塌，其后又经过 3 年的楚汉战争，整个社会都付出了惨重代价，才由刘邦建立起新的统一的西汉王朝。

一、秦朝：开创文化大一统和思想大一统的先河

“大一统”，最早见于《春秋公羊传·隐公元年》。所谓“大”，就是尊重、重视；所谓“一统”，原指诸侯天下皆统一于周天子，后指全国实现“六合同风，九州共贯”《汉书·王吉传》的格局。秦统一中国，在中华文化史上具有划时代的意义。它标志着中华文化共同体的基本形成。应该说，在秦统一以前，中华文化共同体的这种深层结构因子，即共同心理素质已经大致具备。春秋时代的“尊王夷”观念逐渐被华夏居中，夷、蛮、戎、狄分居东南西北四方的五行五方思想中所包含的文化认同观念所取代；“九

州”说的出现表明中华文化共同体的共同地域观念的明确；各族共同祖先黄帝形象在神话系统中至尊地位的确立，更是这种文化认同感的人格化的生动标志。列国诸侯在各自的势力范围之内，为语言、风俗、经济、文化的最终统一打下了一定基础。

1. 文化一统理论的艰难抉择

“百家争鸣”的各派学说无一不以匡时救世为自己的理论目标。因此，从理论的或然性前途预测，它们都有可能成为一统天下的指导思想。但是各派学说的片面性是显而易见的，所以理论的扬弃与综合是大势所趋。在此形势下，吕不韦由于长期执掌秦国国柄，积累了丰富的政治斗争经验，从而形成了“兼儒墨，合名法”，取百家之长、成“粹白之裘”的一统观念；况且他手下有数以千计的宾客门人，都具有“备天地万物古今之事”的能力。所以吕不韦综合百家，主持撰修了《吕氏春秋》。这部综合百家精华且具有思想大一统理论意图的《吕氏春秋》，恰在秦即将完成统一之时问世，应该说为统一的封建国家设计了理想的政治蓝图。这本来应该成为秦始皇治理天下的最便捷的理论依据，可是从秦国的历史来看，由于法家人物商鞅帮助秦孝公变法才使秦国后来居上，国力跃居七雄之首；李斯辅佐秦始皇富国强兵所表现出的谋略、胆识与决断更强化了秦始皇对法家学说功效的感性认识。因此，法家学说在秦国君王心目中的地位显然在儒、道诸派之上。所以秦王朝全面实施申韩之术，吕不韦连同其《吕氏春秋》遭到冷遇，并且他们片面地实践了韩非子学说中“欲治者奚疑于重刑”的一面，并使之臻于极端，而忽视了其他诸如“刑当无多，不当无少”“赏罚并用”“任法去私”等重要内容。焚书坑儒，开历代君主思想专制的恶例，当然历史也给这种抉择以公正的回应，使其过二世而亡。

2. 思想大一统的措施

“六国毕、四海一”之后，秦朝立即实施一系列强化国家统一的政治变革，建立起中央集权的国家政体。首先，兼取古代“三皇”“五帝”，称之“皇帝”，较之以往的“王”更显无上尊严高贵，规定皇帝之命为“制”，令为“诏”，天子自称“朕”。其次，朝廷设三公九卿，政权、军权、监察权分治，以相互制约而同归皇帝辖制。再次，废除世卿世禄制，实行朝廷任命的非世袭的官僚制。从次，废除分封制，实行郡县制。最后，在秦国原有刑法的基础上，吸纳六国有关法律条文，制定秦律。因此，实现了韩非子“要在中央、事在四方”的政治构想。

3. 文化大一统的举措

首先是“书同文”。以整齐的小篆作为标准文字，改变战国时代“文字异形”的现象，为消除各地经济、文化交往中的语言隔阂打下了基础。其次是“车同轨”。拆除各国所筑关隘，修筑驰道，大大加强了中央与各地的联系，方便了商业贸易和文化交往。再次是“度同制”。统一货币单位和度、量、衡标准，为中华民族共同的经济活动提供了便利条件。再次是“行同伦”。“以法为教”，统一人们的文化心理。最后是“地同域”。共同的生活地域是统一文化的空间条件。秦朝彻底废除周代以来的封邦建国制度，粉碎地区壁垒，将东至大海、西至陇右、南达吴楚、北抵阴山的辽阔版图统一于中央朝廷的政令、军令之下，又通过大规模的移民，开发边境地区，传播中原文化。为了保障北方人民生命财产的安全和农业生产的顺利进行，阻止匈奴的频繁袭扰，公元前 214 年，秦始皇开始大规模地修筑长城，将以前秦、赵、燕三国的北边长城连贯为一，如巨龙蜿蜒，西起临洮（今甘肃岷县），越崇山峻岭，向东直至辽东郡内（今山海关老龙头），全长万余里，俗称“万里长城”。此后，汉、明等朝代又多次续修长城。千百年来，长城在抵御外来侵略、保卫中原地区的经济发展和人民安居乐业方面发挥了巨大的功用。它是中华民族热爱和平的强烈愿望和反击侵略的坚强意志的伟大象征，是炎黄子孙的聪明才智和辛勤血汗铸成的历史丰碑。正因如此，“秦”作为一个王朝的称谓，在这个短命的王朝覆亡两千年之后，仍然作为中华文化共同体的代称流播于世界，“China”就是“秦”的音译。

二、汉朝：宏阔的文化精神

1. 反思与抉择

秦朝的覆灭表面上是秦皇父子急功近利、严刑峻法，但实际上是秦朝统治思想选择性失误造成的。以刘邦为首的汉朝，鉴于秦朝的教训进行了深刻反省并进行了新的抉择。陆贾是第一个进行这种反省和抉择的思想家。他根据秦皇父子“务胜不休”、盲目蛮干、无所不为而无所为的悲剧性后果，在征求刘汉王朝的认可之后确立了汉朝实施“无为而无不为”的基调。在这一思想下，汉朝统治者采取了休养生息、减轻赋税和徭役，使生产力得以恢复和发展，并迎来了大统一以后的第一个太平盛世——“文景之治”。当然，在汉初真正建立起黄老之学系统理论体系的，一是司马迁之父司马谈，二是以刘安为领袖的淮南学派。尤其是刘安的《淮南子》，尽管它本身包含“变相的有为论”，但还是不合一心施展雄图大略的汉武帝的心思。这是因为汉武时代统治阶级的羽翼逐渐丰满，力量日益强大，时代精神正由休养生息、清静宁一重新返回积极有为，所以理所当然地遭到当权派的冷遇。正因为如此，统一思想的课题再次被提出。

武帝令三公、诸侯王等荐举“贤良方正，直言极速之士”来朝廷应试，以网罗人才，重定国策。专治《春秋公羊传》的大师董仲舒脱颖而出，援引“春秋大一统”之精义，提出著名的“天人三策”，鼓吹默百家，尊儒术：“诸不在六艺之科、孔子之术者，皆绝其道，勿使并进。邪辟之说灭息，然后统纪可一而法度可明，民知所从矣”。（《汉书·董仲舒》）董仲舒的这番话就是对“六艺”（《诗》《书》《礼》《乐》《易》《春秋》）的态度论，与李斯向秦始皇上“焚书议”截然相反，但就禁绝异端、发扬帝王一统意志而言，董仲舒与李斯可谓有异曲同工之妙。不过，与鼓吹“以吏为师”的李斯比较，董仲舒要高明得多，他以“六经”为指针，高举“崇儒更化”的旗帜，寻找到与地主制经济、宗法——专制君主政体比较吻合的文化形态，其独尊儒术的主张不仅被汉武帝采纳，推行于当世，而且在汉至清的两千年间行之久远。

2. 尊儒兴学，制度教化

“罢黜百家，独尊儒术”文化政策的推行，使儒学取得了“定一尊”的显赫地位，成为汉代文化思潮的主流。为此，汉王朝从两个方面来进行巩固。一方面“立大学以教于国，设庠序以化于邑”。就是罢黜秦朝所立的各家博士，设立儒学之《诗》《书》《易》《礼》《春秋》五经博士，并规定五经博士教授的学生，每经 10 人，到了成帝时代，博士弟子有三千之众。同时，在各地设立库序之学以“崇乡里之化”；并且推行“以经取士”的选官制度，把教育、考试、选官三者结合起来，使孔子“学而优则仕”的梦想变成现实，为以后文官制度的确立奠定了基础。另一方面“渐民以仁，节民以礼”。礼在周代便已形成文化制度，但其施行的范围主要限于周王室，在各诸侯国并不普及。汉儒们将其规范化、普及化、世俗化，编织出一张笼天地、纳人神、齐万物的文化网络。孔子“非礼勿视，非礼勿听，非礼勿言，非礼勿动”的人生信条被具体化为从治国理家、求学问道一直到婚丧嫁娶、衣食住行等日常生活方方面面的精细守则，并被归纳为六礼、七教、八政：“六礼，冠、昏、丧、祭、乡、相见。七教，父子、兄弟、夫妇、君臣、长幼、朋友、宾客。八政，饮食、衣服、事为、异别、度、量、数、制。”六礼即社会典仪，七教即人伦关系，八政即生活制式。“礼”将这一切囊括无余，社会所有成员的行为都能从这里找到依据和评价尺度。不仅如此，礼文化制度的世俗化的另一重要体现是许多传统节日在汉代形成定制。据史籍记载，元宵、清明、乞巧、重阳，以及春秋社日、冬祭腊日等传统节日或始于、或兴盛于汉。这些细致入微的礼制铸造了封建时代中华民族温、良、恭、俭、让的整体精神风貌。

3. 儒学的经学化

在武帝以后，政治、思想、文化领域都成为儒家经典的一统天下，其表现形式是儒家的经学化。“经”的内容，起初仅限于孔子删定的“六经”，即《诗经》《书经》《易经》《礼经》《乐经》《春秋经》。到汉武帝时代，《乐经》已亡失，故武帝只立五经博士。到东汉时又增加《孝经》《论语》，合称“七经”。唐代又扩大为“九经”“十二经”。其中《礼记》分为《仪礼》《周礼》《礼记》。解释《春秋经》的三传《左传》《公羊传》《穀梁传》也升格为“经”，此外还增加了《尔雅》。宋代在“十二经”的基础上又增加了《孟子》，合称“十三经”。而历代训解和阐发儒家经书之学便是经学。但是，在经学内部，却因学术派别不一，爆发今古文经之争。所谓“今文经”，即朝廷为了便于经学传播，下令搜集流散民间、口头流传的儒家著作，写为定本，作为传述的依据，由于这些经书是用当时流行的文字进行记录整理的，遂有“今文经”之称。所谓“古文经”，即鲁王刘余从孔子旧宅壁中所发现的儒家经书，这些经书是用古籀文写成，故称“古文经”。今文经与古文经所据典籍版本的文字不同。研究今文经、古文经的两派学者在学术观点以及学术研究的原则、方法方面也存在重大分歧。概要地说，今文经学的特点是政治的，讲阴阳灾异，讲微言大义，主合时，学风活泼但流于空疏荒诞，尊孔子为“素王”；古文经学的特点是历史的，讲文字训诂，明典章制度，研究经文本身的含义，主复古，学风较为朴实平易但失之烦琐。从武帝时代直到西汉末年，今文经学居“官学”正统地位，其中《春秋公羊传》尤为重要。以治《春秋公羊传》起家的董仲舒，在著名的今文经学著作《春秋繁露》中，淋漓尽致地阐述了“天人感应”、阴阳五行、“三统”（黑统、白统、赤统）循环学说，从而构建起天人一统的模式，对中国传统思想文化产生了非常重要的影响。古文经学在王莽摄政时扶摇直上，到了东汉继续发展，大学者辈出，贾逵、马融、许慎为其代表人物。东汉末年，马融的学生郑玄遍注古、今群经，不拘泥于师承门户和学派壁垒，成为隆盛经学的总结性人物。

4. 经学的凋谢

随着东汉王朝的覆亡，煊赫一代的经学之花终于无可奈何地凋谢了。学者的批判固然是其重要因素，但最根本的，还在于经学自身不可克服的致命缺陷。其一，神学趋向。经学在内容方面以天人感应、谶纬灾异为重要特征，儒学变成了儒教，孔子也由政治家、教育家摇身一变而为“通天教主”。尤其是儒学以完美无缺的绝对真理自居，拒绝汲取其他学派的思想精华，使它自己失去了吐故纳新的勃勃生机。其二，烦琐形式。今文经学认为“无一字无精义”，古文经学认为“无一字无来历”，两派学术的观点不同，但共同的癖好是以经解经、以事义解经、逐字逐句地疏通经文阐释经义。其三，僵化学风。今古文经学的门户壁立更加重了其保守、静止、教条化倾向。在学术传授方面，不管是守“师法”还是守“家法”，都强调固守遗训，循从师说，诵而不思，死记呆背。活泼的思想被古板的经文所拴缚，理论的发展受到“师法”“家法”的顽固阻碍。生动的、与现世生活息息相关的“人世”儒学被扭向脱离实际、脱离实践的歧途。其四，魏晋时代玄学的兴盛带来的冲击。魏晋玄学在内容上以唯心本体论代替神学目的论，弃天人感应之类虚妄、粗俗的神学命题，在形式上以高度抽象的义理思辨取代经学的烦琐考据和象数比附，在学风上以“得意忘言”、高谈阔论代替经学的固守旧章、拘泥文字。不过经学到了一千六百年后的清代，才又畸形地热闹了一阵，但那只不过是它最终退出历史舞台之前的回光返照罢了。

第三节 中国传统文化的发展期（魏晋南北朝）

汉末董卓之乱犹如一股强劲的旋风，使摇摇欲坠的汉帝国终于崩溃瓦解。其时，军阀割据、王室贵族自相杀戮，北方游牧人如洪水一般从高原上横冲直下，同农耕人激烈争夺生存空间。一场长达近400年的战乱由此展开。先有魏、蜀、吴三国鼎立，继之而起有短命的西晋，随后在北方先有十六国割据，后有北魏、东魏、西魏、北齐、北周等政权的嬗递；在南方则有东晋、宋、齐、梁、陈诸王朝的起伏更替。所以整个社会在“山岳崩溃”“狼烟四起”的大震荡中呈现出遥遥无期的无序错乱。所有的生灵都感到空前深重的生命危机，敏感的文化人感悟“兴废之无常”，哀叹“人生若尘露”，雄才大略的曹操也发出“对酒当歌，人生几何”的苍凉之声。面对生死瞬间转换的现实，人们被迫从源头思考个体生命与价值，使文化出现了凤凰涅槃的新生。

一、儒的裂变

两汉儒学在迸发出雄丽光华时，实际上已潜伏着危机因子。两汉儒学核心的“天人感应”宇宙论，在今文经学家手中被推衍为所谓谶纬神学，而古文经学派由于讲文字训诂而走向烦琐破碎，都陷入难以自拔的泥潭；尤其是接踵而至的社会大动乱更宣布了儒学的“不周世用”和思想的虚伪。与儒学失落同步，名教也在魏晋南北朝时期陷入深刻的危机之中，首当其冲的是对“三纲”的抨击。

1. 对君臣理论的挑战

阮籍在《大人先生传》中认为无君无臣，天下太平；有君有臣，万恶丛生。这无疑是对名教君臣理论的沉重打击。鲍敬言则以为“古者无君，胜于今世”，主张消灭国君，建立一个“无君无臣”的乌托邦社会。由阮籍、鲍敬言所伸张的非君论构成中国政治文化中与专制主义理论针锋相对的反文化思潮，它不仅惊世骇俗地引发当时士人更为深刻地反省现实的不合理，而且将其遗波流泽后世。

2. 对父子理论的非议

孔融曾与祢衡“跌宕放言”：子女只不过是父母“情欲”的产物，所以子女并不承担“孝顺”父母的必然义务。此种违反儒家伦理观念的叛逆性言论出于孔圣人二十世裔孙，真是莫大的讽刺。

3. 对妇德的反叛

根据“妇德”规定，女子须“清闲贞静，守节整齐，行己有耻，动静有法”。然而根据《世说新语·贤媛》记载，当时妇女游山玩水、吹拉弹唱、饮酒谈玄的活动却很多。假如说儒家礼教对妇女约束最严、压抑最深，那么，魏晋南北朝妇女一定程度上的精神解放便是这一时期名教危机的至关紧要的内容。

经学的失落，名教的危机，标志着魏晋南北朝时期的儒学陷入前所未有的困境。这一时期史书中记载的所谓“儒者之风益衰”“百余年中，儒教尽矣”（均见《梁书》《宋书》），皆描绘出儒学式微的情景。

二、玄学的崛起

1. 玄学产生的背景

魏晋玄学的兴起不仅是人们对社会动乱年代的一种特殊思考，而且与这一时期大规模发展起来的门阀士族的庄园经济有着紧密联系。庄园经济是一种分散、自成一统的经济，因此世家大族所关注的不是国家所代表的总体利益，而是个体的生存和发展，此种现实又推动当时士子在以道为主、兼综儒家的基础上加以理论阐发。何晏、王弼、阮籍、嵇康、向秀、郭象便是这一时期的代表人物。

2. 玄学的含义及其内容

玄学是由老庄哲学发展而来的。“玄之又玄，众妙之门。”《道德经》《庄子·天地》《老子·天道》也大讲“玄德”“玄圣”。“玄学”作为一种伏流，其实早在两汉便潜下运行，如张衡作《玄图》，以“玄”为“自然之根”。到了魏晋时代，“玄远”“玄化”“玄旷”“玄言”“玄教”“玄悟”这些玄的观念开始大流行，并把《易》《老》《庄》结合起来，构造了一种新的思辨哲学体系。这种体系有以下几个特点：首先是“谈玄析理”。面对纷纷扰扰的乱世，现存的一切事物和认识如过眼烟云、转瞬即逝，于是人们意在找出以不变应万变、超脱多样化的现实世物而直接诉诸本体的、追求无限的万物之根。而对无限的思考，尤其是对本体的思考，当然不能依靠纯经验性的观察，更不能依靠烦琐的注释考证，而必须运用纯粹的哲理思辨。因此，魏晋玄学家不同于轻视逻辑思维和论辩的两汉儒者，他们专注于辨析名理，以清新俊逸的论证来反对沉滞烦琐的注释，以怀疑论来否定阴阳灾异之说和谶纬迷信，以注重义理分析和抽象思辨代替支离破的碎章句之学。其次是“重象”摆脱道德实践性与政治实用性，从人的本体精神去把握人格美的真谛。正是在此种认识的基础上，荀粲、王弼等玄学家提出了“象外之意，系表之言”“得意而忘言”等哲学命题，甚至把这种意蕴引入了审美殿堂，让人们超越形而下的束缚，以虚灵的心境去体悟自然山水，到达无穷空灵的妙境，领悟到“道”的奥妙与博大。再次是玄学对理想人格的追求。玄学是由老庄哲学发展而来的，其宗旨是“贵无”，其最高主体是对个体人生意义价值的思考。在玄学家看来，“道”（“无”）是一种最高的哲学范畴，它既是万物的本体，也是最高的人格理想——

独立于现实功利之外的逍遥自足的世界。例如陶渊明的“结庐在人境，而无车马喧，问君何能尔？心远地自偏。采菊东篱下，悠然见南山。山气日夕佳，飞鸟相与还。此中有真意，欲辩已忘言。”在这里诗人以一种淡泊心境的情怀，融汇出物我一体的优美意境。追求无为当然非魏晋人本性所使然，而只是他们在无法改造、征服苦难现实面前所采取的一种自我维护精神和方式。这种致思方式在中国文化人的心态上留下了深重而又绵长的影响。后世在理想与现实碰撞中败下阵来的士子，往往不自觉地引用魏晋名士的行为模式作为平衡心理的典范。魏晋士人在“无为”“法自然”中铸造了中国士子玄、远、清、虚的生活情趣。中国文化的面貌也因此更为丰饶多姿。

三、仙道不显和佛光流照

玄学的兴盛，体现出动乱时代人们对个体存在意义和价值的关注，而这样一种社会心理也成为道教与佛教兴盛的土壤。因为有专章讲述宗教，所以这里只讲其兴盛的渊源。

1. 道教兴盛的原因

道教自东汉末开始形成，迅速扩张，终在南北朝成长为可与儒佛抗衡的一大宗教流派。究其原因是它对“长生不死”的追求满足了人惧死乐生的心理愿望。长生不死是不可能的，在无可抗拒的衰老死亡面前，人们不可避免地潜藏有惧死乐生的情绪与长生不死的愿望。道教否定死亡，鼓吹通过修炼达到长生不死，使幻想长生的人们深受鼓舞。尤为重要的是，道教所鼓吹的学道求仙绝非帝王贵族的专利，平民也一样能“举形轻飞”，因而极大地吸引了一般百姓，在动乱时代尤其如此。与此同时，在道教的理论中，长生不死的目标依靠自身的养性修炼全然能够达到。此种长生理论显然具有一定的“使人能支配命运，并克服人生的苦恼”的社会功能。除惧死乐生外，人们还普遍具有对社会和谐安乐的追求。而道教所构筑的“神仙乐园”便有满足人们这一愿望的功能。道教所塑造的“神仙乐园”，集人间理想生活的美之极致。这对于渴望美好生活的人们来说，显然是寻求精神安慰的极好处地。在社会涵盖面上，道教不同于玄学，并非只局限于上层士大夫中，道教也不同于一些民间杂散教派只在下层民众中流行，而是具有一种广泛的适应性。而且道教是一个包括了宗教化的道家学说、神仙之说和修仙方术以及民间疗病去灾的鬼道在内的多层次的宗教体系。在教团组织上，道教分为上层神仙道教和下层符水道教两大层次。神仙道教以长生修仙为本，主要在皇帝、士大夫中间活动；符水道教以治病去祸为务，适应下层劳苦大众的需要。多层次的宗教内涵以及组织、传播方式使道教能适应不同阶层的喜好、需要与文化水平，同时强化了道教的内在生命力并强韧地存在与发展，自此，道教对中国民俗、民风、文学、科技、建筑乃至政治斗争都有很深的影响。

2. 佛教大传播的土壤

如前所言，魏晋南北朝是一个血泪横流的时代，社会各阶层的人普遍有一种“人命若朝霜”“人生若尘露”的忧生之感。强烈的生命忧患催动人们往四面八方去寻找安身立命之处。玄学的兴起，为相当一部分士人开拓出超越有限进入无限玄妙之境；道教的展开，使人们在对“神仙乐园”的向往与“学道，可得长生”的信念中得到精神满足；而东来的佛教，能把人们从现实危难与苦痛中解救出来，如观世音菩萨，即时观其音声，皆得解脱，这对于身陷苦难中的民众来说不啻为绝望中的光明。其“轮回”说认为，人死是必然的，但神魂却不灭，神魂将在天、人、阿修罗、畜生、饿鬼、地狱中轮回，而来生的形象与命运则由“善恶报应”的原则支配，“此生行善，来生受报”，而“此生作恶，来生必受殃”。与玄学、道教相比较，佛教“轮回说”在解除“生命忧患”上自有独到的疗效。玄学以“道”的追求为人们提供了精神解脱的路径，然而它并没有切实回答生命存在的实际问题。道教对人们最大的诱惑则是长生不死、得道成仙，然而长生不死是不可能的，这是道教在实践面前的最大障碍。“轮回说”却不同，首先，它承认人的肉身必灭，但“散之必聚”，人的灵魂经过轮回后，还将“随复受形”，这一说教使人们对现世的死亡不那么恐惧，而有一种“投胎转世”的希望。其次，“轮回说”强调来生形象与命运由今世善恶决定，这一说教使人们以为今世的苦痛是前世的恶行报应，从而不得不认命，并进而为来世的好运做“善”的努力，故使骚动情绪大为消除。“轮回说”关于生死问题的新解释，使得时人耳目一新，成为与儒学、道教鼎足而立的一支意识形态。

四、儒、玄、道、佛相与激荡

儒、玄二学与道、佛二教的相互抵抗与冲突，使魏晋南北朝文化结构呈现出多元激荡的态势。

儒、玄二学相互冲突与吸收。玄学推出之初便大有“与尼父争涂”的势头（《文心雕龙·论说》）。玄学之士“以老、庄为宗而黑六经”（《晋纪总论》），儒学之士则遣责玄学家“好谈老庄，排弃世务，崇尚放达，轻蔑礼法”（《晋书·卞壶传》），甚至将西晋覆亡归罪于玄学风行。同时儒、玄二学也在排斥中相互吸收。一些儒者注意到老庄之学具有救名教伪弊之功。李充在《学篇》中说：“先王以道德之不行，故以仁义化之，行仁义之不笃，故以礼律检之，检之弥繁，而伪亦愈广。老庄是乃明无为之益，塞争欲之门。”其间显然具有儒、道（老庄之学）互补的意蕴。与此同时，玄学中也出现修正派，郭象、向秀相继提出“自然不离名教”“名教即是自然”“以道合儒”等命题，推动玄学向儒学靠拢。儒、玄的相互接近，导致“儒玄双修”之士大量涌现，从而显示了儒、玄合流态势。

道教从诞生之日起便与老庄之学结下不解之缘。立教以后，又积极调和儒学，《抱朴子》所言："欲求仙者，要当以忠孝和顺仁信为本。"北魏道士寇谦之曰："专以礼度为首，而加以服食闭炼。"这些均是调和儒道姿态。

佛教与玄、儒、道的关系极为复杂。大体而言，玄、佛一拍即合。佛教与玄学的迅速调和关键在于二者哲理意趣相接近。魏晋时期流传于中国的佛学主要是大乘佛教中的般若学。般若学的整体特征是否认人的认识能力，凡属认识涉及的范围都属幻化不实，此即谓之"空"。般若学的主"空"与玄学的以"无"为本几乎一拍即合，特别迎合那些高吟"人生似幻化，终当归虚无"的士大夫的心理。佛教以人生为"苦"，要挣脱"苦"的痛楚，就必须通过修习熄灭生死轮回而达到涅槃的境地，而所谓涅槃，即意味着一切烦恼永尽。这种"解脱"学说与魏晋士大夫想要挣脱外物束缚、求得自我解脱的心理趋向相近似。佛学在思辨方式上重视直觉体验式的对外部世界的把握，而玄学亦强调以心灵体验的直觉方式去把握玄奥的形而上的本体"道"，两者思维路线比较一致。此外，玄学家主张淡泊无为，皈依自然，佛学家主张在淤不染，在祸不殃；玄学家擅长辩难，佛教也机锋咄咄逼人，两者意趣趋近。凡此种种，造成玄学率先欢迎佛学、受容佛学的情势。于是，玄学家研读佛经，高士与名僧交学辩难成为一时风尚。儒学排斥佛学，有"泾渭孔释，清浊大悬"之论。而佛学竭力迎合儒学，东晋后期佛教领袖慧远在《沙门不敬王者论》中直接提出"佛儒合明论"，声称儒、佛为"内外之道，可合而明"。在佛教思潮的影响下，一些士大夫也开始主张儒佛不异。东晋著名文学家孙绰作《喻道论》，声称："周孔即佛，佛即周孔，盖外内名之耳。"刘巍也在《灭惑论》中言："孔释教殊而道契，解同由妙。"一些儒者还采取佛学中义疏体的形式来作儒典义疏，梁朝皇侃《论语义疏》则用佛理来解释儒学。"佛道二家，立教既异，学者互相非毁。"然而，作为宗教，佛教与道教具有相近的目标取向，其间隐藏着统一性或一致性，由于道教在组织结构、宗教理论与宗教仪式上都远不如佛教那么严密，于是，道教在对抗佛教的同时，不断从佛教处吸取营养以完善自身。

魏晋南北朝时期儒、玄、佛、道二学二教的相互冲突、相互整合，造成意识形态结构的激烈动荡。同时在这个时期，匈奴、鲜卑、羯、羌等"胡"族先后进入内地，纷纷建立政权。不仅出现了游牧和农耕文化的冲突，而且存在不同少数民族之间的文化冲突，更使魏晋南北朝的文化呈现出多样性、丰富性。在文化的多重碰撞与融合中，中国文化得到多角度的发展和深化，强健而清新的文化精神大放异彩。

第四节 中国传统文化的隆盛期（唐宋）

一、隋唐：文化的隆盛期

魏晋南北朝的多元文化激荡，终至推出气度恢宏的隋唐文化时代，到处是一片春回大地的光景，到处激荡着霸气的洪流，迸发出创造光芒的文化精魂，构成了巨龙在天空中大气盘旋的气势。

1. 宽松的文化背景

唐帝国的规模奠定文化宽松的胸襟。它疆域辽阔，在极盛时代东北至朝鲜半岛、西北至葱岭以西的中亚、北至蒙古、南至印度支那，唐天子不仅是汉天子，而且被诸蕃君长尊为“天可汗”；它军事力量强大、行政机构完备、法律制度严密、经济繁荣，是向周边文化地区辐射的文化源地。

“八面来风”是唐代文化宏阔的源头。隋唐皇室以胡汉混杂的血统统治天下，所以将胡文化的一股豪强侠爽之气注入农业民族的汉文化系统内，达到了胡、汉文化相融合的文化效应。不仅如此，隋唐还以博大的胸襟吸收外域文化并对此加以消化、改造，而且从其他文化系统中采集精华，使唐文化具有超越前朝的特有气派。

魏晋南北朝的多元激荡为隋唐文化的整合开辟了道路。魏晋南北朝文化结构的多元激荡，对于人们多元思想的宣泄和文化的创新，犹如一股清流滋润着世人干枯的心田。而唐帝国的统一和空前强盛，使这一清流汇成了前所未有的时代豪迈感，把文化创造的激情推向了高潮。寒士的崛起是隋唐文化强盛的主体。魏晋南北朝，活跃于中国政治舞台上的是门阀士族，他们凭借门第、族望而世代享受高位，并拥有政治、经济大权，对文化的发展起了阻碍作用。随着唐代统治者对门阀士族的压抑，以及大批中下层地主阶级士子、自耕农出身的读书人由科举考试入仕途，构成社会政治生活与文化生活中一支活跃而能动的社会力量。可以说，在唐代社会文化结构的调整中，寒士是建构唐代隆盛文化的重要主体。

太平乾坤是隋唐文化大气回荡的政治条件。贞观之治、开元盛世是中国古代社会少有的盛世之巅。尤其是唐太宗李世民雄才大略、勤政务实，是中国古代少有的一代名君，他在贞观年间实施的一系列政策，对重建并巩固统一的中央集权国家，为昌大的唐文化奠定雄厚基础是毋庸置疑的。

综上所述，种种因素在唐代形成一种奇妙的“合振”现象，多种力的共振为唐代文化的蓬勃发展提供了宽松的背景，一个新的时代喷薄而出。

2. 隋唐科举制的作用

文化面貌的改观往往直系于文化主体知识精英人格、心态与素质的转换。所以唐代在治国方针上确立了“人尽其才，才尽其用”“选天下之才，为天下之务”的原则，并从南北朝时期考试取士的经验中确立了科举制。科举制的首创性就是在地主阶级全体成员（甚至包括某些农民）中，通过机会均等和严格考试的形式来选拔官吏。这样一来，不仅显示了把政府公职向所有有才能之士开放的大度气派，而且有利于国家的稳定。

首先，科举制的推行使隋唐政权具有一种开放性与流动性，大批中下层地主阶级士子以及自耕农出身的读书人由科举考试入仕途，参与和掌握各级政权，从而在现实秩序中突破了门阀世胄的垄断。自此，寒士具有一定的政治独立性与主动性，构成社会政治生活与文化生活中一支活跃而能动的社会力量。

其次，由于科举是当时官员主要来源的、后来甚至是唯一的途径，古代读书人基本上围绕科举这一中心来设计自己的生活道路。因此，科举制虽然不能促进社会全面的开放，但对士人走出生活象牙塔，步入大千世界，铸造宽大的胸怀有着很强的意义。

最后，科举制度以封闭式考试录取，具有公正性和法定性，并且不计生员的出身，唯才是举，从而能较为广泛地从社会各阶层选拔人才，扩大了政权的统治基础，官员和候补官员基本上都是知识阶层的精英，无疑普遍提高了官僚队伍的人文素质。相传唐太宗尝私幸端门，见新进士缀行而出，喜曰：“天下英雄，入吾彀中矣。”

参加科举考试的主要是学校生徒，因而此制还带动了学校教育的发展。唐时学校分京师学和州县学，各级学校主要研习儒家经典，此外还学习律令和书法、算学等专门技能。因此，科举制度既是一种选官制度又是一种教育制度，它自隋唐延至明清，发挥了重要的社会功能。以科举制度为核心的中国文官政治成为中国文化的一大特色，对东亚乃至世界文明都产生过影响，它在其出现近千年之后由传教士带回西方，直接影响了西方资本主义国家文官制度的建立。

有容乃大。以强盛的国力为依据，以朝气蓬勃的世俗知识分子为主体的唐文化是一种无所畏惧的兼容并包的大气文化。一切因素、一切形式、一切风格，在唐文化中都可以恰得其所，与整个时代相映生辉。

对内实行文化开明政策。在文学艺术创作上，罕见英主李世民与以魏徽为首的儒生官僚集团积极鼓励创作道路的多样性。虽然他们对六朝浮靡文风强烈不满，以为梁陈文学内容贫乏、于政无补、文体浮放、危害风俗，并高度强调文学艺术“经邦纬俗”的社会功用，但是他们决不推行文化偏执主义，不以强硬手段重质轻文、重道轻艺，而是鼓励“纯文学”“纯艺术”的发展。如此文艺思想、文艺政策，自然推动文学艺术生动活泼地发展。

在意识形态上，唐太宗奉行三教并行政策。虽然在唐代不同的君主由于不同原因而在三教之中各有所偏重，但就总情势而言，三教基本上并行，形成如下景观。

（1）道教风行。道教在上层统治者中格外得宠。李唐王室奉老子李聃为先祖，故唐高宗封老子为太上玄元皇帝。东都洛阳的玄元皇帝庙，“山河扶绣户，日月近雕梁”，雄伟壮丽。长安的太清宫中，先有玄宗雕像，后有高祖、太宗、高宗、中宗、睿宗五帝侍立老子塑像左右，毕恭毕敬，充分说明对道教的崇拜。

（2）佛教兴旺。初盛唐是佛教扶摇直上的时代。京畿长安，寺庙荟萃，城中坊里的 60% 都设立了寺庙，长安城内的佛塔更难以计数。在东都洛阳，武则天大规模开龛造像于龙门，闻名的卢舍那大佛高 17.14 米，端坐正中，神王、金刚、菩萨、佛弟子侍立左右，如众星拱月，华妙庄严。

（3）儒学昌明。一度式微于魏晋南北朝的儒学在唐代开始振兴。唐太宗询求前代通儒子孙，特加引擢，他命国子祭酒孔颖达等撰定《五经正义》，令天下传习；他又昭以左丘明、公羊高、谷梁赤等 21 位经学家配享孔子庙庭。“重儒术”的大力倡导，在唐代学术界形成“学者慕响，儒教聿兴”的新局面。

唐代统治者尊道、礼佛、崇儒，赋予唐文化充实而又光辉的气质。

唐人不仅广为接受胡乐、胡舞、胡装、胡食，使唐文化热烈多彩，富有阳刚之气，而且以空前规模采集外域英华，对外域文化广为吸收，这包括南亚的佛学、医学、历法、音韵学、美术；中亚的音乐、舞蹈；西亚的景教、摩尼教、伊斯兰教、建筑术；等等，使唐文化成为一种世界性文化。公元 6 世纪至 8 世纪的唐都长安是一个世界性都市，其鸿胪寺接待 70 多国外交使节；其国子学和太学先后接纳 3 万余名留学生。据统计，长安百万人中，包括使臣、僧侣、商人、外国留学生在内的各国侨民达 2%，加上突厥后裔，其数高达 5%，为历朝之最。尤其值得注意的是玄奘的西游。为求得对佛学的真解，玄奘赴天竺各地，与学者论辩切磋，历时十几年回到了长安，后译经 75 余种，并撰写了《大唐西域记》，提供研究南亚及中亚古代史的重要资料。他的传奇性经历在民间广泛流传，至明代吴承恩写成《西游记》。正是在这种宽容的文化背景下，唐代才形成了热烈、高亢、绚丽的盛世文化。唐文化对日本、韩国、朝鲜，甚至西亚、中亚、西欧国家都有明显的影响，形成了一个以中国为中心的东亚文化圈。

3. 辉煌的文化成就

（1）诗歌的精彩绝艳。闻一多说：“一般人爱说唐诗，我却要讲‘诗唐’。诗唐者，诗的唐朝也。”可以说，诗歌的女神似乎特别垂青唐代。中国是诗歌的国度，而中国诗歌的辉煌极致就在唐代。

这是一个全民族诗情郁勃的时代，一方面文人创作的诗篇被“士庶、僧徒、孀妇”吟唱，传诵于“牛童、马走”之口；另一方面社会的各色人等也竞相作诗，出现了“行人南北尽歌谣”的状况。就现存的《全唐诗》收录的诗作来看，有诗 48900 余首、诗人 2300 余家，这还不计没于历史尘埃中的作品和诗人。

如果以诗歌史上的时代划分，初唐是唐诗的启蒙期，初唐四杰（王勃、杨炯、卢照邻、骆宾王）揭开了唐诗的帷幕。这些年少才茂的诗人将勃郁不平的感情及强烈向往勋业不朽的积极进取精神注入作品，这就是国家从分裂走向统一，一种生活的信念、高瞻的气概、青春的旋律，充溢初唐士子心扉的表现。盛唐时期的诗则具有“气盛势飞”“浑厚氤氲”的雄浑气象。这一时期诞生了雄盖千古的诗国天才——“诗仙”李白、“诗圣”杜甫、“诗佛”王维，同时期还有著名的边塞诗人王昌龄、崔颢、高适、岑参等，他们笔锋超卓、诗情益然，用豪迈情怀讴歌祖国的壮美河山，缔造出中国唐诗的最高峰。中唐时期，以阴郁沉重为基调，因不同群体而发为风貌不同的吟唱：元稹、白居易一派沿着杜甫所开启的路径，以诗笔反映民生疾苦，触及时事，为社会呼喊。文学的功利性在消沉数百年后被白居易再次高扬。韩愈、孟郊、贾岛、李贺着意于以诗歌表现内心的情状，呈现出强烈的主观色彩。孟郊以瘦骨嶙峋、萧索枯槁为美；韩愈以光怪震荡为美；李贺被称为“鬼才”，以奇幻怪诞为美。他们努力追求诗歌美的多元化，呕心沥血，创造具有个性审美的艺术境界。晚唐时期，诗人们面对衰落的时代，努力在诗章中歌吟残缺美，使王朝的灭亡充满一种深沉的美。无论是咏史怀古还是抒写爱情，晚唐诗总是有那么一种凄艳格调。晚唐诗以其美得凄然的气象，为唐诗之旅作一凄美的终结。

唐朝诗人中最值得一说的是李白、杜甫、王维。他们是比肩而立的三大诗人。有人称他们为“天地人”或“真善美”，在中国文化史上，他们代表着三种人格精神。

李白上承楚辞余韵，摄取魏晋诗歌、六朝乐府的精华，一扫南朝宫体诗的粉黛性，拓宽视野，扩展境界，将唐诗推向高峰。人们敬慕的李白，不是积极用世、满怀拯世救物之心的李白，而是天马行空、飘然不群，最浪漫、最超脱的天才诗人李白。他桀骜不驯、恣肆狂放、笑傲权贵、漠视世俗、指斥人生、饮酒赋诗、纵情欢乐，将庄子的飘逸和屈原的瑰丽融为一体。《唐诗别裁集》说：“太白七言古，想落天外，局外变生，人江无风，波浪自涌，白云从空，随风变灭，此殆天授，非人所及。”李白的诗又有一种主体反抗客体，克服客体、战胜客体并压倒一切的气势。且看他对大自然洪波射流、骇胆摄魂壮观景象的描写：簸鸿蒙，扇雷霆。斗转而天动，山摇而海倾”“一风三日吹倒山，白浪高于瓦宫阁”“共工赫怒，天维中摧。鲲鲸喷荡，扬涛起雷”“三时大笑开电光，倏烁晦冥起风雨”，这些诗句无不充溢着力的奋发、力的搏斗，是力的交锋、力的克服。李白执着个体情性的品性与浪漫情调渗透了道家所标榜的理想人格精神，这就是逍遥无待，在个性张扬中成为真人。

“李杜文章在，光焰万丈长”，同李白双峰并峙的另一位唐朝大诗人是杜甫。“穷年忧黎元，叹息肠内热”，杜诗忧国忧民是其中心主旨。安史之乱以前，杜甫就写出了《丽人行》《兵车行》，揭露帝妃的骄奢和唐玄宗的穷兵黩武，并暴露出潜在的经济、政治危机；安史之乱后，更创作出“三吏”“三别”，刻画战乱、兵役、徭役给民众带来的深重苦难。《自京赴奉先县咏怀五百字》是久为传诵的名篇。天宝十四年（755年），杜甫返奉先县省亲，当时是安史之乱的前夕，奉先县正处在饥荒之中。当杜甫怀着“老妻寄异县，十口隔风雪，谁能久不顾，庶往共饥渴”的心情返抵家门时，却“入门闻号啕，幼子饥已卒”，面对这种人间惨剧，杜甫哀痛欲绝，但他并未沉溺于个人的遭际不幸，而是由自我联想到比自己更为不幸的同胞，“默思失业徒，因念远戍卒”，其情至真，其哀博大。在《茅屋为秋风所破歌》中，杜甫又从一己屋破之苦难出发，转而关注天下寒士的悲运：“安得广厦千万间，大庇天下寒士俱欢颜，风雨不动安如山”，作者超越了对身家命运的自叹自怜，化为对社会民生的大悲大痛。“以饥寒之身而怀济世之心，处穷迫之境而无厌世之想”，杜甫对民众的深情和博大的关爱，渗透了儒家终极追求的理想人格精神，这就是以使命感立世，以理之应然为思考，从而在此成就大我的生命，此种精神铸就了杜甫万古不朽的伟大。

王维的“禅”的精神是另一种理想人格的典范。当人们入世不得，自信心与热情大为挫伤时，王维式的“禅”的精神便成为他们化解屡遭忧患的愤懑和无可奈何情绪的心理之盾，从而最终在淡泊中恢复心理上的平衡。他的诗极淡极简：“与世淡无事，自然江海人。”“欣欣春还皋，淡淡水生陂。”“松风吹解带，山月照弹琴。”“兴来每独往，胜事空自知。”王维心态淡泊、意境淡泊、口吻淡泊，他所首创的泼墨山水“灭文章，散五采”同样以超脱而自然、简淡而清闲为境界，正是在此种淡泊的韵味中，王维个人的生命进入人天圆融契合的世界，化入无言而又自足、朴素而又逍遥的纯粹境界。闻一多说：“王维的诗替中国诗定下了地道的中国诗的传统，后代中国人对诗的观念大半以此为标准，即调理性情，静赏自然，他的长处短处都在这里。”王维在精神上更为深广地影响后世中国士人，这正是以中和为美的中国文化精神所使然。

（2）书法的极妍尽美。与中国诗歌的历程几乎一致，中国书法在魏晋六朝开始走向美的自觉，而在唐代则达到了新的高峰。

唐代书法充分吸收了魏晋南北朝南北文化的营养。南北朝时期书法因历史、地理、民族、政治等方面因素，形成南帖、北碑两大流派。南帖以流美为能，婉丽清媚，富有逸气；北碑以方严为尚，雄奇方朴，富有豪气。唐代书法承袭隋代书法而来，而隋代书法集南帖、北碑之大成，“大开唐风”，成为唐代书法臻于极美的艺术根基。

盛唐书法的首唱是孙过庭的抒情论，这位书法批评家在《书谱》中首次对书法艺术的抒情性做了自觉而明确的阐发。他强调“书之为妙，近取诸身”，指明书法艺术的奥妙主要在于表现自身情性。他的这种抒情哲理在张旭和怀素笔下化成激情的线条。张旭的书法以飞速流动的狂草著称。他的草书《古诗四帖》，纵笔如“兔起鹘落”，奔放不羁，纵横自如，一气到底，大有“急风旋雨之势”。秉承张旭书法的怀素，其笔下的线条也是“风趋电疾”，他的《自叙帖》下笔狂怪怒张，线条电激流星，正如帖中赞语：“狂来轻世界，醉里得真如”，强烈的思想感情正在这风驰电掣的线条中流泻出来。唐代是书法全面成熟的阶段，这一时期篆书圆劲，阳冰篆法为后世所多循；草书飞动，“颠张狂素”将狂草带引至巅峰；行书纵逸，李邕、颜真卿的《麓山寺碑》《争座位帖》最为艺林所重；楷书端整，欧（阳询）、虞（世南）、颜（真卿）、柳（公权）楷书四大家将唐楷推至登峰造极。

（3）画的灿烂求备。唐代是诗歌与书法的黄金时代，也是绘画的极盛时期。这一时期的画坛，题材广大而深厚，风格多彩多姿，绘画批评空前活跃，生气蓬勃：人物画辉煌富丽，豪迈博大；山水画金碧青绿，山水交相辉映，整个画坛新鲜活泼，充满生命活力。“画圣”吴道子是一位极富创新精神的画家。东坡称他的画“出新意于法度之中，寄妙理于豪放之外”。吴道子的绘画革新具体表现为对线描技巧的改造。宋代画家米芾研究吴道子之画，指出吴画“行笔磊落，挥霍如莼菜条”。“莼菜条”型线条不同于魏晋以来的匀细如蚕丝的细线，而是加粗加厚，波折起伏，从而充分“转译”了彩色晕染的立体效果，表现出物象的“高侧深斜”。借助于“莼菜条”型线条，吴道子笔下的人物画，衣纹的高、侧、深、斜、卷、折、飘举等复杂变化皆淋漓尽致地表现出来，具有一种“天衣飞扬，满壁风动”的神采。因此，吴道子的画不仅取尽色彩阴阳画法的特色，还更进一步表现了色彩所不能表达的力感与美感。综上所述，孟子说“充实之谓美，充实而有光辉之谓大”，唐代便是古代哲人观念中“充实而有光辉”的文化繁盛时代。苏轼曾说：“君子之于学，百工之于技，自三代历汉至唐而备矣。故诗至于杜子美，文至于韩退之，书至于颜鲁公，画至于吴道子，而古今之变，天下之能事毕矣。”中国文化发展至唐，显示出一种阶段性的集大成的灿烂风采，其辉煌令后世追慕不已。

二、两宋：内省、精致趋向与市井文化的勃兴

爆发于公元 755 年的安史之乱引发了中国封建社会内潜藏已久的种种危机，中国文化也由此出现了转折，即从唐型文化转向宋型文化。所谓唐型文化，是一种相对开放、外倾、色调热烈的文化类型。李白的诗、张旭的狂草、吴道子的画，无不喷涌奔腾着昂扬的生命活力，透露出大气盘旋的民族自信。所谓宋型文化，则是一种相对封闭、内倾、色调淡雅的文化类型。理学知性反省，宋词婉约幽隽，建筑专用木之本色，服饰“唯务洁净”，以简朴清秀为雅。

1. 变更的土壤

中国自上古以来就有南北之分，一般说来，北方主要指黄河流域地区，南方主要指长江流域地区。北宋时期文化重心已形成南趋态势，“二程”在洛阳讲学，弟子却以南人居多。爆发于 1127 年的“靖康之难”给予文化重心南迁以有力推动。是年，

金人攻破汴京，随之统治北方100多年。宋氏南渡江南。以此为契机，中国文化重心的南迁终于完成。

这样，南方的平湖秋月的清雅山水代替了北方的平塞翰漠，也意味着含蓄委婉的内秀人物品评心理代替了粗犷豪迈的征服性人物品评审美，这就进一步促进了宋代文化的向内与平静。而社会动乱以及北宋貌似繁华实则虚弱的状况，在士大夫心灵上投射下阴影。一部分士大夫反省人生意义、宇宙社会秩序以及历史文化的发展，充满了社会责任感；另一部分士大夫在社会文化由盛而衰的强烈刺激下，突然感到自信心的崩溃与人生理想的破灭，为了寻求新的心理平衡，他们逃脱于现实世界之外，着意于心灵的安适与更为细腻的官能感受，所以将人生理想的追求方向从外转为向内的心理趋向日益扩大，形成内倾、封闭的心理特征。

2. 理学建构

理学，亦称为“新儒学”，之所以称之为理学是因为两宋诸子所创建的思想体系以“理”为宇宙最高本体，以“理”为哲学思辨结构的最高范畴。理学虽有众多名称，但究其特质是一种以儒学为主体，吸收和改造佛、道哲学，在三道思想精粹之上建立起来的伦理主体性的本体论。宋代理学在其整体形成中大致可分为开创期、奠定期、集大成时期三个阶段，而这三个阶段的展开莫不伴随着对佛道思想精粹的吸收改造，围绕着将伦理提高为本体这一主题。周敦颐被视为“道学宗主”，张载与二程（程颢、程颐）为理学奠基者，朱熹使理学更以集大成姿态趋于成熟。

3. 礼制秩序重建

“礼”是中国文化的强劲意识形态，但由于动乱和“胡”文化渗入，礼制秩序式微。针对这种情形，理学家们立足于“理”本体说，将“理”与“礼”的关系解释为本末、文质关系，从而使理的原则在社会生活的各个层面中得以实现。这样，使“礼”在以“理”为最高范畴的伦常系统中获得至关紧要的位置。在此基础上，他们详细论证了“存天理，灭人欲”的基本原则，而且从这个原则出发，把对妇女的约束推向了极致，提出了“饿死事极小，失节事极大”的著名命题，使中国妇女遭受到前所未有的历史性损伤。

“内圣”经世路线的高扬就是将传统的“内圣”之学提到空前的本体高度，从而造成中国经世路线的转向，进而规范中国传统政治文化心理。应该说，“内圣外王”本身就有两个重点，自孔子以后，荀子力主“外王”之学，孟子则着力发挥“内圣”一面。自秦汉至唐宋初，依靠“外王”经世路线赢得了空前显赫的权势和功业。然而，宋朝是一个积弱的朝代，整个社会对“内圣”之学格外垂青，认为圣贤位置胜过世俗的功勋，主张“外王”的政治活动必须从属于“内圣”，以“内圣”为指归。

理想人格的建树从“内圣”角度出发，意蕴有三。一曰：“孔颜乐处”，实则是指圣贤之乐不在外物，而在自我，是自我意识与万物混为一体。二曰：“民胞物与”，其意为百姓都是我的同胞，万物都是我的朋友，要求每个人人格的完成必须置于大众群体人格的完成之中。三曰："浩然正气"，即执着于人格理想与道德信念，不为任何外来压迫所动摇。这对于中华民族注重气节、注重道德、注重社会责任与历史使命的文化性格无疑产生了深远影响。文天祥"人生自古谁无死，留取丹心照汗青"所传递出来的社会责任感、历史责任感以及道义责任感，闪烁着理想人格的灿烂光辉。

4. 精致细腻的士大夫文化

与理学着意于知性反省、造微于心性之际的趋向一致，两宋的士大夫文化也表现出精致、内趋的性格。

（1）婉约含蓄的宋词。词本起于市井歌谣，属于"胡夷里巷之曲"。后经文人的修改渐渐雅化。宋词之"雅"实际上蕴藏着一种阴柔气质，而宋词的世界也确是一个阴柔美的世界。

柔美钟秀。宋词从品行上属于"南方文学"大系统。南国的晓风残月、千里烟波、斜风细雨、平湖曲岸"柔化"着词人的创作心理。与晚唐以来文人词中的柔美钟秀特质相契合，宋词的词境柔美轻约，凄迷委婉。

香艳婉美。晚唐以来城市经济的发展，使得江南城市风光富丽，"举目则青楼画阁"，文人们沉沦于纸醉金迷的氛围，不再做"男儿生世间，及壮当封侯"的豪言壮语，而是享受"浅斟低唱""彩袖殷勤捧玉钟，当年拚却醉颜红""舞低杨柳楼心月，歌尽桃花扇底风""秀艳过施粉，多媚生轻笑"，蕴藏于词人内心的"香艳"之情被描绘得那样柔，那样美，如水一样缠绵悱恻，难舍难分。这种香艳婉美的歌词传递出一种具有软性美感的特质。

细腻精致。宋词侧重音律和语言的契合，语言小巧精细，造境摇曳空灵，取径幽约怨悱，极为细腻，极为精致。柳永的"衣带渐宽终不悔，为伊消得人憔悴"，秦观的"漠漠轻寒上小楼，晓阴无赖似穷秋。淡烟流水画屏幽。自在飞花轻似梦，无边丝雨细如愁。宝帘闲挂小银钩"，境界虽小狭，但形象精致，含义微妙，此种细腻精美是宋词的总体风格。

在词的文人化过程中，苏轼发挥了关键作用。苏轼是在诗、文、书、词等方面均有极高造诣的才子，其词作兼具精妙与宏阔，以一种"超然乎尘垢之外"的"逸怀浩气"，一新天下耳目。雅化了的宋词主要呈现阴柔美。当然，宋词还有另一番风貌，这便是由苏轼开创，以辛弃疾为代表的豪放词风，但数量少，手法也多用豪放的基调，讴歌微妙细腻的心理感受，所以有人说，豪放词派仅仅是婉约派的一个分支。

（2）文人画。宋词雅，宋画也雅。士大夫参与绘画，向绘画输入自身特有的文人气质并非自宋代开始，但是至宋代，士大夫方以一种自觉的群体意识投入绘画，把绘画纳入文人生活圈。此种思潮的标志，便是"文人画"观念与理论的提出，以及"文人画"的诞生。"文人画"的特征有如下三方面：其一，诗、书、画一体。中国文人本来就追求包括诗、书、棋、琴、画在内的高雅修养，随着文人士大夫地位的日益提高，群体意识的日益强烈，绘画在这一阶层人的心目中已不再被看作单纯的再现性艺术，而被更多地作为寄兴、寓意、怡情的手段。其二，格调高雅。宋人偏爱画竹、画梅、画菊，以寓示自己的高风亮节。正如周敦颐《爱莲说》所称："予谓菊，花之隐逸者也；牡丹，花之富贵者也；莲，花之君子者也。"其三，神韵超然。宋代文人将绘画看作宣泄自身情感与表现自我的一种艺术手段，抛弃绘画中的"形似"手法，高度强调神韵，而且文人士大夫亦以独特的审美观去装饰、赏览周围的生活环境。文房自然成为文人美感所浸染的首冲之地。文房之中最基本的用具是笔、墨、纸、砚四宝，它们应实用而产生，但在其后的发展中则越来越富于装饰性、赏玩性。

5. 市民文化

值得注意的是，在"雅"的世界之外，别有一种文化形态崛起，这就是在熙熙攘攘的商市生活、人头攒动的瓦舍勾栏中成长起来的野俗而生动的市民文化。

北宋首都为东京开封府，又有汴京之称。北宋画家张择端以《清明上河图》展现开封城生动具体而又典型化的历史画面，它以外城内东南角侧的城郊为起点，向西沿着汴河溯流而上，经过内城通津门外的土桥、东角子门，到繁华的保康门街。缓缓展开它，便仿佛走入了那喧嚷而久远的都市世界……它反映了宋代的商品经济十分发达，商市的规模远远超过唐代。为适应市民阶层的需要，在一些繁华的大都市出现了市民文化表现自我的固定游艺场所——瓦舍。

瓦舍是百戏荟萃之地，每个瓦舍里划有多个专供演出的圈子，称为勾栏。众多勾栏上演令人眼花缭乱的文艺节目，如杂剧、杂技、讲史、说书、说浑话、散乐、诸宫调、角抵、舞旋、花鼓、舞剑、舞刀……瓦舍中的观众队伍也很驳杂，以市民为主，文士将瓦舍称为"放荡不羁"之所，正表明这是一个充分展示市民情趣、市民口味的另一个文化世界。与此同时，适应瓦舍演出需要，一批被人称为"书会先生"与"京师老郎"的文人应运而生。他们文化修养和艺术见解高于一般艺人，从而得以运用较为娴熟的文字表达功夫和较丰富的历史知识创作戏剧脚本和"说话"话本。宋代说话有四大家之分，一为"小说"，二为讲史，三为讲经，四为合生或说浑话。在"说话"四家中，"小说"与讲史又最受听众欢迎。

6. 教育和科技成就

两宋文化还有一个重要内容，这就是教育的发达。宋代官学系统有三个特色，一是在学校教育制度上等级差别不断缩小，如富学向宗学转化后无任何亲疏，国子学向太学转化后无问门第，这样一种转化有利于低级官僚子弟乃至寒门子弟脱颖而出；二是重视发展地方学校，至北宋末期，地方州县学发展到高峰；三是形成了一种新型教育组织——书院。儒生士大夫们不仅以书院为研究学术、推行道德教育的基地，而且追求精神上的自得，体现了"真正的学问研究不在学校而在书院"。这样一来，可以说教育的发展与深刻变化使宋代整个社会的文化素养超过汉唐。中国古代科技也在宋代发展达到了鼎盛：在中国四大发明中，指南针、印刷术、火药三项重大发明创造是宋代科技最为突出的成果；在数学、天文学、地理学、地质学、医药学、冶金术、造船术、纺织术、制瓷术等方面也都有耀眼的成就。可以说，在此前后的任何一个朝代，无论是科学的理论研究，还是技术的推广应用，与两宋相比都大为逊色。

第五节 中国传统文化的嬗变期（元）

从唐末五代始，西北草原荒漠的游牧民族再次对中原农耕世界发动了规模日益巨大的撞击。与北宋立国相先后，契丹、党项、羌、女真相继在东北、华北和西北建立政权，形成北宋—辽—西夏、南宋—金—西夏对峙的格局。13 世纪初叶，一代天骄成吉思汗崛起大漠，彪悍的蒙古铁骑南征北战，在空前辽阔的版图上建立起蒙古帝国。大河上下、长江南北在中国历史上第一次统一于一个草原游牧民族之手。在这场瞬息万变、震荡迭起的历史大变动中，中华民族与中华文化经受了剑与火的锻铸，展示出包容万千的生命活力。

一、文化背景

契丹、党项、羌、女真以及蒙古对宋人的长期包围与轮番撞击产生了双重文化效应。一方面，北宋人因被动挨打而产生的悲愤，南宋人因国破家亡而产生的悲愤，渗透于宋文化的各个侧面。李清照、陆游、辛弃疾、岳飞等优秀词人的忧患之作与悲愤之唱，范仲淹与王安石所推行的变法，就是这种忧患背景孕育的产物。另一方面，契丹、党项、羌、女真等游牧民族也从汉文化中吸收到丰富的营养。经济后进的游牧民族可以成为军事征服者，一旦深入汉地，则不可避免地被先进的农耕文明所同化，从而演出一幕接一幕征服者被征服的话剧。在辽朝，孔子备受尊崇，《史记》《汉书》被译成契丹文广为流传，苏轼的词更为辽人喜爱。在西夏，《论语》《孟子》都有西夏文译本而且西夏国还大量任用汉人做官。在金国，儒学被奉为国学，除学习汉学的经书以外，还要学习《老子》《荀子》等诸多典籍。

在汉文化渗透辽、夏、金文化结构之际，契丹、党项、羌、女真统治者并未轻易放弃本民族传统。西夏一方面有“汉礼”，另一方面有“善礼”。为了阻止女真汉化，金统治者采取一系列措施，鼓吹“女真旧风”，宣传“女真旧风最为纯真”。然而，在农耕世界的包围中，游牧民族文化的汉化是一个必然的、不以人的意志为转移的趋势。

蒙古族在历史上是北亚游牧民族之一，无论是血缘、语言还是生活方式都与活动在北亚、中亚，以至南俄草原的突厥系民族一脉相通。基于对农业文化的隔膜感，成吉思汗的对外征战以西进为重点。成吉思汗以后，蒙古贵族军事、政治重心也始终在西方。对于已占领的汉地，则以“西域法”或“蒙古法”加以治理，如圈占农田为牧场，征发民夫以重差役，掠良为奴。只有忽必烈对中原文化采取欣然受容姿态。这位“思大有为于天下”的亲王，早在1244年就在“潜邸”延四方文学之士，“问以治道”。在他身边迅速集结了大批儒生士大夫，他们屡屡向忽必烈进言“行汉法”。忽必烈开始改革旧俗，推行汉制，儒家典章制度的各种细目都被作为一代国制继承下来。尽管忽必烈实行的“汉法”并不彻底，漠北固有旧俗仍在汉地大量保留，但是，统治体系与文物制度的“汉化”面貌已十分明朗。

二、元杂剧以及文化意义

元代是一个政治现实、思想现实严峻的时代，至高至尊的汉族封建朝廷被还处于较低社会发展阶段的游牧民族践踏得支离破碎，人们习以为常的传统信念受到了空前的挑战，国破家亡的巨大痛苦使整个民族产生了汉代以来最为深沉的郁闷。元代又是一个活力抒发的时代，蒙古铁骑以草原游牧民族勇猛精进的性格席卷南下，汉唐以来渐趋衰老的封建帝国被输入率意进取的精神因子。随着原社会僵硬躯壳的破坏，长期被严格束缚的种种和封建社会主体理论离心的思想情绪也乘隙得以暂时抒发。于是，整个社会的思想文化处于一种失去原有重心和平衡的混沌状态。虽然元统治者对汉文化体系中能有效维系统治的正统意识形态也十分重视并加以提倡，但是对传统理性和政治现实怀疑、漠视、厌恶乃至反对的心理与情绪仍然弥漫于社会各阶层中，尤其是下层社会。这种时代心理的典型具象化就是辉映千古的元杂剧。

杂剧勃兴于元代，有以下几种原因。

首先，女真与蒙古统治者对歌舞戏曲的喜好促进了北方都市艺人的聚合。南宋孟珙《蒙鞑备录》云：“国王出师，亦以女乐随行。率十七八美女，极慧黠，多以十四弦等弹大官乐，四拍子为节，甚低，其舞甚异。”对伎乐的喜好使金、元贵族在驰骋征战之际还念念不忘借助军事压力向宋廷索取杂剧、说话、弄影戏、小说、弄傀儡、打筋斗、琵琶、吹笙等艺人，因而，在北方都市中集聚了大量艺人。

其次，蒙古贵族的“贱儒”文化政策促成大批文人涉足杂剧创作。蒙古贵族实行界限森严的等级统治，民族分四等，汉人、南人被压迫在社会底层；职业分十级：一官，二吏，三僧，四道，五医，六工，七匠，八娼，九儒，十丐。文士儒生屈居第九，位于娼妓工匠之后，仅先于乞丐。与此相应，在科举制度中止七八十年中，文人重负潦倒的命运，元初一些士子远遁山林以保命节，另一些文人“嘲风弄月”，流连于唱唱打打的勾栏瓦舍。日复一日的勾栏流连，使一些潦落文人与杂剧产生一种亲缘联系，他们与艺人为伍，自称“浪子班头”，并涉足杂剧创作，形成一支具有高度文化素养、与杂剧艺人生死与共的创作队伍，从而使杂剧发扬光大。

再次，在蒙古贵族民族歧视政策下，“沉抑”下层社会的儒生士子的心灵深处郁结着深沉的悲愤与不平，这种情结急切寻觅着排遣渠道。元代特定的文化氛围中，蒙古统治者的文化辖制在包括杂剧在内的词曲领域相对来说较为宽松，杂剧作者得以较为自由地表达那个历史时代深沉的悲愤，与此同时，杂剧独特的艺术特征，如系统的情结展现、直观的生活真实呈现等，使得艺术家有可能淋漓尽致地排解内心的郁闷，诸种因素的相互推引使关汉卿、马致远、宫大用、张小山等人投身于杂剧创作。元杂剧在精神上有两大主调：第一主调是倾吐民众的愤怒；第二主调是讴歌非正统的美好追求。

倾吐民众愤怒的元杂剧代表作是关汉卿的《窦娥冤》。剧中窦娥虽是一名安分守己、与世无争的弱小女子，却无法逃避无边的黑暗、众多的恶棍、无边的险恶，窦娥深切感受到的是一种整体性的黑暗，她不由得在绝望中迸发出惊天动地的呼喊，谴责黑暗现实，倾吐内心的愤怒。此外，《蝴蝶梦》《鲁斋郎》《陈州粜米》等清官戏直接贴近百姓渴求正义而不得的心态，表现了 13 世纪中国人民的郁闷与愤懑之情。

对非正统的美好追求集中表现在一批爱情婚姻剧中，代表作为《西厢记》。《西厢记》主要描述相国小姐崔莺莺与“白衣秀才”张君瑞对爱情与婚姻的自主追求，因而理所当然受到正统世界的阻止与威压。然而，作者以高超的艺术手法将这种阻止与威压化作失败的一方，而将崔莺莺与张君瑞心头的爱情之梦推为终成眷属的瑰丽现实，其大胆的叛逆精神显而易见。

元杂剧的繁盛标志着中国戏剧艺术的成熟。自此，中国成为世界上的一个戏剧大国。然而，元杂剧作为中华文化大系统中的元素之一，毫无例外地表现出中国文化固有的特征。从表现手段来看，元杂剧主要以歌词文采和音乐曲调取得戏剧效果，其形式是叙事诗，其基调是抒情，随着情节的推移，往往在戏剧构架中只有“过门”性质。这种风貌与西方戏剧的注重戏剧冲突、依靠情节构造张力的样式大不相同。

三、中外文化的相互激荡

13 世纪蒙古的兴起揭开了中西交通史上重要的一页。成吉思汗及其继承者建立了历史上前所未有的庞大帝国，从太平洋西岸直到黑海之滨，欧亚大陆的大部分都处于蒙古国统治之下，从前的此疆彼界尽被扫除。在空前辽阔的帝国疆域内，元蒙统治者建立起完善的驿站系统，从元大都或中国其他城市到中亚、波斯，黑海和黑海之北的钦察草原以及俄罗斯和小亚细亚各地，都有驿道相通。

1. 伊斯兰教的发展

元帝国对欧亚大陆的征服，使中国西部和北部的边界实际上处于开放状态，阿拉伯、波斯和中亚的穆斯林大规模往中国迁徙，在马可·波罗的游记中描述，当时中国各地均有穆斯林的足迹。据某些旅游家记述，此时居杭州的穆斯林竟达全市人口的1/20。《至顺镇江志》也记载道，时镇江总户数为3845户，其中穆斯林即有59户，总人口为10550口，其中穆斯林占374口，形成“回回遍天下”的态势。随着回回民族的形成，伊斯兰教也有了较大规模的发展。紧随伊斯兰教广为传播的足迹，伊斯兰之礼拜寺在各地修缮兴建，著名的长安清教寺、广州怀圣寺、泉州清净寺被大规模重新修缮，燕京、和林、杭州、定州等地也都建有著名教寺。中国穆斯林推出教坊制。所谓教坊，即以一个清真寺为中心的穆斯林聚居区，它由该地区的全体教徒组成。教坊既是一个独立的、地域性的宗教组织单位，又具有鲜明的封建性。教坊的教长或掌教，或者本身就是穆斯林地主，或者直接受到封建统治者的扶持。这种体制显然是伊斯兰教与中国封建制度相结合的产物。伊斯兰教的中国化，使它在中华土壤上落地生根，不仅对我国回回民族的形成与发展，而且对其他一些少数民族的政治、经济文化产生了广泛的影响。

2. 景教的复苏与天主教的传入

景教初入中土在盛唐之初，其时“寺满百城，家殷景福”，颇具规模。然而，公元9世纪，唐武宗在大规模毁佛时，对“外国之教”——景教也加以废除。蒙古铁骑对中原的征服为景教的卷土重来开辟了通道。随着蒙古族入驻中原，景教又在中原地区盛行起来，其教徒遍及山西、陕西、甘肃、河南、山东、直隶以及广东、云南、浙江等地。1289年，罗马教皇派遣方济各会教士约翰·孟德高维诺出使东方，传送写给阿鲁浑汗、窝阔台汗、海都汗和大汗忽必烈的信件。约翰抵达大都后，经元廷允许，开始一系列宗教活动。他在大都先后兴建了两座教堂，并学会蒙古语言文字，译出《新约》和祈祷诗篇，以教授信徒。其传教触角从元大都向外地扩展，教徒亦发展至3万余人。

然而，元代基督教虽盛极一时，却与中国社会、中国文化处于一种游离状态。基督教自入中国本土便与传统儒、道、释三教发生冲突。在这场思想抗衡战中，基督教并未结合中国国情，像先行的南亚佛教和后来的中亚伊斯兰教那样实行根本性的中国化改造，而是一味凭借官方支持并且加以排斥。迨至元朝灭亡，后继的中国封建统治者改变了宗教宽容政策，而罗马教廷又在各方面冲击下威势下降，基督教又一次绝迹于中原，退出中国封建文化舞台。

3. 科技的发展

亚欧大陆的沟通为东方和西方的旅行家提供了极大的方便。1275年，中国大地上留下了南欧旅行家马可·波罗的足迹。这位威尼斯人回国后口述了《马可·波罗游记》。书中，他用梦幻般的语言向西方人娓娓动听地描述中华帝国的美丽、富饶和繁荣。从此，东方的中国成了西方人心目中遥远的梦，达·伽马、哥伦布、麦哲伦远渡重洋，开辟新航道，都是在全力追寻这样一个遥远的梦。

元代中国对外部世界的大规模开放使大批中亚波斯人、阿拉伯人迁居内地。他们之中有不少科技人才。异邦的先进科技，尤其是当时处于世界领先水平的阿拉伯天文学、数学，以他们为媒介，流入中国科技界。元代天文学家郭守敬在发展中国传统天文学的基础上充分汲取阿拉伯天文学成果，制定了中国历史上使用时间最长的《授时历》。

在外域文化输入中国的同时，由于蒙古人的西征，中国文化向西传播的速度也大大加快。中国四大发明之一的火药，以蒙古军和阿拉伯人的战争为中介，传入阿拉伯，再传入欧洲。中国印刷术也经由蒙古统治下的波斯以及突厥统治下的埃及传入欧洲。中国历法、中国数学、中国瓷器、中国茶、中国丝绸、中国绘画、中国算盘亦通过不同途径，在俄罗斯、阿拉伯与欧洲世界广为传播，世界文化的总体面貌因此而更为辉煌灿烂。

第六节　中国传统文化的衰微与转型期（明清）

假如说原始文化是中国文化的孕育期，那么这一时期的文化具有一种大朴式的神秘；假如说春秋战国是文化的轴心时代，那么这一时期就涌动了中国文化的不竭之源；假如说汉唐文化是中国文化的成熟期，那么这一时期的中国文化犹如巨龙在天，大气盘旋；假如说两宋文化由于沉静而内向具有老僧倾向的话，明清文化就具有非常明显的沉暮品格，但其机体内部涌入了一股革新的洪流，使中国文化在凤凰涅槃中迎接新时代的曙光。

一、空前严厉的文化专制

在中国历史上，朱元璋是一个“朝为田舍郎，暮登天子堂”的典型。他出身寒微，青年时当过和尚，又“造反”起家。在门阀观念、等级思想盛行的封建时代，上述几点都是颇伤大雅之事，因此又生发出一种无比敏感的忌讳，而忌讳的矛头下意识地指向文化水平远比自己高又“善讥讪”的文化人，于是，大批儒生士人因文字而遭飞来横祸。例如，浙江府学教授林元亮为海门卫作《谢增俸表》中，有“作则垂宪”语；北平府学训导赵伯宁为都司作《贺万寿表》，有“垂子孙而作则”之词；常州府学训导蒋镇为本府作《贺正旦表》中，有“睿性生知”等语，朱元璋把“则”念成“贼”，以为是讥讽他参加过红巾军；把“生”读作“僧”，认为是指他曾出家当过和尚。

清代文字狱远远超过明代，而清代文字狱的特点在于多因镇压汉民族人民的民族意识而发生。康熙年间的戴名世《南山集》案、雍正年间的吕留良文选案都是牵涉数百人的大案。在大兴文字狱镇压汉民族的同时，清统治者还利用《四库全书》的编纂，对蕴含民族思想的文化典籍展开了空前规模的编纂，全力剪除危及封建统治思想基础的“异端”学说。《四库全书总目提要》的《凡例》便开宗明义地宣布：“离经叛道、颠倒是非者，掊击必严；怀诈挟私、荧惑视听者，屏斥必力。”在直接干预《四库全书》纂修的同时，乾隆还操纵长达19年的禁书活动，共禁毁书籍3100多种、151 000多部，销毁书版8万块以上。在“书禁亦严，告讦频起”的强大威慑力下，“士民葸慎，凡天文地理言兵言数之书，有一于家惟恐召祸，无问禁与不禁，往往拉杂摧烧之”《洴澼百金方》，使中国文化遭到秦始皇焚书以来的又一次巨大浩劫。

二、启蒙思想的前奏

明代中后期新的文化因素的萌动，首先表现在社会风尚的迁变上。一反明初“非世家不架高堂，衣饰器皿不敢奢侈”的“简质”风尚，明代中后期的社会生活靡然向奢，“以俭为鄙”。越礼逾制，突破钦定礼制的等级名分之大防，成为明代中后期社会生活的潮流。在这种背景下，观念发生变异，一种背离传统礼教的社会观念开始在明代中后期潜滋暗长。中国传统观念以“贵义贱利”为准，这种观念引导人们追求道德上的完善和道义上的胜利，禁止人们谋求自身的功利。物质愿望被认为是不道德的和低贱的。然而，明代转向崇尚金钱。人们羡慕在现实物质生活中“甘美食，美其服”的商人生活，甚至在明代社会涌现出崇商弃农、崇商弃官的趋势。明代中后期的文学作品也从描写英雄豪杰、才子佳人转为描写以商人为主体的市民，“三言”“两拍”就是这类作品的代表作。在明代以前，婚姻家庭深切地渗透了伦理宗法的精神，“夫为妻纲”决定了妻子必须对丈夫保持忠贞，法律还规定：家长对子女的婚姻有主婚权，男女自由结合要严加制裁。然而，明代中后期的社会文化发展使有悖于礼教规范的婚恋观开始出现。中世纪婚恋模式以理制欲，抹煞了人对精神之爱的追求，而在明代中后期，涌起了追求真知情爱的人文潮流。

三、主体意识的觉醒

所谓主体意识的觉醒，即人们意识到自我价值，理解自我不是家族、社团肌体上的一个简单的组成部分，而是一个独立的、能动的主体，人的价值、欲望得到从未有过的重视。如以“致良知”之说打破程朱理学一统天下的王阳明，虽然就其根本意旨而言是要修补朱学僵化所造成的缺漏，但他感应明中叶以来社会氛围和心理状态的变迁，从人的主动性、能动性上顺次展开宇宙论、认识论、价值主体论，从而否认用外在规范人为地管辖“心”、禁锢“欲”的必要性，高扬了人的本体性，造成对正宗统治思想的一种反叛，成为晚明人文思潮的哲学基础。他的门生王艮以及“泰州学派”的传人李贽则走得更远，已有较为鲜明的市民反对派气息。明清之际三大思想家——

黄宗羲、顾炎武、王夫之，以及方以智、唐甄、颜元、戴震、焦循等人，更从不同侧面与封建社会晚期的正宗文化——程朱理学展开论战，有的批判锋芒直指专制君主。黄宗羲认为专制君主为“独夫”，而且谴责他们为“民贼”，他们不仅用血腥的手段争夺天下，还用血腥的方式来统治天下，每一座专制的殿堂实际上都是用人民的累累白骨垫起来的。因此，一部私天下的专制史就是一部争天下的杀人史。黄宗羲对专制君主的批判，虽然只是从君主虐民残国的角度展开，并未触及专制君主与封建制度本质联系，但是把君权作为人民的异化力量来揭露，这在君主至上的时代无疑是宣扬了一种与传统截然对立的叛逆精神。黄宗羲、唐甄、顾炎武、王夫之等人尖锐的反君主专制的思想，虽然从实质上而言还是在反对“坏皇帝”，拥护“好皇帝”，未能跳出封建政治思想的怪圈，但是作为与传统尊君理论相对立的反专制精神，它已达到民本传统的极限，具有一种冲破千年封建网罗之潜势，一旦新的阶级出现在历史的地平线上，这种反专制的文化精神经过改造，便将成为人们劈向专制牢笼的锐利刀剑。同时，对个性自由的追求，包括孜孜追求人格独立、争取思想自由的趋向，在明清文化的各个领域中都有所表现。颇有意味的是，在14—17世纪的欧洲，与封建经济解体、资本主义生产方式萌芽相适应，也有一股新的文化思潮——“文艺复兴”勃兴，其思想核心同样反映了对封建蒙昧主义的反叛以及对人主体性的高扬。这种现象说明世界各主要民族在冲破中世纪藩篱的历史关口，都必然要兴起一个文化的启蒙运动。

四、明清时期文化成就

明清两代进入了中国古典文化的总结时期。数学、物理学、天文学、地理学、医学、植物学、声律学等诸多学科以及机械、冶金、农业、水利等技术分枝都不约而同地展开了大规模的科学总结。李时珍的《本草纲目》对16世纪以前的中国医药学进行了全面总结。书中共收药物1892种，分为6部，60类，又收有药方11000多个，附图1100多幅。这部50万言的药物学著作被域外学人称为“东方医学巨典”。徐宏祖所著《徐霞客游记》是一部包含地理学、地质地貌学、矿物学诸方面内容的地理学巨著，其中关于石灰岩溶蚀地貌的创造性研究，约早于欧洲人两个世纪。宋应星的《天工开物》总结性地记述了农业、手工业各个重要方面的生产技术，成为中国古代科技史上一部里程碑式的著作。宋应星因而被英国学者李约瑟称为“技术的百科全书家”。徐光启的《农政全书》成为中国古代农学的总结性巨著。众多科学家在广泛科学技术领域做出的杰出贡献，形成了颇有声势的科学技术浪潮，标志着中国古代科学技术进入了全面总结的历史时期。同时古典文化高度成熟。《永乐大典》《四库全书》《康熙字典》都是被公认为在不同领域中的超级巨著。在文学领域，《红楼梦》是古典长篇小说的顶峰，《聊斋志异》为古典文言小说的巅峰。

五、西学东渐及其中断

明清之际，即16—17世纪，世界格局发生重大变化，萌端于南欧地中海沿岸的资本主义在欧洲各国迅速发展。资产阶级革命先声——文艺复兴已达到极盛时期，与此同时，反对罗马教廷的宗教改革运动也如火如荼地蓬勃兴起。在此关头，地理大发现缩短了世界交通的距离，于是幅员广阔、人口众多的中国自然成为耶稣教扩张的重点目标。这批传教士来到中国，努力顺应当地习俗，寻找基督教与儒学之间的共同点，同时又注意走上层路线，推行学术传教方针，取得了相当的成功。耶稣教学术传教的策略给明清之际的中国带来西方文化信息，他们给中国带来的图书多达7000余部。除了文艺复兴时期的科技成就，还包括欧洲的古典哲学、逻辑学、艺术、神学等内容。同时，他们也从中国精神中汲取了营养。当时，中国的茶、丝绸、绣品、瓷器和漆器流行于欧洲，而且明清一些脍炙人口的小说还被转换成戏剧、绘画、雕塑等艺术形式，在世界其他民族中影响甚广，成为世界人民共同拥有的宝贵文学财产。

但由于宗法制专制社会结构的强固以及伦理型文化传统的深厚沉重，“西学东渐”的过程在明末清初进展缓慢。到了雍正年间，随着基督教传教士被逐出国门，“西学东渐”几近中断，中国对外部世界的大门逐渐关闭。明清两代是整个世界格局发生剧变的重大时期，当中华帝国驱逐传教士封闭国门，陶醉于“十全武功”之时，欧亚大陆的西端，新兴的资本主义呼唤来工业革命，瓦特发明的双向运动蒸汽机使欧洲人获得了一盏“阿拉丁神灯”。产业革命催化国际分工，资本以魔力无穷的巨掌将全世界卷入商品流通的大潮之中，宗法农业社会的中国也在劫难逃，工业先进的西方是决不肯放过如此巨大的一个商品倾销地、投资场所和原料产地的。中西方的冲突已成为不可避免之势。1840年爆发的鸦片战争，以血与火的形式把中国文化推入了一个蜕变与新生并存的新的历史阶段。

第三章　中国传统文化的基本精神

中国传统文化的基本精神是指导和推动中华文化不断前进的基本思想和基本观念，是中华民族文化现象中最精微的内在动力和思想基础，也是中国近现代优秀文化中活的灵魂。中国传统文化的基本精神具有广泛的影响，为大多数中华民族同胞所接受和认同，成为他们基本的人生信念和自觉的价值追求。中国传统文化基本精神具有维系中华民族生存和发展，促进中国社会进步的积极作用。与异文化相比，中国传统文化精神闪烁着独特的人文主义思想光辉。中国传统文化的基本精神作为中华民族精神的具体表现，是中华民族特定的价值取向、思维方式、社会心理以及审美情趣等内在特质的基本风貌。中国传统文化基本精神的内容主要包括天人合一与以人为本，刚健有为与自强不息，厚德载物与中庸尚和。中国传统文化基本精神具有维系民族团结、国家统一的凝聚功能，培养中华民族健康人格、推动社会进步的精神激励功能，整合不同价值、开拓创新的功能。

民族文化的基本精神是该民族能够存在和发展的思想基础。中国传统文化之所以具有如此顽强的生命力和强大的辐射力，能够影响和激励后世子孙，其根本原因就在于中国传统文化的基本精神至优至强。中国传统文化的基本精神是中华民族的精神支柱，对中华民族的成长壮大和中国社会的发展起着极其重要的推动作用。

第一节　中国传统文化基本精神解读

从文化的基本精神入手，有助于科学地把握博大精深、源远流长的中国传统文化的全貌。对中国传统文化基本精神的解读要从其内涵、特点以及它与中华民族精神、文化传统的关系等角度进行全方位的把握。

一、中国传统文化基本精神的内涵

（一）文化精神

在中国古代文献中，“精”是精妙、精粹、精华、精微的意思；“神”主要是指玄妙、微妙、奇妙的变化。“精神”，指天地万物的精气、活力，事物运动发展的精微的内在动力①。

文化精神是指本民族大多数成员所认同的，贯穿于民族历史全过程的，引导和推动民族文化不断向前发展的基本思想和基本观念。

文化精神是相对于文化的具体表现而言的，具有广泛性、普遍性的精神。文化的具体表现包括思想意识、社会制度、习惯、器物等层面，无不和内在的文化精神相联系。

（二）文化精神与文化的关系

文化精神是在文化中起主导作用，处于核心地位的基本思想和观念，是被民族成员熟悉的，而不是高深莫测的玄思妙想。

作为文化发展的内在动力和思想基础的文化精神，它本身也是文化发展的产物。文化精神随着文化的发展演变而发展变化，不断丰富自己的思想内涵。

（三）中国传统文化的基本精神

中国传统文化的基本精神是指中国传统文化中的一些思想观念或固有传统，它们长期受到尊崇，成为指导人们行动的最好原则，成为推动社会历史发展的思想源泉。也可以说，中国传统文化的基本精神体现中华民族蓬勃向上的思想精神，代表中国文化发展的正确方向，是民族延续发展的精神动力，或者说是中华民族生存发展的精神支柱。

中国传统文化的基本精神是凝聚在文化现象中，并通过文化现象体现出来的思想基础，是指导和推动中国文化不断前进的思想源泉。中国传统文化是历史上积淀下来的有稳定形态的中国文化，包括价值取向、思想观念、思维方式、宗教信仰、道德情操、文学艺术、礼仪制度、风俗习惯、科学技术等不同层面的丰富内容。中国传统文化博大精深、丰富多彩，且中国传统文化基本精神的思想也不是单纯的，因此它是一个包含着诸多要素的思想体系。

二、中国传统文化精神的特点

中国传统文化基本精神的思想观念或文化传统具有以下特点。

特点一，具有广泛的影响。中国传统文化精神为大多数中华民族同胞所接受和认

---

① 张岱年，方克立．中国文化概论 [M]. 北京：北京师范大学出版社，1994：375.

同，成为他们基本的人生信念和自觉的价值追求。

特点二，具有维系中华民族生存和发展，促进中国社会进步的积极作用。必须具有以上两个方面的特点才可以称为民族文化的基本精神。这是中国传统文化基本精神和其他文化精神共有的特点。

特点三，与异文化相比，中国传统文化精神闪烁着独特的人文主义思想光辉。与西方的人文主义相比，中国传统文化精神的人文主义有很大的不同。西方的人文主义认为，每个人都是他自己内在因素的创造物，是自己命运的主宰，是具有理智、情感和意志的独立个体。中国传统文化的人文主义则认为，人是具有群体生存需要，有伦理道德、自觉互动的社会成员，每个个体都是他所属关系的派生物，其命运跟群体息息相关。也就是说，中国传统文化把人看成是群体的一分子，是集体中的一个角色而不是个体。

由以上可知，西方文化的人文主义所强调的是自由、平等、权利，中国文化的人文主义所强调的是和谐、义务、贡献，这正是我们论述中国传统文化基本精神的出发点。

三、中国传统文化精神和中华民族精神的关系

文化精神与民族精神具有相通性。在解读中国传统文化精神时，必须明确它与中华民族精神的关系。

所谓民族精神，就是在民族文化心理结构中长期积淀而形成的整体国民性格，是民族文化传统的相互凝聚和整合。有学者这样论述，在一个民族的精神发展中，有一些思想观念受到人们的尊崇，成为生活行动的最高指导原则。这些最高指导原则是多数人所信奉的，能够激励人心，在民族的精神发展中起着主导作用。这可以称为民族文化的主导思想，亦可简称为民族精神。民族精神必须具备两个条件，一是有比较广泛的影响；二是能激励人们前进，有促进社会发展的作用①。因此，广义地讲，民族精神就是指导民族延续发展、不断前进的精粹思想，是民族文化的主导思想。就其性质而言，民族精神是一种伟大、卓越的精神；就其表现形式而言，民族精神是民族文化的优秀传统。从本质上讲，传统文化精神也就是民族精神。

由以上可知，中华民族精神就是中华传统文化思想观念精华的总结与提升。中国传统文化的基本精神也就是中华民族的民族精神，是中华民族特定的价值取向、思维方式、社会心理以及审美情趣等内在特质的基本风貌。

四、中国传统文化精神与文化传统的关系

中国传统文化精神属于观念形态的范畴，凝聚于文化传统之中。所谓传统，是历

① 张岱年．文化与哲学 [M]. 北京：教育科学出版社，1988：73.

史上形成的，具有稳定的组织结构和思想要素的，至今仍影响着人们的价值观念、思维方式、道德风尚和审美情趣等深层文化的社会心理和行为习惯。

传统的两个基本特征是历史的沿传性和现实的影响性。也就是说，传统是历史和现实的结合体，是历史对现实影响的集中表现。传统并不是一成不变的，而是随着历史的发展而不断进行完善、更新。

而所谓文化传统，就是受特定文化类型的价值取向影响，经过长期历史积淀而逐渐形成的，为该民族大多数人所接受和认同，在思想和行为上难以改变的心理和行为习惯。

“传统”和“文化传统”两个概念是中性词，属于事实判断的范畴，本无所谓褒贬；但是，当两个概念与民族文化的“基本精神”和“民族精神”相联系时，在价值取向上就与“优秀”“进步”密不可分。因为只有优秀的文化传统，才能成为民族文化发展进步的内在动力。

因此，作为中国文化基本精神的具体表现，作为中华民族精神生动反映的那些文化传统，也必然表现为民族文化的优秀传统。

第二节　中国传统文化基本精神的内容

中国传统文化的丰富多彩决定了中国传统文化基本精神是包含诸多要素的思想体系。中国传统文化基本精神的内容主要包括天人合一与以人为本，刚健有为与自强不息，厚德载物与中庸尚和。

一、天人合一与以人为本

（一）人与自然和谐共生

在人与自然的关系问题上，中西文化存在很大的差异。中国文化重视人与自然的和谐统一，即“天人合一”；西方文化则推崇人通过征服自然、改造自然，求得人的生存和发展。中国的先者们认为，自然发展与人类发展是互相影响的，人应根据自然变化来调整、规范自己的言行，这样就可以达到天人和谐统一的境界。

古代中国各学派都从不同角度探讨过“天人”关系，即所谓的人与自然的关系。

因为中国文化是农耕文化，古代物质文化、制度文化和精神文化的创造都离不开农耕的物质基础。以农耕为主要的生计方式，需要研究人与自然的关系。中国很早就有了天文历算，延伸到社会生活中，就有了对“天时”“地利”“人和”的相辅相成关系的探讨，由此引发了中国文化对“天人之学”持之以恒的艰苦探索。

中国传统文化的“天人合一”精神源远流长。新石器时期，人们的生存、发展主要依赖外界的自然环境，两者之间有着密切的关系。该时期原始氏族体制下的经济政治结构和血缘宗法制度，使氏族、部落内部维持着自然和谐的关系。以上两方面是产生“天人合一”（人与自然，个体对群体的顺从、适应的协调关系）观念的现实基础。例如，河南半坡仰韶文化遗址出土的太阳人面图像，说明当时的人们已经把人和太阳等不同的事物联系起来思考，可以看作天人合一思想的萌芽。

“天人合一”精神成熟于先秦。在古典文献五经中，具体地记载了古代人们对人与自然关系的认识。例如，《诗经》中的天人观念是相当丰富的。其中的比、兴手法将自然物、自然现象和人类社会生活相联系，用情感拥抱自然，使自然人化了。该时期，理性主义兴起，宗教信仰衰颓，使“天人合一”打上了时代的烙印，去掉了原有的神秘、迷狂等非理性内容，强调了“人”与“天”相认同、一致、协调。

春秋到西汉初期，人们开始挣脱血缘氏族的原始礼教，认真探索自然和人类社会，认识到人类在自然界中的独立存在。在《淮南子》中，人与自然的关系被强化了，表现在把人体的部位和宇宙天象一一对应的比照：头之圆也象天，足之方也象地。天有四时、五行、九解、三百六十六日，人亦有四支、五藏、九窍、三百六十六节。天有风雨寒暑，人亦有取与喜怒。故胆为云，肺为气，肝为风，肾为雨，脾为雷，以与天地相参也，而心为之主。

西汉初年之后，以董仲舒的《春秋繁露》为代表，构建了一个从自然到人类，从人类社会组织到人体构造，从人的有形之躯到无形思想观念的“天人感应”思想体系。该思想体系的特征是具有反馈功能的天人相通“感应”的有机整体的宇宙图式。人只有顺应这个图式既认识又遵循，才能获得自由，使个体和社会得以生存和发展。该时期的“天人合一”重视国家和个体在外在活动行为中与自然、社会相适应和协调。魏晋玄学时期的“天人合一”精神提高到道德本体上来，追求更高的境界。

由以上可知，“天人合一”是古代思想文化精神的一个重要组成部分，在古代社会生活中发挥着重要的作用。

从传统思想与古代中国国家机构运行及政治、道德实践的关系来看，天人合一具有世界观和方法论的意义。天是万物的起源，生出万物，包括人类社会。天地万物像人类社会一样运转着，自然发展变化体现、制约着人类社会的发展变化。日月正常运行时，说明人世间一切正常——君明，臣贤，百姓勤耕和睦；而当人事出了问题——君昏，臣奸，百姓反对，日月也会用反常予以警告，即所谓的“人之善将得到天之更大的善，人之恶将得到天之更大的恶”。基于此，天人合一思想成为人们行为的准则。

此外，天人合一思想把人作为宇宙中心，强调人是自然系统中不可缺少的有机部分，主张道德原则与自然规律相一致，追求的人生理想是天人和谐。天人合一精神具有一定的唯物主义色彩，助力于人们研究自然，推动了古代中国科学技术的发展。

“天人合一”作为中国主流文化精神的一部分，延续并影响中国数千年之久，有着丰富的内涵和价值。尽管存在一定的局限性，但在历史上发挥了积极的作用，至今仍然有不可磨灭的积极意义。

（二）独具特色的以人为本

中国传统文化所具有的“天人合一”精神是以“人本主义”追求为前提的。“以人为本”的人文精神贯穿于中国传统文化之中，不仅把人作为核心来探讨人与自然的关系，还表现为追求和谐社会的理想主义倾向。

中国传统文化的“人本主义”精神独具特色，既不同于古代西方文化“以神为本”的精神追求，也不同于近代西方文化追求自由、民主的“人本主义”精神。中国传统文化的“人本主义”强调在天地人之间以人为尊，在人与神之间以人为本。中国传统文化的主体内容、价值取向和基本精神的嬗变，是以人生价值目标和意义的阐明及其实践为核心的。

中国传统文化的发展始终以“人”为中心和根本，侧重人与社会、人与人的关系以及个体的心性修养问题，是一种道德伦理本位的人本主义。中国传统文化的“人本主义”精神具体表现为以下三个层面。

层面一，中国传统的“人本主义”是坚持“民为贵”的民本主义精神。

《尚书》《左传》《国语》等典籍中有多处显示了以民为本的观念。例如，“重我民”“唯民之承”“施实德于民”“夫民，神之主也。是以圣王先成民而后致力于神”“民和而神降之福”等说法。

儒家学说中民为邦本的思想更为集中和突出。孔子历来主张重民、富民、教民，在“民、食、丧、祭”这些世间大事中，将“民”列为首位。孟子从为政之道出发，强调政治统治一定要得民心，合民意，提出了“民为贵，社稷次之，君为轻”的著名观点，成为历代统治者维护统治的座右铭。荀子的“君舟民水”的著名比喻是历代为政者必修的一课。他认为，“用国者，得百姓之力者富，得百姓之死者强，得百姓之誉者荣。三得者具而天下归之，三得者亡而天下去之。”

不仅儒家主张民为邦本，道、墨、法诸家都有以民为贵的重民思想。在漫长的封建社会中，重民贵民的精神不断得到丰富和强化。汉代的贾谊认为，“闻之于政也，民无不为本也”。唐朝君主李世民深谙民贵君轻之道，认为“君依于国，国依于民”。宋代朱熹认为，“天下之务莫大于恤民”。以上先哲们的重民思想反映了中国传统文化中民为邦本思想的发展与演进，折射了中国传统人本主义传统的根本所在。在该思想熏陶下，历代开明的统治者都把重生重德、谋求百姓生活安定作为其基本的统治思想。“民为贵，君为轻”的政治理想虽然没有否定君主专制，还不是民主思想，只是君主专制的补充，但是其进步意义和价值是显而易见的。

层面二，中国传统的“人本主义”重视现世的人伦生活，将宗教和鬼神信仰置于其后。

与西方文化的神本主义精神不同，在中国历史上不仅宗教神学从未占据过主导地位，而且诸如佛教、伊斯兰教（古代称回教）、基督教（古代称景教）等外来宗教也被儒家的人文精神所同化。

中国传统文化在人与神之间坚持以人为本位，对鬼神敬而远之的基本传统。以儒家为主体的中国古代思想家将关注的目光投到现世人的生活、生命上，而反对以鬼神为本。儒家思想的创始人孔子认为，“务民之义，敬鬼神而远之，可谓知矣。”弟子问，怎样事鬼神？孔子回答：“未能事人，焉能事鬼？”又问人死后的情况，孔子回答：“未知生，焉知死？”汉代仲长统在其《昌言》中明确地提出“人事为本，天道为末”的观点，发展了儒家的人本思想，表现出重现世、重人伦、重人事，而敬宗教、远鬼神的整体趋向。

中国传统文化也不是完全无视宗教。《论语》中就有“祭如在，祭神如神在”的说法；荀子在《天论》中认为，“日月食而救之，天旱而雩，卜筮然后决大事，非以为得求也，以文之也，故君子以为文，而百姓以为神。”这就是所谓的“神道设教”，在这里宗教只是政治统治的工具。在我国各民族的民俗文化中，祭祀鬼神的活动很隆重，如民间庙会、傩祭傩戏等。在这种祭神的民俗庆典中也能看到人们重现世、重生活、重人伦的基本生命态度。观傩戏、逛庙会是集物质和精神交流于一体的现世节庆，反映了民间的狂欢精神和乐观的现世生活态度。

层面三，中国传统的“人本主义”是具有道德伦理特征的人本关怀。

与西方近代人文主义追求个体权利、自由、民主的人生价值不同，中国传统的“人本主义”更重视个体对于群体的义务责任，目的是维系社会生活正常的运转。相反，不十分重视个体精神的自由与独立，也不十分重视个体自身的权利。

中国传统文化环境下的个体价值不在于个体物质欲望的满足，也不是个体精神的愉悦，而是从个体与家庭、宗族和国家的关系上来肯定个体心性的完善。也就是说，中国传统文化所认可的是作为“道德主体”的人。

中国传统的人本主义把人放在伦理关系中来定位。每个个体从诞生便进入了五伦社会关系网络——政治上的君臣关系，社会上的朋友关系，家庭中的父子、夫妇、兄弟关系。该种人与人之间的关系各有其行为规范和道德模式，即君仁臣忠，父慈子孝，夫教妇从，兄友弟恭，朋亲友信。整个文化所关注的是“经夫妇，成孝敬，厚人伦，美教化，移风俗”。而每个个体则在该种人伦关系中寻找自己的位置，履行自己的责任。

中国传统的“人本”是“道德主体的人本”。一方面，个体要担负对社会应尽的责任；另一方面，个体要追求一种主体道德心性的完善。这种完善既是社会的要求，也是个体的自觉。注重个体修养，肯定个体心性完善是中国传统文化人本主义精神不同于西方的表现。中国传统文化所重视的人，虽然是现世存在的人，但却也是处于“伦理”关系中的人，体现道德原则的人①。

二、刚健有为与自强不息

刚健有为与自强不息是中国文化的主导精神。中华文明延续了几千年从未中断，中华民族延续几千年屡遭异族入侵而不被征服，靠的就是刚健有为与自强不息的精神。中华民族唯有不断地自强，才能永远自立。

（一）刚健有为与自强不息精神解说

刚健有为与自强不息不仅是中国传统文化的主导精神，也是中华民族最重要的民族精神。与刚健有为、自强不息的积极进取精神相对，中国传统文化也早就存在主静尚柔、涵虚无为的精神，主要以先秦道家学派和宋明理学为代表，但这不是中国传统文化的主导精神。正是这种刚健有为、自强不息的民族精神，推动了中国社会和中国文化的发展。

刚健有为与自强不息精神可以追溯到中国古代的《尚书》和《诗经》中，这两部典籍蕴含着勤勉稳健、勇猛深沉的奋进气息。例如，对先王“克明峻德，以亲九族”，“历象日月星辰，敬授人时”功业的颂扬；《诗经》中的“公刘”“生民”篇中，描述了周部族诞生之初的创业艰难和不断壮大等。

《周易》对刚健有为与自强不息精神进行了集中概括，不仅明确提出了“刚健”的观念，而且赞扬了刚健精神。例如，“刚健而文明”“刚健，笃实，辉光”“刚健中正，纯粹精也”等。同时，也明确了“自强不息”精神，如“天行健，君子以自强不息”“天地之大德曰生”。

孔子是刚健有为与自强不息精神的提倡者和实践者。体现在他的生活态度上是“为之不厌”“知其不可为而为之”，结果是“发愤忘食，乐以忘忧，不知老之将至”。孔子还特别强调，“士不可以不弘毅，任重而道远。仁以为己任，不亦重乎？死而后已，不亦远乎？”

儒家学派的后继者都对刚健有为与自强不息精神做了进一步发展。孟子从人格修养的角度表明，“天将降大任于斯人也，必先苦其心志，劳其筋骨，饿其体肤，空乏其身。”荀子则从天人关系的角度提出“制天命而用之”的著名论断。这种不畏困苦，坚持不懈，努力进取的毅力，就是自强不息的精神。

（二）刚健有为与自强不息精神的具体表现

刚健有为与自强不息作为中国传统文化的主导精神，一直是中华民族奋发向上、

① 陈江风．中国文化概论 [M].2 版．南京：南京大学出版社，2005：63-71.

蓬勃发展的动力，对国君、人臣、封建士大夫阶层以及一般民众都起到了激励作用。该精神已经浸透在国民的肌体和血液中，化为中国人的思想意识和行为规范，体现在社会生活的方方面面。

在中华民族历史创造活动中，刚健有为与自强不息精神发挥着潜在的支配作用，展示了不同社会群体的风采。上古时期，盘古开天辟地、女娲补天造人、后羿射日、精卫填海、愚公移山和大禹治水等神话传说都塑造了不怕牺牲的开拓者形象，这正是该精神的体现。

在先秦时期的知识分子身上同样能看到这种精神。“西伯拘而演《周易》，仲尼厄而作《春秋》；屈原放逐，乃赋《离骚》；左丘失明，厥有《国语》；孙子膑脚，《兵法》修列；不韦迁蜀，世传《吕览》；韩非囚秦，《说难》《孤愤》；《诗》三百篇，大抵圣贤发愤之所为作也。”

在中国历代有作为的封建帝王身上也体现了刚健有为与自强不息的精神。例如，秦始皇“奋六世之余烈，振长策而御宇内，吞二周而亡诸侯，履至尊而制六合，执敲扑而鞭笞天下，威振四海”；汉高祖刘邦“大风起兮云飞扬，威加海内兮归故乡，安得猛士兮守四方”。

在民族兴旺发达、繁荣昌盛时期，士子情怀中总是洋溢着一股建功立业的壮志豪情。汉唐将士描述戍边的诗文中，俯拾皆是“匈奴未灭，何以家为”的英雄气概和“请君暂上凌烟阁，若个书生万户侯”的豪迈气势，都体现了该精神。

在民族危亡、外族入侵以及政权更迭的危机时期，中华民族以不屈不挠的精神进行了顽强英勇的反侵略、反压迫斗争。中国历史上有过无数可歌可泣的民族英雄，如岳飞、文天祥、郑成功、戚继光、史可法等，还有流传千载的“十年生聚，十年报仇”“卧薪尝胆”等格言成语。

刚健有为与自强不息精神还有一个重要的表现，那就是积极否定、革故鼎新的改革精神。《礼记·大学》中称赞，“苟日新，日日新，又日新”；《易传》也肯定了“天地革而四时成，汤武革命，顺乎天而应乎人。革之时大矣哉”。中国历史上为清除积弊进行了多次著名的变法，如先秦时的商鞅变法，北宋的王安石变法，清末的康梁维新等，都是这种革新精神的体现。近代中国的革命先驱者更是在该精神的激励下进行改革创新，探求救国救民的真理。

刚健有为与自强不息精神还体现在日常生活的各方面。例如，“人穷志不短”“刀子不磨要生锈，人不学习要落后”等民间谚语，不少人以“志刚”“志强”“自强”“健”等作为名字，古今骚人墨客所描绘吟咏的青松、翠竹、红梅、菊花、奔马、苍鹰、猛虎、雄狮、高山和大河等形象，都反映了该精神深入人心的社会化、普遍化程度①。

① 陈江风．中国文化概论 [M].2 版．南京：南京大学出版社，2005：71-74.

三、厚德载物与中庸尚和

中国传统文化追求的最高境界是“和谐”，即重视人与自然、人与社会、人与人以及人身心等的和谐。中国文化中的儒道互补，儒法结合，儒佛相融，佛道相通，援阴阳五行入儒，儒佛道三教合一，以至对基督教、伊斯兰教等外来宗教的包容和吸纳，都是世人皆知的历史事实。在各种不同价值系统的区域文化和民族文化的冲击碰撞下，中国文化逐步走向融合统一，表现出“有容乃大”的宏伟气魄。

（一）厚德载物与中庸尚和精神的阐释

“地势坤，君子以厚德载物。”这里的“厚德载物”，即是以宽厚之道德胸怀包容万物，对待事物要有兼容并蓄的意思。“君子以厚德载物”是说有道德修养的人能宽容不同意见的人。孔子认为，“君子和而不同，小人同而不和。”这里的“和”“同”与“和谐”有异曲同工之妙。“同”是不讲原则地随声附和；“和”是指容纳不同意见，包容差异性。提倡“君子厚德载物”也具有“君子和而不同”的意思。

中国古代早就有“和而不同”的思想文化传统。西周末年的史伯和春秋末年的晏婴是较早对和谐进行理论探讨的人。史伯认识到，只有不同元素相互配合，才能使矛盾均衡统一，达到和谐的效果。五味相和，食物才能美味可口；六律相和，乐曲才能悦耳动听；君主只有善于倾听正反之言，“和乐如一”的局面才能出现。正如史伯所言，“和实生物，同则不继。以他平他谓之和，故能丰长而物归之。若以同裨同，尽乃弃矣。”也就是说，不同事物之间彼此为“他”，“以他平他”即把不同事物融合在一起；不同事物相配合而达到平衡，就实现了“和”，“和”才能产生新事物；如果相同的事物放在一起，只有量的增加而不会发生质的变化，就不可能产生新事物，事物的发展就停止了。

春秋末年的晏婴用“相济”“相成”思想丰富了“和”的内涵。他将其运用于君臣关系上，强调君在处理政务上意见“可否相济”的重要性。“君所谓可而有否焉，臣献其否以成其可；君所谓否而有可焉，臣献其可以去其否。”这里的“可否相济”便是“和”，通过“济其不及，以泄其过”的综合平衡，使君臣之间保持“政平而不干”的和谐统一。重和去同的思想，肯定事物是多样性的统一，主张以广阔的胸怀容纳不同意见，以促进民族文化的发展。“天下同归而殊途，一致而百虑”的观点，便是重和去同思想的体现。

厚德载物与中庸尚和的精神还体现在中国社会生活的各个方面。在民族关系方面，中国传统文化以礼仪道德平等待人，接纳、吸收异民族的优秀文化。汉代司马相如“通西南夷”，以“兼容并包”“遐迩一体”为指导思想，招抚周边各少数民族。正是该思想使汉王朝将不同的民族——“东夷”“南蛮”“西戎”“北狄”等融合为统一的中华民族。在治国之道方面，兼容天下的胸怀表现为“以君子长者之道待天下”；还有“兼听则明，偏听则暗”的著名成语等都是中国古代重和去同的文化精神的具体体现。

事实证明，“和而不同”的文化精神观对中国文化的发展发挥了十分重要的积极作用。

（二）厚德载物与中庸尚和精神的实现

既然和谐是最好的秩序和状态，是理想的追求，那么怎样才能实现“和”的理想呢？

儒家认为，根本的途径在于保持“中”道，并以此规定和谐的标准。“中”指事物的“度”，即不偏不倚，既不要不及，也不过度。孔子用“持中”作为实现并保持和谐的手段。他认为，凡事叩其两端而取其中，便是“和”的保证，也是实现“和”的途径。以“中”为“度”，“中”即是“和”；“和”包含着“中”，“持中”就能“和”。

孔子进一步提出“中庸”的概念，使中和观念哲理化。“中庸之为德也，其至矣乎！”强调了中庸是一种最高的道德，是要不偏不倚地把握“中”这个事物运动的总准则。孔子认为，办任何事情都有一个标准，不能超过这个标准，也不能达不到这个标准，而应该是完全合乎标准的中正不偏，准确适度，无过无不及。所以“中庸”包含了“和而不同”和“过犹不及”两个方面的内涵。

任何事物的最佳状态都是通过多种事物的对立统一而构成的和谐。事物对立的两端是客观存在的，叩其两端而用之，在对立的两极之中把握一个最适当的度，正确的态度是“允执其中”。

之后的儒家学者对中庸和谐、贵和持中思想又不断地进行诠释和发挥。例如，《中庸》将孔子的持中原则从“至德”提高到“天下之大本”“天下之达道”的哲理高度，通过强调体认和践履去实现人与人之间、人道与天道之间的和谐。《易传》将和谐思想具体化为阴阳相分、柔刚定位的观点，推演出社会政治关系中的君臣、君民以及家庭关系中的父子、夫妇之间的尊卑、贵贱，严格规定了阳尊阴卑、刚上柔下的等级秩序。宋儒认为“不偏谓之中，不倚谓之庸”。

从总体上看，儒家的中和理论是以中庸观为理论基础，以中、和为范畴，以礼为标准，以对统一体的保持以及对竞争、冲突的抑制消除为特征的封闭和谐体系。因此，该理论成为儒者认识世界的基本方法和待人接物的基本原则，并且渗透到整个社会心理之中。

从“和而不同”的原则出发，孔子主张做事恰到好处，为人坚持原则而又能团结和谐，这的确是一种很高的修养境界。在《论语》中，孔子提出了达到中庸之至德的修养方法。例如，他强调自我修养，自我克制，严以律己，宽以待人，推己及人，行忠恕之道，将心比心，理解别人，用“礼”节制自己的社会行为等。《礼记·中庸》

把中庸之道作为做人必须达到的一种境界，称之为“极高明而道中庸”。如何达到这一境界？《中庸》认为有五个步骤，“博学之，审问之，慎思之，明辨之，笃行之。”

贵和持中思想作为中国伦理政治型文化的基本精神，适应了封建社会大一统的政治要求，又迎合了宗法社会温情脉脉的伦理情感的需要，成为民族的情感心理原则，培育了中华民族的群体心态，并体现在中国文化的各个领域。

和谐精神经过长期的历史积淀，逐渐泛化为中华民族普遍的社会心理。例如，政治上的“大一统”观念，经济上“不患贫而患不均”的平均思想，文化上的天下一家情怀，文学上的“大团圆”结局，艺术上的“物我通情相忘”的意境，美学上“以和为美”的审美情趣，等等。

贵和持中思想是中国传统文化的精髓，全民族都认同中和观念。人们普遍认识到自己的行为态度要适度，要重视和谐局面的实现和保持，这使得中国社会有某种特殊的凝聚和扩展，产生了积极的影响和作用。客观地说，这抑制了竞争性观念的生长，也为折中主义、明哲保身的处世哲学提供了理论土壤，并成为统治者维护专制主义等级秩序的工具①。

第三节　中国传统文化基本精神的功能

中国传统文化的基本精神作为中华民族精神的具体表现，在中国古代社会的长期发展中发挥了重要的功能，产生了深远的影响。全面了解中国传统文化基本精神的功能有助于我们更好地把握传统文化的当代价值，促进中国传统文化的传承和发展。

一、维系民族团结、国家统一的凝聚功能

中国传统文化基本精神的一个重要功能是维系民族团结、国家统一。中国传统文化基本精神具有全民性，体现了中华民族的共同心理素质，是整个民族精神面貌的体现。中国传统文化不仅具有坚韧的“内聚性”，还对外来的文化具有“拒异性”，这有力地维系着中华民族的存在，使中华民族免受异民族心理、精神的影响。

中国传统文化的“内聚性”和“拒异性”相结合，产生了对外来文化的强大消化力。

例如，在外国，佛教的宗教势力超出政治势力；但在中国，帝王不论如何尊信佛教，终究还是要依靠儒家的礼法来统治人民。如果佛教徒不适应中国社会的传统惯例，使佛教汉化，在不抵触儒家伦理道德的情况下进行宗教活动，而企图传播完全外国面

① 陈江风．中国文化概论 [M].2 版．南京：南京大学出版社，2005：79-80.

貌的佛教，也是不能立足的[①]。

印度《佛说盂兰盆经》传入中国后，为了适应中国的文化传统，不断改变其中的目连救母故事的情节和内容。元代的《目连救母》杂剧，把原本的如来佛改为观音菩萨，佛的地位被观音所取代，这与当时佛门声誉败坏，全真道教盛行于北方有密切的关系。上演这个故事时，还穿插了“度索”“蹬坛”“跳圈”“窜火”等杂技节目，以迎合中华民族对于戏曲的传统娱乐要求。

中国传统文化中庸尚和的精神孕育了中华民族崇尚和谐统一的博大胸怀，坚持统一，反对分裂，把国家统一看作天经地义的事。该文化传统对中华一体、国家统一民族文化心理的形成，对国家、社会的长治久安，曾经发挥了十分重要的聚合作用。

中华民族共同心理因素——浑厚、淳朴、崇尚气节和坚忍不拔的特征，是在漫长的历史发展过程中形成的。自古以来，中华民族是由国内各民族祖先共同缔造的。在历史上，虽然各民族之间的关系和战交替、有好有坏，但由于各族之间通过贸易、结盟、通婚以及“大杂居、小聚居”的居住格局等多种方式接触，逐渐成为不可分割的整体。

西周初期，中国便称为“华夏”。之后，历史的潮流便朝向“华夏一体”的方向发展。例如，古书上云“此皆生一父母而阅一和也……是故自其异者视之，肝胆胡越，自其同者视之，万物一圈也”，表达了汉代人渴望民族团结的美好愿望，把中国所有民族的人看成是骨肉兄弟。因此，外国人“自其同者视之”，称所有的中国人为“汉人”。

中国传统文化基本精神具有维系民族团结、国家统一的凝聚功能，在民族处于危难时愈加明显。在中华民族长达数千年的成长历程中，虽然经历过无数次各民族间的斗争，但是每当外敌入侵之时，各民族立刻团结一致，同仇敌忾，奋起反抗。例如，在明代抗倭斗争中，湖广的土家族与苗族官兵建立了“东南战功第一”的伟绩；郑成功驱逐荷兰殖民者，收复台湾，得到了台湾各族人民的热烈响应与支持；明清之际，沙俄殖民者入侵黑龙江流域，当地达斡尔、鄂伦春、鄂温克等民族坚持战斗，并在雅克萨自卫反击战中配合满汉官兵，取得了反击战的胜利。正是因为中国传统文化精神有如此深厚的凝聚功能，在鸦片战争以后的百年中，虽然西方列强使用了各种卑劣的手段，仍未能实现瓜分中国的目的。

中华民族要求民族之间团结友好的愿望与爱国思想是一致的。自古以来，中国就享有“礼仪之邦”的美誉。《诗经》中的《鹿鸣》《木瓜》等诗篇都反映了中华民族与境外民族礼尚往来的美德。西汉以后，历代王朝政府都派使节出使周边国家，从事外交、文化交流和互利互惠的贸易活动，使节大都“入境随俗”而不是“君临异国”。为中外文化交流做出过突出贡献的人物有很多，如张骞、鉴真、郑和等都被载入史册而受到景仰[②]。

---

① 范文澜 . 中国通史简编 [M]. 修订本 . 北京：人民出版社，1964：432.

② 田广林 . 中国传统文化概论 [M].2 版 . 北京：高等教育出版社，2011：137-138.

二、培养中华民族健康人格，推动社会进步的激励功能

中国传统文化的基本精神是民族优秀文化传统的集中体现，对中华民族的每一个成员都有着强烈的激励功能，促进社会的进步发展。

中国传统文化基本精神反映了中国文化的发展方向，具有激发民族自尊心、自信心和民族自豪感的巨大作用，能够鼓舞人们前行。中国传统文化基本精神是维系中华民族共同心理和价值追求的思想纽带，是唤醒人们为民族统一和社会进步而英勇奋斗、鞠躬尽瘁、死而后已的精神源泉。

在漫长的历史发展过程中，中国传统文化的刚健自强精神一直激励着中华民族每一个成员奋发向上、不断前进，与内部的恶劣势力和外来侵略者做不屈不挠的斗争。

在春秋时期，刚健自强精神就已经出现。孔子十分重视“刚”的品德。他认为，刚毅木讷近仁”。在孔子看来，刚毅和道义是不可分割的，有志有德之人，既要刚毅，也要有历史责任感和时代使命感，“不知命，无以为君子也”。

曾参指出，知识分子要弘毅。“士不可以不弘毅，任重而道远。仁以为己任，不亦重乎？死而后已，不亦远乎？”强调人要有担当道义、不屈不挠的奋斗精神。《中庸》中提倡博学、审问、慎思、明辨、笃行的治学之道，主张刻苦学习，不甘人后。“人一能之，己百之；人十能之，己千之。果能此道矣，虽愚必明，虽柔必强。”这不仅体现了儒家对事物、对学问所采取的“刚毅”进取态度，也体现了中国传统文化“自强不息”的精神。

《周易集解》引干宝对“自强不息”的解释为，“凡勉强以进德，不必须在位也。故尧舜一日万机，文王日昃不暇食，仲尼终夜不寝，颜子欲罢不能，自此以下莫敢淫心舍力，故曰自强不息矣。”在中华文化的发展进程中，这种自强精神一直激励着中华儿女积极进取，不断向前，坚持同内部的恶势力和外来的侵略者做不屈不挠的斗争，具体的例子不胜枚举。

近代中国人民为了救亡图存和民族自强，进行了艰苦卓绝的斗争。鸦片战争后，林则徐的学生冯桂芬提出了“若要雪耻，莫如自强”的口号。洋务运动正是打着“自强”的旗号兴起的。在著名的“公车上书”中，康有为以《易传》的刚健、有为、尚动、通变原则作为“变法”的理论根据。孙中山领导的资产阶级民主革命，把“革命”看成“世界之公理”“天演之公例”。他们都是受到了中国传统文化刚健自强精神的激励和影响。

中国传统文化的人本主义精神激励人们尊重个体的尊严和价值，努力在现实社会中去实现个体价值。孔子就努力践行了为崇高理想而不懈奋斗、自强不息的人生态度。他在继续学习的过程中完善自己的人格。“学而不厌，诲人不倦”“发愤忘食，乐以忘忧，不知老之将至”就是很好的证明。孔子到70岁时达到所谓的“从心所欲不逾矩”的境界，究竟在达到这个境界后还有没有可学的？绝大多数儒者认为，即使孔子再多活一个月，

多活一天，他还是要继续学习的。基于儒学的立场看，可以说孔子是一个相当平凡的人，如果再活下去，他还要继续学习下去。这种精神就是中国传统文化中的自强不息精神。同时，在实现个体价值的过程中人格发展是全面的，不是片面的，个体的身心灵魂（包括智力、德育、体力等）各个层面都有所发展。该发展的另一特色是辩证的，是一个动力很大，生命力很强的发展，而不是一个逐渐堕落，自我中心逐渐强化的过程。

中国传统哲学的各学派虽然价值取向不同，但都重视道德修养。中国历代都有重修养、重气节、重独立人格的志士仁人，这是与中国传统文化精神的熏陶和激励分不开的。儒家学说特别强调主体自我修养和道德实践的重要性，鼓励人们通过道德修养来实现高尚情操，成就完善人格。儒家先义后利、重义轻利的价值观，虽然有忽视物质利益和现实功利的弊端，但在提高人的精神境界，把人培养成为有道德、有精神追求的人方面，有着不可否认的积极作用①。

三、整合不同价值，开拓创新的功能

整合不同的价值取向，熔铸成一个有机的统一体，使其在中华一体的文化格局中有所开拓创新，是中国传统文化基本精神的又一重要功能。中国传统文化的基本精神是整个中华版图意义上的民族精神。中华民族的家园坐落在亚洲东部，西起帕米尔高原，东到太平洋西岸诸岛，北有广漠，东南是海，西南是山的一片广阔的大陆上。这片大陆四周有自然屏障，内部有结构完整的体系，形成一个地理单元。这个地区在古代居民的概念里是人类得以生息的、唯一的一块土地，因而称之为天下。这种概念固然已经过时，但是不会过时的却是这片地理上自成单元的土地一直是中华民族的生存空间②。

而中华民族多元一体格局的形成和发展是一个漫长的过程。完整意义上的中国文化不仅是中原之国文化的成熟、定型，也是一个长期发展的过程。中华民族的多元一体格局决定了中国传统文化也是在多元一体的格局下发展起来的。中国传统文化基本精神的诸多主体内容在不同时期、不同地域发挥了不同的作用，对原有的诸多地域文化和不同阶层的文化发挥了重要的整合创新功能。例如，齐鲁文化、燕赵文化、巴蜀文化、荆楚文化、吴越文化、秦陇文化和岭南文化等都是古代中国人在特定的地域里，经过长期艰苦卓绝的努力而创造的，反映该地域社会发展程度的文化。

中华版图内的各地域文化折射了不同的价值取向，各具独特的自然环境和社会人文特色。各具特色的地域文化都有中华一体的文化认同意识。正是在这种共同文化精神、民族精神的烛照下，多元发展的地域文化逐渐走向融合，汇聚成中国传统文化的大家庭。汇聚完成后，不同地域文化中的“基因”（价值取向）继续存在，有的被发掘、

① 田广林．中国传统文化概论 [M].2 版．北京：高等教育出版社，2011：139-140.

② 费孝通．中华民族的多元一体格局 [J]. 北京大学学报（哲学社会科学版），1989（4）：1-19.

提升为全民族共同的精神财富。

在中国漫长的历史发展过程中，每一次大分裂后的统一都伴随着文化思想观念上的整合创新。秦朝的统一，使“车同轨，书同文，行同伦”，还立郡县和确立度量衡的标准，在经济、政治和文化上为统一体立下制度化的规范。尔后从隋唐到宋的五百多年是中国文化发展的高峰期，呈现出盛大恢宏的气象，蕴含着深刻的整合创新精神。该时期文化所具有的开放性和开拓性与民族成分的大混杂和大融合是高度相关的。

中国传统文化基本精神的整合创新功能植根于中国古代哲学思想之中，“贵和”思想便是突出一例。在我们的先哲看来，“和实生物，同则不继。”“和”是创新的源泉，万物的生生日新是统一体中“不同”、对立方面整合的结果。正如《易传》中所言，“日新之谓盛德，生生之谓易。”

中国传统文化基本精神作为中华民族共同的精神成果，在演进的历程中逐渐形成了文化大传统。天人合一与以人为本，刚健有为与自强不息，厚德载物与中庸尚和成为中华民族广泛认同的文化精神，超越了地域和阶层，成为稳固的民族文化心理。

中国传统文化基本精神有趋善求治的价值取向，不论是在精神层面和行为方式层面，还是在社会心理和潜意识层面，都对全民族产生了任何其他因素所不能取代的影响。例如，天人合一精神，激发出“究天人之际”的思想、治学传统，并成为不同时期各思想流派共同的思维方式和价值追求；贵和尚中精神，培育了中华民族反对分裂，追求和谐的整体观念，养成了崇尚中道，不走极端的平和心境。经过长期实践，这些思想观念相互整合，逐步深入人心，并演化为深厚的民族共同心理，以至成为集体的“文化无意识”，塑造了中国传统文化博大、精进、宽厚、务实的精神风貌①。

① 张岱年，方克立．中国文化概论 [M].2 版．北京：北京师范大学出版社，2004：301-303.

第四章　中国传统艺术

中国特有的自然环境、经济结构、政治制度及文化观念孕育了中国传统艺术。发达的农业经济和建立于其上的成熟的宗法制度，创造了一个稳定的、有利于文化艺术积累和延续的环境；中国传统文化中对动态平衡和整体和谐的追求，催化了中国传统艺术蓬勃的生命力和天人合一的审美境界。中国传统艺术从最初传递着原始先民的图腾崇拜，发展到夏、商、周三代对宗教神权的崇拜以及对宴乐祭祀的重视，经历汉代艺术对理性和浪漫的融合，南北朝艺术对飘逸和超然的诠释，在隋唐时期不同门类的艺术成就达至顶峰，随后不断变迁，在复古中创新，为世界艺术之林提供了丰富的、优秀的、风格独具的作品。

中国各类传统艺术从其发展历程看，同根同源；从其艺术追求看，通过对天人合一、物我合一境界的追求，呈现出高风劲骨；从艺术作品与现实生活的关系看，相当数量的艺术品表现出现实主义的艺术特征。

第一节　中国传统艺术概说

一、中国传统艺术与中国人的智慧

中国的自然环境、经济结构、民族素质、心理观念、宗教观点、文字选择等方面孕育了中国传统文化艺术的种子。中国文化的发祥地地处内陆，主源流是中原文化，像关中平原和黄河中下游平原，这里气候变化规律恒定，土地肥沃，物产丰饶，决定了华夏民族以农为本的经济结构。早熟的农业经济和建立在其上的宗法制度创造了一个稳定的、有利于文化的积累和延续的环境，也催发了华夏民族从对神的崇拜到对人自身力量的重视，由自然崇拜到图腾崇拜，再到祖先崇拜，这一过程在中国进行得十分顺利和自然。

首先，出于农业民族对于大自然天然亲和的心理，中国人清醒地利用这种“天人”联系来调节纷纭的人事，谋求一种动态平衡，整体和谐。在这种土壤中发育并成长起来的中国艺术更是视自然为酣畅生动的生命，与人类息息相通。这体现出中国人独特的智慧，即天人合一式的与自然的和谐。我国历史上流传下来的丰富的艺术成果，从古典系统论的哲学思想，到兵农医艺的实用文化，再到诗骚曲赋的文学精神，无一不闪烁着人与自然的亲和关系，具有天人合一的共同趋向，利用自然，为人造福①。其次，中国智慧除了推崇人与自然的和谐，还重视人的节操和修养，注重人之所以成为人的那些道德素质，进而追求人格的完美。中国文化是以人为中心的文化，以人为主体的文化，以人伦为核心的文化。强调人格高尚、道德完满不仅是士大夫文人的诉求，也是很多艺术家的追求。再次，中国人的智慧还表现在对群体利益的崇尚。中国文化是尚群的文化，这是中华民族的价值观，与现代西方强调个体的文化很不相同。中国文化中，小到家庭，大到国家、民族都是“群”。个体是“小我”，群体是“大我”，群就是公。《礼记》中说：“天下为公。”中国有句古话：“敬业乐群。”中国人以众人群处为乐事，以合群为美德，以顾全大局为优点。中国人从实践中懂得了群体的力量超过个人的力量，个人只有集合成群才能生存并得到充分发展。中国文明推崇尚群美德，强调个体去从事有秩序的伦理生活，认识到只有这样个体才有可能驾驭自然，得以生存和发展，从而维系群体利益②。

所有的这些中国式的智慧反映出中国的思维方式倾向于意象思维。与西方思维方法的概念确定、逻辑清晰相比，意象思维的许多概念不确定，缺乏系统完整严密的理论体系。中国式意象思维不重视对事物进行条分缕析的推理和概括，而是重视主体的感受和领悟。这种感受和领悟的结果也是一种朦胧幽远，只可意会不可言传的象外之象、韵外之致，其追求的意境不是对事物明确的认识，而是包含认识的内在的一种领悟。“道可道，非常道”，中国人眼中永恒的真理永远是模糊的，是只可意会不可言传的。直觉的、领悟的、体验的气质使中国传统艺术创作与中国哲学交融在一起。这种状态使中国艺术作品能够生动传达艺术真谛，呈现出中国的根本精神方式和思维方式。

中国传统艺术重视人的感性，更重视生命生活，关注人与自然的相互交流，更关注人的心灵有所寄寓，事物可以通情，人的心灵可与万事万物相通。在这种思维方式和艺术追求的影响下，艺术家们较少去空想和追求宗教式的精神天国，而是把美学境界作为追求的最高目标，而这种审美的境界总是呈现出一种愉悦地、充满积极乐观地眺望未来的状态。

例如，中国书法捕捉万物的灵光动态，笔底气通血畅，充满盎然生机；中国建筑与自然环境融为一体；中国画线条流畅、活泼、灵动；中国诗情景交融，意境空灵、淡远；中国音乐旋律与生命共振。这些都充分地表现出中国文化中人与自然、艺术与

① 张蓉，韩鹏杰，陆卫明．中国文化的艺术精神 [M]. 西安：西安交通大学出版社，2001：3-8.

② 胡峰．新编上下五千年：中国文化艺术卷 [M]. 呼和浩特：内蒙古人民出版社，2001：5-7.

自然的息息相关，表现出人与自然建立的不是以概念为基本单位的认识关系，不是以外在征服为目的的实践关系，而是以形象为基本单位，以移情为基本特征的审美关系。对于中国哲学和美学来说，自然既不是神秘崇拜的对象，也不仅仅是满足感官欲望的对象，而是在时间和空间上极为悠远，充满永不衰竭的生命运动，并且与人和谐统一的无比壮丽的伟大形象。

二、中国传统艺术发展的一般历程

（一）原始社会的艺术（60 万年前—4000 年前）

中华民族的原始艺术是先民审美活动的产物。远古的原始社会包括从元谋人算起的 250 万年的旧石器时代和大致七八千年的新石器时代。据考古资料和先秦典籍得知，远古先民的明显带有审美性质的意识活动是在旧石器时代晚期和进入新石器时代以后。比如，我国曾在内蒙古阴山地区发现岩画和在磴口格尔敖包沟发现鸵鸟刻绘，据专家测定，它们的年代在一万年以前。中华民族先民的审美活动孕育了艺术，中华民族的艺术史也从这时开始了。原始社会的艺术传递出中华先民的图腾崇拜。这种图腾崇拜可以在各大文化遗址出土的玉石器、骨器、陶器等工艺品中找到。以绘画艺术为例，我们现在所能见到的中国最早的绘画，绝大部分是作为彩陶纹饰画而出现的，这些饰画或者是鱼、蛙之类的图腾，或者是可爱的孩童，或者是抽象化的几何图形的纹饰，或者是表意的符文。除绘画艺术外，远古时代的歌谣、音乐、舞蹈是结合在一起的。这些艺术作品对后世的影响是深远的[①]。

（二）奴隶社会的艺术（前 2070—前 771）

这一时期，中华民族的历史进入夏、商、周三代，已由原始社会步入奴隶社会。夏禹“传子不传贤”，使氏族共同体的社会结构发生本质的变化，奴隶制统治秩序逐渐形成，氏族成员分化为贵族、平民和奴隶，社会生产也有了较细的分工。意识形态领域的变化，以传说中的夏铸九鼎揭开了具有浓厚宗教神权色彩的巫史文化的帷幕。巫术礼仪变为奴隶主的宗教祭祀，原始乐舞也变化为奴隶主享乐的宴乐祭祀乐舞，在这样的文化背景下，艺术因素强烈的文化活动得到了较快的发展。各类文化活动从自娱的性质过渡到表演艺术的性质，特别是巫术活动中的宗教祭祀乐舞获得了空前规模的发展。商、周二代的青铜器艺术成为上古艺术的灿烂文化标志，而甲骨文和金文也开创了中国书法艺术的历史。

陶瓷是早期中国艺术的支柱，不可或缺，无处不在，这反映和满足了社会各阶层的实用需要和审美情趣。古代陶瓷的形状和纹饰有时为金属工艺所模仿，偶尔也会借鉴金属工艺。商代最质朴的陶器是装饰绳纹、刻划纹，或者用压印的方法形成不断重

① 李晓，曾遂今 . 龙凤的足迹：中国艺术史 [M]. 上海：华东师范大学出版社，2001：8-17.

复的方格或卷云纹的灰陶。卷云纹开创了后世雷纹的先河。陶器纹饰有时也包括铜器上常见的动物形纹饰的简化形式。在未干的陶胎上压印或刻划几何形纹饰的陶器在东南地区的新石器时代遗址中就有所发现。精美的商代白陶在中国陶瓷史上是独一无二的。由于太过精美，以至于有人误认为它是瓷器。实际上，它是由从西北沙漠吹到华北平原上的细腻的黄土通过陶轮加工，以1000℃高温烧制而成的一种非常脆弱的器物。很多学者已经注意到白陶纹饰与青铜纹饰的高度相似性[①]。

（三）封建社会早期的艺术：理性与浪漫的交融（前770—220）

春秋战国时期是中国古代社会最急剧变革的时期。社会的变革引起意识形态领域的活跃与开拓，诸子百家蜂起，思想争鸣，在相当程度上促进了先秦艺术的发展和繁荣。随着西周王朝的衰落而“礼崩乐坏”，王朝文化散落诸侯各国，发生了很大的变化。民间的文化艺术却得到了发展的历史机遇。在这一时期，北方和南方的音乐舞蹈呈现出两种不同的风格和面貌。北方以孔子为代表，崇尚理性精神；南方以屈原为代表，发扬浪漫精神。这两种审美思想的融合，可以看作中华民族艺术性格和文化心理形成的基础。同时，金文传统的大篆在春秋战国时期得到了进一步的发展，并在民间孕育了古隶书体；楚地出土的文物表明绘画艺术更多地体现了地域风格和幻想色彩。各种艺术文化竞放异彩，形成了绚丽灿烂的新景象。

当艺术进入秦汉时期，就好比长河流入了大转折处，标志着艺术的新时期的到来。辉煌的中古艺术由这里发端，各艺术门类逐渐步入按各自的艺术规律发展的轨道，预示着门类艺术将通向辉煌的顶点。公元前221年，秦始皇结束了约400年的东周列国局面，建立了统一的封建帝国。秦王朝只存在了短短的15年，在集权政治专制的同时，在文化上也实行了专制统治，然而先秦文化艺术的影响力仍渗透在秦文化之中。到了西汉王朝，社会稳定，国力强盛，封建社会处于上升期，政治上的开明使文化艺术得到了自由发展的良好社会环境。汉初统治者潇洒大度，又喜好南楚故地的乡土文化，尽管在政治经济上“汉承秦制”，但在意识形态的文化艺术方面鲜明地继承了先秦的艺术传统，并继楚文化的浪漫主义后有新的发展。汉代的文化艺术在主题性格方面极有魄力地表现了人对客观世界的征服。政治上的宽容以及艺术精神上的洒脱又经中西文化的大交流和南北文化的大融合形成了五彩缤纷的艺术世界，其处处表现出一种气势和古拙的风格，散发着两汉艺术大气而浪漫的精神。

（四）飘逸超然的魏晋南北朝艺术（220—581）

魏晋南北朝的历史是由统一走向分裂的过程。东汉末年的战乱，形成魏、蜀、吴三国鼎峙，及至晋武帝司马炎重新统一了中国，但西晋只维持了39年的小康局面。北方少数民族兴起，问鼎中原，“十六国”连年混乱，哀鸿遍野，于是又进入了分裂

① 苏立文．中国艺术史[M].上海：上海人民出版社，2014：22-26.

的时代。琅琊王司马睿于建康（今南京）建立东晋王朝。公元5世纪初，北方由北魏拓跋氏统一，后由东魏、西魏、北周、北齐所更替；南方东晋发生相继篡位，即为宋、齐、梁、陈，其与北方对峙，历史上称为南北朝时期。时局的动荡带来经济的衰退。

在这样特定的历史条件下，出现了继先秦之后的第二次社会形态变异所带来的意识形态异乎寻常的变化。两汉的经学思想和谶纬经术被冲溃，代之而起的是门阀士族地主阶级新的观念体系，思想活跃，清谈成风，而且对人自身的命运普遍产生了一种忧患意识。人们感叹生命短促，人生无常，对人生、生命表现了特别的留恋。于是有些人外表放浪形骸，饮酒享乐，潇洒超然，处于一种自得自适的状态，但在精神、品性、才情方面深刻地表现出对人生、对生活的极力追求，寄情于文学、艺术，以求脱俗超然的精神风貌。这就是后人津津乐道的魏晋风度。

当时，印度的佛教传入对备尝战祸苦难的人民来说具有很大的影响力，全国普遍建有佛寺，北魏和南梁还先后将它作为国教。在思想界一度出现儒、道、佛信仰混乱的状态，但在知识阶层乃以无为而无所不为的老庄思想为主导，并在美学思想上提出“以形写神”“气韵生动”的美学原则，这将艺术提高到一个新的境界。在这一时期，由于民族文化的交融和艺术思想的提升，音乐、舞蹈、书法、绘画都得到了很大的发展，戏剧艺术也开始萌芽。

（五）辉煌多元的隋唐艺术（581—907）

隋文帝杨坚统一中国，结束了魏晋南北朝300多年的分裂局面，并在政治、经济方面都做了重要的改革。随着新皇朝统治的巩固，文化艺术也相应得到了发展。隋统治者为了宫廷宴饮欢娱的需要，建立了一套中央音乐制度，燕乐得到了极大的发展。当时的统治者接受了北朝的音乐文化，少数民族的音乐文化进一步与汉民族文化结合，同时开始重视绘画、书法艺术的收藏活动。然而，隋统治者由于政治上腐败，生活上腐化，仅37年就被起义的农民军所推翻，但其在文化艺术上所建立的制度，为唐代艺术的空前发展提供了良好的基础。

唐代是中国封建社会中最为辉煌的时代。唐太宗李世民鉴于前朝的覆灭，施行了比较开明的政治，采取了一系列有利于封建经济发展的措施，社会秩序也因此趋向稳定，开创了“贞观之治”（627—649）与“开元盛世”（713—741）的繁荣局面，经济、文化都进入封建社会的鼎盛时期。唐太宗李世民和唐玄宗李隆基都对文化艺术抱有极大的兴趣，也重视其发展，他们在继承隋朝音乐制度的基础上，又促进燕乐歌舞的进一步发展。燕乐歌舞集秦汉、魏晋、南北朝以来乐舞艺术之大成，呈现出繁荣的新面貌。唐代重视人才的开发，削弱和冲垮了南北朝那种人身依附关系和门阀士族制度，新兴地主阶级的势力得到了上升和扩大，使地主阶级知识分子的才能得到了极大的发挥。在开疆拓土的同时，南北文化交流又出现了一次大融合，“丝绸之路”不仅促进了贸易，也带来了异国的礼俗以及文化艺术，在空前的大融合中，出现了大胆的革新和创造。唐代的文化艺术处在一个自由开放的状态，艺术的种类不断丰富和拓展，艺术家的个性、风格得以抒发和彰显，唐代的艺术创作在初唐、盛唐、中唐、晚唐各时期呈现出前所未有的、多姿多彩的、各领风骚的风范。在审美的风尚和艺术趣味上，唐代艺术充满了对现实人世的关切和热爱，体现出对世俗美的追求，现实人世的生活及情感同样也以多样化的形式展现在各类艺术作品中。

（六）雅俗分流的五代宋金艺术（907—1279）

唐朝后的五代虽然只有 50 多年，但承上启下，各艺术门类在继承中发生了风格渐变的趋势。“五代十国”的分裂局面主要是由藩镇之间的兼并战争造成的，争夺的地区主要在中原一带，而南方则较少战事，局势较稳定，经济也比较发达，所以北方的一些贵族、商人、士大夫纷纷迁往江南或西蜀，因此南唐、吴越和西蜀不仅保存了唐文化的传统，还获得一定的发展，如书法、绘画、音乐、舞蹈相当活跃，书画艺术也出现了新的风格流派。

公元 10 世纪中叶后，宋统一全国，结束了割据的局面。宋初的统治阶级对农业和手工业采取了新的政策和措施，使经济恢复到唐代的原有水平，甚至超过了历史上的任何时期，城市的商业、对外贸易也相当兴旺。到了南宋，南方经济和文化较北宋时期获得更大的发展，使中国艺术以繁荣发达的姿态和新的审美追求开启了近古艺术发展的新篇章。

在这一时期，民族矛盾一直复杂而又尖锐地存在着，宋朝先后与辽、西夏、金发生频繁的战争，但在议和与战争的间隙时期，各民族的文化也得到了交流。尤其在南宋与金对峙时期，金吸收了汉族的封建文化，创造了在艺术史上占有一定地位的民族文化艺术。汉民族的文化艺术表现出继五代以来渐开新风的趋势，得到了进一步的发展。文人的书画艺术讲究意趣和个性，有浓烈的书卷气，变汉唐以来的雄浑气度而为秀媚、适意之风韵。这一时期的书画创作追求文人气质的诗意之美，并在艺术上达到了极致。与之相对应，音乐、舞蹈艺术则在民族、民间艺术方面发展，城市的市民文艺日趋繁荣。宫廷乐舞虽承袭唐制，但主要继承来自民间和少数民族的健舞、软舞，也有很大的改革和发展。自汉唐以来的表演性伎艺，经过漫长的演化历程，至北宋末已基本形成早期戏剧的两种形态——宋杂剧（金院本与宋杂剧同类）和南戏，具有浓厚的市民意识和民间色彩。音乐、舞蹈、戏剧等艺术形式与生活更为贴切，更多地表现为市民阶层的审美趣味和追求世俗的审美趋向，长远地影响着整个近古时期的艺术风貌。

（七）文人意识强烈的元代艺术（1279—1368）

13 世纪初，塞北的蒙古族在成吉思汗的领导下逐渐强盛起来。公元 1279 年，忽必烈统一了全国，结束了宋、金南北分裂的局面。在元朝统治的百余年时间里，政治、经济及文化方面曾一度陷于衰敝状态，艺术却发生了较大的变化，书画艺术方面的成就不容低估，戏剧艺术方面则出现了辉煌的元杂剧和繁荣发展的元南戏。

这一时期，民族矛盾和阶级矛盾比以前任何历史时期都要尖锐。元统治者将人分成四个阶层看待，社会上又有“九儒”“十丐”的说法，南方的知识分子社会地位极为低下。“南宋遗民”入元不仕，有着强烈的民族意识。但是，在文化形态上却仍然表现为汉民族的文化形态，且呈现多民族文化交融的状态。元朝立国之际，在悠久博大的汉文化影响下已逐步汉化，蒙古族和色目人的学者也用汉文著书立说，学习汉民族的书画艺术。而在当时兴起的杂剧艺术也吸收了不少蒙古族和色日人的音乐和语言，在这种文化相互融化和转化的背景下，艺术依然取得了较大的发展。

但是，由于元统治者对汉族知识分子的歧视政策，又停止了近 80 年的科举制度，即使在后期曾恢复科举取士，仍对“汉人”和“南人”极为苛刻，因此，文人大多寄情于翰墨山水，“青山正补墙头缺”，不少有才华的文人从事戏剧的创作。元代绘画在宋文人画思潮的影响下，又兴复古思幽之风，注重笔墨情致，从中寄寓着强烈的文人意识；在戏剧创作中，则强烈地表现着文人心中的郁积和对现实的不满。一种受时代压抑的文人意识，包括情感、思想、意趣等，通过不同的方式，借艺术创作若显若晦地表现出来，从而形成一代艺术的基本性格。

（八）审美艺术大变迁的明代艺术（1368—1644）

公元 1368 年，明太祖朱元璋汇集各地义军的力量，推翻了元朝的统治，在南京即位称帝，直到公元 1644 年明亡，立国 276 年。明初，政府采取了积极的措施，缓和了阶级矛盾，发展了城乡经济，加强了与南洋、中亚、日本、朝鲜的睦邻友好关系。浩荡的郑和船队七下西洋，在谋求国家关系的同时，促进了文化交流。明中期而后，商品经济不断发展，城市经济趋于繁荣，资本主义生产关系开始萌芽，封建统治阶级的正统思想受到冲击，中国封建社会开始进入剧烈变革的时期。在意识形态领域出现了传统与反传统的尖锐思想斗争，资本主义的民主思想在激进的文人中间迅速传播，在文化艺术领域引起了审美意识的大变迁，提倡个性心灵的解放，反对传统观念的束缚，形成一股强大的不断变革的浪漫文艺思潮。这股思潮与建筑在世俗生活写实基础上的市民文艺相汇合，成就了明代艺术在继承宋元传统过程中重在演变、力创新风的发展趋势。山水画流派纷繁，各成体系，抒写画家的主观世界；花鸟画院体工笔与浪漫写意齐头并进，且以抒发心灵的写意为主流；戏剧艺术的变化更为巨大，扎根于民间的南戏“四大声腔”迅速发展，哺育了“传奇”新剧种，出现了追求个性解放的千古绝唱《牡丹亭》；民间的时调小曲以出于“本心”的自然率直风格，表达了冲破封建礼俗、争取自由解放的人性价值与意义。在明末“西学”渐来的骀荡春风推动下，近代文艺的新气息开始酝酿。

（九）从封建末世的复古中走出清代艺术（1644—1911）

清朝是中国历史上最后一个封建王朝，自 1644 年至 1911 年，历时 268 年。清政府在立国之初，曾集中全部力量把封建秩序稳定下来。清初的几代君主以强制性的政策巩固小农经济，压抑商品生产，扶持儒家正统理论，把明代中后期萌发的资本主义因素全面地压制下去。由于阶级斗争和民族矛盾异常激烈，清政府对民主性和反封建思想采取禁绝的政策，既全面接受汉民族文化，又对汉族知识分子严加控制。于是，从社会文化氛围、心理观念到文化艺术的各个领域，都反映出封建末世特有的文化形态。与明代那股寻求思想解放的潮流相反，清代盛极一时的是全面的复古主义，这在受政府控制的在朝士大夫文艺中尤为明显。然而在野的士大夫文艺，除了那些被迫消极避世、怀有颓唐的感伤情绪外，剩余的可以被归纳为从复古中走出的两股潮流。一部分文士采取隐晦的手法，在批判冷酷的现实中反映了进步的思想和要求，同时在艺术思想上以反传统的形式从复古主义的思潮中走出来，创造出一种带有鲜明的时代和思想印记的，既有感伤情绪又有批判精神的文化艺术；另一部分文士则以强烈的个性色彩，独特的审美方式，表现出与社会现实的不协调，与兴旺发达的民间艺术的潮流汇合，特别是在鸦片战争以后，受到新思潮的冲击，锐意求进，探求一种新颖的审美形式。这标志着古典艺术的终结，近代艺术的发端，把中国的艺术发展推进到一个全新的阶段[①]。

第二节　中国传统建筑雕刻

一、中国传统建筑艺术成就

在中国悠久的历史进程中，先人们创造了光辉灿烂的建筑文化。中国建筑在世界东方独树一帜，它和欧洲建筑、伊斯兰建筑并称世界三大建筑体系。中国古代建筑根植于中华大地，是由人们在社会生活的实践中创造出的具有审美功能和艺术价值的一种造型艺术作品。它的起源与发展与其他的传统艺术门类一样，有着鲜明的地域、民

① 李晓，曾遂今 . 龙凤的足迹：中国艺术史 [M]. 上海：华东师范大学出版社，2001：62-222.

族、气候、历史制度、文化等特点。中国传统建筑艺术的主要成就大体可以分为宫殿、陵墓、宗教、园林四大建筑类型①。

宫殿是中国传统建筑技术和艺术最集中的代表，也是发展最为成熟、成就最高、规模最大的一类建筑，鲜明地反映了中国传统文化注重巩固社会政治秩序，强调统治者权威的特色。以中国传统建筑艺术精品之一的北京故宫为例，北京故宫又名紫禁城，是明清两代帝王的皇宫。它是中国传统建筑中保存最完整、规模最浩大的古代宫殿建筑。北京故宫始建于明永乐四年（1406年），历经14年，于永乐十八年（1420年）基本建成。中间经明清两代多次重修和扩建，但仍保持初建时的格局。故宫建筑群共有9000余间，主要分两大部分，即外朝和内廷。在建筑布局上，它强调所谓“中正无邪”，即中轴对称的方式，宫殿里最尊贵的建筑放到中轴上，较次要的放在两边，成为它的陪衬。

陵墓建筑是帝王和王公贵族们寿终正寝的地方，也是向人们显示其尊贵和威严神圣的标志。在古代陵墓建筑方面，最具有代表性的要数明十三陵。明十三陵是指明代十三位皇帝在北京的庞大陵区，代表了封建帝陵的最高成就，其主要特色是成团布置方式。十三陵所在的天寿山在北京以北45千米的昌平区境内，山岭逶迤相连，呈向南敞开的马蹄形，在马蹄最北中央，其山麓下即是明成祖的长陵。以长陵为主体，其他十二陵错落在其东西之间，并共用一条神道，构成一个统一的、规模宏大的陵园。整个陵区方圆约40平方千米。十三座陵背山而筑，面对盆地，各陵除面积大小、建筑繁简不同外，在布局、规制等方面则基本一样。这些巨大的建筑虽然耗尽了民脂民膏，也记录了帝王们的罪恶，但它们是具有很高艺术价值的古代建筑，现已成为宝贵的世界历史文化遗产。

宗教建筑是仅次于宫殿建筑和陵墓建筑的另一重要建筑类型。中国有影响力的宗教主要是佛教、道教和伊斯兰教。从建筑的角度讲，中国的宗教建筑主要分为寺、塔、观三种形式。寺原是侍奉皇帝近臣的官署，佛教初入中国时其建筑多由官署改建而成，故称为寺。塔是佛教传入后的建筑形式，是印度的“浮图”与中国楼阁相结合的产物。观本来是可观四方的建筑，因道教崇尚自然，多建于山林高地之上，故多称为观。以佛寺为例，中国最初的佛寺建筑特点与印度、西域的佛寺相仿，为四方式院落，主体建筑佛塔位于正中。南北朝是佛教的全盛时期，北魏有佛寺3万多座，其中洛阳城有佛寺1360座，规模之大令人惊奇。其建筑形式发展为前塔后殿式，即在方形院落中，除主体建筑佛塔外，在其后面还有一座佛殿。后来，佛寺逐渐吸收了中国传统的建筑布局样式，体现出鲜明的民族特色，在中轴线上从前至后有一至三座殿堂，常见的有天王殿、大雄殿等，两侧设置配殿。

中国古代园林建筑是以传统文学和绘画艺术创作构思，将山、水和玲珑典雅的木构建筑结合起来，形成富有情趣的、饱含艺术意境的园林景观。它与欧洲或伊斯兰园

① 白全贵，师全民．中国传统文化概论[M]．郑州：郑州大学出版社，2003：135-140.

林等世界其他园林体系相比，有着鲜明的民族特色。首先，中国古典园林重视自然美。在造园的总原则上，必须以天然景物为基础，即使是改造和模拟自然，也必须遵循“有若自然”的原则。其次，追求曲折多变。在布局方面，一般不用宫殿的中轴对称手法与完整的格局，而是在师法自然的基础上，采用灵活多变的自由方式。再次，强调意境。受传统山水画的影响，中国园林不仅重视园林的形式美，而且要求能通过外观的景致体现出人的内在精神世界。中国古典园林一般分为皇家园林和私家园林两大流派。皇家园林规模宏大、景点多、气势奢豪，具有宫廷和园林的双重功能。在布局上一般分为宫和苑两个部分，宫在前，苑在后，宫廷区是严格的对称布局，苑囿区是灵活的自由布局。私家园林一般建于市内或城郊，与住宅紧密联系，有大、中、小三种形式。小型园林多围绕客厅或书房布置花木湖石，叠石引水，架桥建亭，规模虽小而曲折有致，如苏州的艺圃、扬州的小盘谷等。中型园林以池为主体，沿池点缀山石、亭树及走廊，园林有较多的景物和大小空间的变化，如苏州网师园、环秀山庄等。大型园林占地面积较大，布置较复杂，由许多不同空间组成，有的甚至水中有岛，岛上植树建亭，如苏州拙政园、上海豫园等最为著名。

二、中国传统雕塑艺术成就

中国传统雕塑主要分为陵墓雕塑、宗教雕塑和劳动生活及民俗雕塑。艺术门类有圆雕也有浮雕，功能包括纪念性雕塑、案头雕塑、建筑及器物装饰雕塑等。雕刻材料也丰富多彩，除了青铜、石、砖、泥、陶等材料，还有玉、牙、木竹等[①]。

中国传统雕塑艺术的特点可以归纳为重实尚用、无象有象、二三之间、措意同画、以天合天、儿随娘走六个方面。当然，这些特点并不是为中国传统雕塑所独有，但只有中国将这些精神贯穿在几千年的雕塑作品里而成为它的显著特色。

重实尚用即实用性，是指制作雕塑的目的总是将用的功能放在第一位。无象有象即象征性，主要是指艺术上的追求，即雕塑不重在追求肖形像物，而是以某件雕塑所代表的特有意义为主要目的。雕塑的象征性，实质是人的心态的物化形式。二三之间指的是中国传统雕塑不像西方雕塑那样注重体积感，总是悠游于二维和三维之间，即使用许多平面的手段来体现立体。换句话说，中国传统雕塑的体积是由若干个平面叠加而成的，这种叠加里最重要之处是线条感。因此，中国传统雕塑可以看成是线条、体积的一种奇妙混合。措意同画指中国传统雕塑泥塑、彩绘的雕塑技艺。可以这样说，许多中国传统雕塑的最后完成手段是彩绘，即这些雕塑的细节往往是由绘画来表达的，这就是许多传统雕塑今天看起来简略、模糊的原因。这往往不是技法高低问题，而是失去了彩绘而使雕塑重回半成品的缘故。以天合天，第一个“天”指主观构想，第二个“天”指自然物天生性状。以天合天就是艺术构想和材料性状的高度统一，尊重材

① 徐子方 . 世界艺术史纲 [M]. 南京：东南大学出版社，2016：146.

料，尽量保持材料的原有性状。儿随娘走即客体（艺术手法）服从于主体（艺术追求）。这一不约束艺术家，充分发挥艺术家情思的创作原则，在民间艺术中处处可见，在中国传统雕塑中也如此[①]。

最能代表中国传统雕塑成就，影响最大的主要是明器雕塑、陵墓雕塑和佛教造像。明器亦称冥器、盟器，指古代用于陪葬的代替实物的模型，包括用雕塑手法制作的人像和动物、建筑和车船模型等。中国古代明器雕塑源远流长，蔚为大观，其中成就最高的当属秦汉和隋唐两个时期，尤其是秦、唐两代。被誉为“世界第八大奇观”的秦始皇兵马俑是秦代明器雕塑的杰出代表。秦陵一、二、三号坑共有武士俑7000个左右，驷马战车100辆，战马100多匹。秦陵兵马俑具有鲜明的写实特征，武士俑形象酷似北方农民，生动逼真，尤其是面部表情极富个性，或威武庄重，或沉着刚毅，或木讷老成，或稚气活泼，栩栩如生，且无一雷同。在雕塑手法上，秦陵兵马俑将模塑和手塑相结合，大的部件为模塑统一范制，细部则用手作“堆”“捏”“贴”的具体刻画，这种统一性和差异性的有机结合，为后世陶俑的繁复制造与多样表现提供了有益的经验。隋唐是中国明器雕塑的全盛时期，明器雕塑的题材更为宽泛，选择性更强，摈弃了汉代那种意欲模仿现实生活中的各种事态物象的特点，主要表现盛唐时中国作为世界大国的风采。在工艺上，唐人发明了三彩釉并将其作为明器雕塑上的妆彩，使明器雕塑异彩纷呈。将高超的技法与工艺完美结合的此类唐代明器，实际上代表了中国古代明器雕塑的最高成就。

陵墓雕塑与明器雕塑一样，也是古代厚葬制的产物。它主要是指陵墓周围设立的石人、石兽等仪卫性雕塑，具有一定的纪念夸示功能，亦称“石象生”。陵墓雕塑早在汉代以前就有记录，但无实物遗存。汉以后，每个朝代都有自己时代特色的陵墓雕塑，但就气势和影响而言，当属汉唐两代。汉代盛行厚葬，营造帝王之陵墓可以说无所不用。作为汉武帝茂陵的陪葬墓——霍去病墓前的一组石雕群，是一组宝贵的民族雕刻艺术遗产，其价值足以与秦陵兵马俑相提并论。这些雕塑均用秦岭山区硬度很高的花岗岩石雕成，尤其是墓前的“马踏匈奴”主题的石雕群，马的形象高大直立，四蹄之间封锁一个匈奴武士形象，以一块整石将这一马一人雕刻出来，造型与其他动物石雕和谐统一，突出表现了霍将军抗击匈奴的赫赫战功。“马踏匈奴”在艺术表现上既重写实又具浪漫，被后人誉为中国古代首件具有记功碑性质的石雕精品，在中国雕塑史上具有重要地位。唐代国力强盛，历任帝王及皇亲国戚皆将陵墓雕塑视为纪念功绩和夸示权威的手段，因此，唐代石雕规模空前巨大，气魄宏伟，艺术风格雄浑威猛。

佛教造像兴盛于魏晋南北朝。佛教造像的样式有很多种，但最主要的是石窟造像和寺庙造像。石窟又名石窟寺，是佛教寺庙建筑的一种，就石窟内部设置的佛教造像来说，它又是一种雕塑。中国古代石窟众多，其造像也难以统计，但主要还是集中在

① 顾森．中国雕塑[M]．北京：中国国际广播出版社，2011：3-14.

敦煌莫高窟、大同云冈石窟、洛阳龙门石窟以及天水麦积山石窟等几大著名的石窟中。佛教造像的另一样式是寺庙造像。寺庙造像产生的年代与石窟造像大致相当，其题材也基本一致。所不同的是，由于寺庙大多为木结构建筑，不像石窟那样可以永久保存，再加上历次战乱浩劫，现已毁失无余。目前所能见到的寺庙造像也只能是出土文物。宋代较为发达的商品经济推动了寺庙造像的发展，寺庙造像众多，技术十分精湛。寺庙造像的题材以罗汉和菩萨像最为常见，其代表性作品是山东长清灵岩寺罗汉群像和苏州甪直镇保圣寺的罗汉群像，前者采用写实手法，刻画极为细腻，后者体现了中国传统雕塑重内在气韵的民族特色。虽然留存下来的明清时期寺庙造像不少，但由于已过了鼎盛期，其总体水平自然不及前代，相对较有价值的当属山西平遥双林寺的明代造像和昆明筇竹寺的清代罗汉塑像。前者现存1500余尊雕塑，其艺术处理富有创造性，具有较高的艺术价值①。

第三节　中国传统书法绘画艺术

一、中国传统书法的艺术成就

“书法”字面上是指书写的法度。生活中，“书法”一词另具备以下含义：第一，某幅书写作品的代称或者所有书写作品的统称；第二，一种艺术类别，一般指书写汉字的艺术。中国汉字是劳动人民创造的，开始以图画记事，经过几千年的发展，逐渐演变成了当今的文字；又因祖先发明了用毛笔书写，便产生了书法，古往今来，均以毛笔书写汉字为主。书法艺术是中华民族文化宝库中的一枝奇葩，它不仅深受我国人民的喜爱，还引起世界各国艺术家的重视，对世界艺术发展做出了重要贡献②。

（一）中国书体演变及代表作

中国书法历史悠久，书体沿革流变。从甲骨文、金文演变而为大篆、小篆、隶书，至东汉、魏、晋的燕书、草书、楷书、行书诸体，每一类都有自己独特的风貌。

篆书出现最早，并有大篆、小篆之分。大篆包括殷代甲骨文、钟鼎文和周代的石鼓文。小篆是在大篆基础上简化和发展而来的，李斯是小篆的鼻祖。当时毛笔已经产生，所以较之大篆风貌自是不同，字体更加抽象化、规范化。从现存李斯的《泰山刻石》与《峄山碑》中可以看到，李斯的小篆笔笔中锋，藏头护尾，行笔不疾不徐，写出的

① 白全贵，师全民．中国传统文化概论 [M]. 郑州：郑州大学出版社，2003：145-152.

② 盛昶砚．盛昶砚谈中国书法与绘画 [M]. 成都：电子科技大学出版社，2016：4.

笔线圆匀劲健，刚柔相济，将南方人的审美趣味和流媚的书风融合进端庄、雄浑的秦国大篆中去。自两汉开始，篆书已逐渐失去实用价值，仅适用于特别庄重和特别需要加以美化的场合。后来，书写篆书变成纯艺术创作。

隶书首创于秦，在汉代蓬勃地发展起来。汉隶的出现使笔画具有波磔之美，为书法艺术的发展开拓了广阔的前景。在汉代，书法除表达文字意义外，其审美特性逐渐成为人们关注的中心。汉代碑文在全国多有发现，汉代碑刻中最具典型意义的是阵容庞大、风格各异的隶书碑刻，或方整挺劲、爽利痛快，如《张迁碑》，或端庄典雅、法度森然，如《礼器碑》《华山碑》，或拙朴厚重、大气磅礴，如《石门颂》《西狭颂》等,这展示了汉代书法的辉煌成就和高超的艺术水平。隶书至清代又现高峰,大家辈出,风格各异，著名的有郑簠、金农、邓石如、伊秉绶等。

草书又分章草和今草。章草是隶书的草体，是因隶书写得草率、简捷而成，虽笔画或省略或连缀,但字字独立。现在可以看到的最早章草作品是西汉史游的《急就章》,其他传世名作有西晋索靖的《出师颂》、陆机的《平复帖》。今草是章草的进一步“草化”，上下字之间的笔势往往牵连相通，偏旁做了许多省略假借，即今天通称的草书，其创始人是汉末的张芝。张芝的草书，笔势连绵奔放、变化莫测。东晋王羲之因其书法诸体备精，成就非凡，被尊为“书圣”，他的今草，用笔锋藏势逸，流畅俊美。唐代的张旭,他的草书完全突破了前人樊篱,异军突起,奇状谲态,纵横跌宕,气势雄伟,一改东晋以来温雅妍美的书风,把书法艺术的抒情性升华到前所未有的高度,人称“草圣”。唐僧怀素为张旭之后的又一狂草大家，他的狂草笔墨飞舞奇逸，气势变幻跌宕，富有音乐的节奏旋律之美及舞蹈的翩然多姿之态，传世名作有《自叙帖》。

楷书脱化于隶书和章草。楷书的历史发展颇为复杂，孕育于汉代，开始于三国，盛行于魏晋南北朝，唐代是其鼎盛时期。楷书与隶书相比，点画形式更加丰富，从而引起结构上的变化，极大丰富了汉字结构的艺术性。初唐欧阳询、虞世南、褚遂良、薛稷四大家均以楷书见长。欧阳询的书法笔力遒劲，结构险中求稳，法度森严，真所谓增一分太长，减一分太短，极尽精致之能事。他的书法在当时即影响到国外，并为后世历代推崇，代表作为《九成宫醴泉铭》。虞世南的书法外柔内刚，点画圆润，给人以恬淡之气，代表作《孔子庙堂碑》被后人赞为“天下第一楷书”。唐朝后期最重要的书法大家是颜真卿，他的楷书天下第一。颜真卿出身于一个书法之家，得到张旭的指导，又广泛地学习王羲之、王献之、褚遂良等名家书法，开创了自成一家的“颜体”。颜体字结构方正饱满，端庄严整，气势宽博，形成了雄强、浑厚、朴茂、端庄的特有风格。颜体书法的出现具有划时代的伟大意义。颜书的价值在于突破了自“二王”至初唐四百年间流美飘逸的书风，开创了雄强刚健、大气磅礴的新风格，形成了“二王”以后的第二大流派，强烈地表现出盛唐的时代风貌。颜体书法对后世的影响极大，一千多年来长盛不衰。颜真卿之后的主要楷书家还有柳公权，他的书法兼容欧、颜，笔力险劲似颜而结字紧凑似欧，后人以“颜柳”并称之，其代表作有《神策军碑》。楷书历经五代、宋、元、明、清各朝，名家辈出，如五代的杨凝式，北宋的蔡襄、苏轼、黄庭坚、米芾四大家，南宋的张即之，元代的赵孟頫，清代的翁方纲、刘墉、梁同书、王文治四大家。他们大都取法晋唐，相承沿袭。

行书是介于草书与楷书之间的一种书体。行书是人们日常生活中最常使用的书体，自汉代以来一直风行于世，形成了一个又一个艺术高峰。晋代是行书第一高峰，王羲之是其中最杰出的代表。他的行书代表作《兰亭序》表现了其书法艺术的最高境界。这件作品在用笔上遒劲，自然精妙；章法上则疏密斜正，大小参差，承接呼应，神采焕然。作者的气度、风神、襟怀、情愫在这件作品中得到了充分的表现，无怪乎后人一直把“兰亭”奉为“天下第一行书”。唐代是行书发展的第二高峰，唐代书法家在晋代隽秀妍逸的基础上，由楷入行，开拓了雄伟壮美、气势恢宏的书风。宋代掀起行书发展的第三个高峰，开启了“尚意”的一代新风，代表者是苏轼、黄庭坚、米芾、蔡襄四大家。苏轼的行书用笔圆润含蓄，结字自然生动，笔墨浑厚而爽朗有神。黄庭坚的行书运笔起伏逸放，线条遒劲洒脱，且有既酣畅淋漓又沉着稳健的辩证艺术效果。米芾的行书笔调飘逸洒脱中见雄健宕落，结构欹侧相依中见体势鲜明，节奏强烈而气势磅礴。蔡襄行书则以温淳婉媚为特色。之后，元代赵孟頫、鲜于枢，并称“元代二妙”，前者行书风格同楷书一样以秀雅见长，后者擅长行草。明代行书主要有文徵明、董其昌两家，尤其是董其昌，其书风温雅秀媚，影响了整个清代前期。

（二）中国书法艺术的审美价值

中国书法作为艺术还反映了整个时代的审美风貌和文化特征。晋人尚韵，从以王羲之的行书为代表的书法风貌中可以领会晋人的诗歌、散文、绘画、园林的韵味；唐人尚法，颜真卿、柳公权的楷书可为代表，从中亦可联想到杜甫的诗、韩愈的文、吴道子的画；宋人尚意，苏轼、黄庭坚、米芾、蔡襄可为代表，因其字可以贯通到宋诗的平淡、宋画的远逸、宋词的清空；明清尚态，无论是浪漫派徐渭、帖学派董其昌，还是碑学派郑燮都有明显的表现，又与戏曲小说中的市民性、世俗风相暗通①。

中国书法艺术的审美价值体现在以下三个方面。

1. 整体形态美

中国字的基本形态是方形的，但是通过点画的伸缩、轴线的扭动，也可以形成各种不同的动人形态，从而组合成优美的书法作品。结体形态主要受两方面因素影响：一是书法意趣的表现需要，二是书法表现的形式因素。就后者而言，主要体现在三个方面：一为书体的影响，如篆体取竖长方形；二为字形的影响，有的字是扁方形，而有的字是长方形；三为章法影响。书法作者只有在上述两类因素的支配下进行积极的形态创造，才能创作出美的结体形态。

① 白全贵，师全民．中国传统文化概论 [M]. 郑州：郑州大学出版社，2003：153-162.

2. 点画结构美

点画结构美的构建方式主要有两种：一是指各种点画按一定的组合方式直接组合成各种美的独体字和偏旁。二是指将各种部首按一定的方式组合成各种字形。中国字的部首组合方式无非是左右式、左中右式，上下式、上中下式，包围式、半包围式等几种。遵循的原则主要是比例原则、均衡原则、韵律原则、节奏原则、简洁原则等。这里特别要提的就是比例原则，其中黄金分割比又是一个非常重要的比例，对点画结构美非常重要。

3. 墨色组合美

结体墨色组合的艺术性主要是指其组合的秩序性。作为艺术的书法，它的各种色彩不能是杂乱无章的，而应是非常有秩序的。这里也有些共同的美学原则，要求书者予以遵守，如重点原则、渐变原则、均衡原则等。书法结体的墨色组合主要涉及两个方面：一是对背景底色的分割组合。人们常说的“计白当黑”就是这方面的内容。二是点画结构的墨色组合。从作品的整体效果来看，不但要注意点画墨色的平面结构，而且要注意点画墨色的分层效果，从而增强书法的表现深度①。

二、中国传统绘画的艺术成就

传统绘画是中国艺术宝藏中一颗璀璨的明珠，与中国社会同步成长，在中国社会深厚而博大的胸怀中熔冶成具有独特传统风格的瑰宝。作为中国传统文化的组成部分，它又对中国的社会生活起着潜移默化的作用。

中国的绘画有着与西方绘画极为不同的特点。中国画的特点是以书法为骨干，以诗境为灵魂，诗、书、画同属一个境层。中国画引书法入画，融诗心、诗境于画境，在画幅上题诗写字，借书法以点醒画中的笔法，借诗句以衬托画中的意境，却又并不使人觉得它破坏画景。而西方绘画的特点是注重透视法，注重解剖学，注重以光线明暗、色彩浓淡衬托出立体感，以求形式的和谐美。西方绘画以建筑空间为间架，以雕塑人体为对象，建筑、雕塑、油画同属一个境层②。

中国绘画艺术的洪流与中国文化一样从未中断过，而且有着自己清晰的发展轨迹。中国绘画历史悠久，以丰富而深厚的文化底蕴和独特的美学追求，成为东方绘画的杰出代表。中国传统绘画在其数千年的发展过程中，在题材内容上形成了人物画、山水画、花鸟画三大类。

汉以前的绘画具有装饰和辅助教化的工艺性质。三国至唐代，由于中国经历了魏晋四百年的战乱，在社会动荡中人们已经无法把握自己的命运，将精神寄托于宗教，

① 盛昶砚．盛昶砚谈中国书法与绘画 [M]，成都：电子科技大学出版社，2016：82-83.

② 童教英．中国古代绘画简史 [M]. 上海：复旦大学出版社，1991：1-14.

因而自西域传入中国的印度佛教大盛，绘画也日益宗教化。宗教宣传的需要，使道佛人物画大盛。不过，佛教在中国兴盛的同时，也与中国的文化融合，逐渐地中国化。强大的唐帝国建立后，经济发达，政权巩固，文化昌盛，疆域辽阔，社会安定，魏晋以来佛教兴盛的社会基础消失，人们更注重现实，宗教化的绘画日渐世俗化，人物画中仕女画的兴盛就是这种倾向的反映。人物画在唐代达到顶峰，其中阎立本是初唐画坛上杰出的代表，尤其擅长画帝王人物画，譬如他的《历代帝王图》共画了从汉至隋的 63 位帝王。其中在历史上有作为的皇帝大都表现得威严端庄，而一些败国的昏君则被画成形象萎靡之辈，画中每个帝王又都具有自己鲜明的个性和气质，这使阎立本的帝王画极具艺术魅力。又如，有“画圣”之称的唐代画家吴道子，他的画气势恢宏，构图丰富生动。他擅长的宗教变相人物作品想象丰富，而且因其熟悉人体解剖，故所测量人物形象准确。此后北宋的李公麟完善了白描人物画，南宋的梁楷创简笔人物画和泼墨人物画，两宋的风俗画和历史画亦有很高成就。明清之际，版画、年画、书刊插图中的人物画也颇具特色。不过，从总体来说，人物画在唐以后再没有形成很突出的高峰。

魏晋时期的动乱使士大夫文人的意趣转向自然，山水画开始兴起。隋唐以后，随着庶族地主通过科举进入政权，士大夫文人在政权中占统治地位，失意文人则在大自然中游弋，人们的审美意趣更加转向自然，盛唐、中唐时山水画成熟，花鸟画兴起，绘画于是逐渐哲学化、文学化。

五代、两宋时期，山水画、花鸟画都发展到顶峰。山水画分南北两派，开始是北方派山水画占优势，荆浩、关仝、李成、范宽等都是北方派山水画大师。北方派山水画以北方大自然为描绘对象，用笔刚劲，用墨厚重，设色明艳，布局阔大。到北宋后期，欧阳修、苏轼等提倡文人画，米芾对董源、巨然的具有江南风味的画推崇备至，江南派山水画有所发展。经元代赵孟頫全力提倡，元四家黄公望、倪瓒、吴镇、王蒙等将江南画派推向高峰。此后，文人气息浓重的江南画派始终执山水画坛牛耳。

元代的山水画是中国古代山水画发展中一个主要的转折点，从此山水画成为中国画中最大的画科，其艺术成就超过其他画科。赵孟頫不但是元代大书法家，还是画坛极有影响的人物。他的山水画以江南真山真水为描写对象，在工细中透露出潇洒出尘的气息，在精索中能见一丝不苟的功夫。《秋郊饮马图》是他的代表作之一，画中描绘清秋郊野放牧情景，生动地反映了马的各种矫健之态，有的奔驰追逐，有的在水中嬉戏，显示了色彩凝重华滋、构图疏密有致的艺术特色。赵孟頫的山水画开一代新风，他培养的元四家是元代水墨山水画最杰出的代表，他们的山水画，或苍茫沉郁，或潇散洒脱，或简洁疏朗，或墨气沉厚，各致其极，对后世影响极大。江南派山水画以江南大自然为描绘对象，用笔柔和，用墨淡雅，设色逐渐不重要，即使设色，也只设青、赭淡色，布局简化，意境之文学气息浓郁。

明清继续这种风格，绘画技法日渐提高，至“四王”（即王时敏、王鉴、王翚、王原祁）之时，江南派技法达到笔墨交融、恰到好处的境界。不过“四王”后江南固守流派，弊病丛生，江南画派气象日渐衰微。明末清初形成以石涛、八大山人等为代表的革新派，强调从大自然中直接吸取画意，强调在画中表现自我，表现个性。到乾隆之时，扬州八怪将此革新的风气大加发扬，其一直影响到清末和近代画坛。

花鸟画产生于唐代，兴盛于五代，有徐、黄二体之分。徐熙之体重勾勒，设色清淡，具有野逸之气。黄筌之体用轻劲之线勾出轮廓，设色浓艳，具有富贵之气。到北宋之时，徐崇嗣将黄筌初创的没骨花发展至完善境界。北宋时期黄体一直占花鸟画坛的统治地位，但自黄筌之子黄居案起，黄体画格本身也在不断改革，至宋徽宗时，花鸟画构图、意境、画幅之改革方完成。元明清三代是花鸟画的繁荣期，水墨写意与工整艳丽的画风争胜斗艳，名家辈出，流派纷呈。《墨梅图》是元代著名画家、诗人王冕的代表作，描绘了风姿绰约的折枝梅花，其构图简洁，形象清丽生动，笔墨精练淡润，画风清绝脱俗，这与王冕胸怀韬略却隐迹山林，常常借画梅来表达自己的心态密切相关。《荷花小鸟图》是清代号称八大山人的画家朱耷的代表作，描绘了一只缩颈小鸟危立于败荷残茎的池中一块怪石上的情景，其构图简洁奇险，造型又孤傲夸张，寥寥数笔而神韵绝佳，对后世写意花鸟画的发展有巨大的影响。扬州画派是清代乾隆时期最具生命力、最为活跃的花鸟画派，其代表人物是号板桥的郑燮。郑板桥善画兰、竹、石，尤精墨竹，注重“瘦与节”的结合，其作品往往是自己思想和人品的化身。《悬崖兰竹图》用几乎一半幅面作一巨大的倾斜石壁，数丛幽兰和几株箭竹同根并蒂生于峭壁，迎风摇曳于碧空，生动表现了兰竹虽然生于峭岩壁缝，却豪气凌云、不为俗屈的活力。不过，花鸟画要求逼真，所以始终重视设色。至清代恽格形成“纯没骨体”画法，全然不用线勾，设色舍弃浓艳而力求清丽，因此成为清代花鸟画的正统。

第四节　中国传统音乐戏曲

一、中国传统音乐的发展与艺术成就

中国是一个礼乐之邦，音乐文明源远流长。中国传统音乐的时间上限可以追溯到九千年前，下限至清王朝灭亡的 1911 年，音乐文化的空间遍及亚洲东方古代中国广阔的疆域。几千年的音乐历史叙述着这个民族的欢乐与悲哀，也叙述着这个民族的兴盛和衰败；几千年的音乐历史积累了无数音乐艺术的宝贵财富，也积累了这个民族认识音乐、创造发展音乐的经验与教训。

许多的考古发现证明，中国的祖先很早就在亚洲东方这块富饶的土地上生息、繁衍。迄今考古工作者已发现新石器时代的骨哨、骨笛、陶埙、陶钟等古老乐器，有的乐器经过测音，能吹奏出准确的音高或音阶。此外，中国古代文献中有许多关于原始氏族部落的传说，如“钻木取火”的燧人氏，“构木为巢”的有巢氏，“教民耕种”的神农氏以及黄帝、炎帝、尧、舜等部落首领。在这些传说中，也涉及他们所创作的音乐作品，发明制作乐器和乐律体制，以及认识音乐的思想观念，这些在一定程度上反映出远古时期先民音乐生活的面貌。根据已知的史料来分析，可以初步知道人类在从原始落后的低级阶段逐渐进化发展的过程中，与生俱来的创造音乐和接受音乐的能力也是与日俱增的。中国古代先民至迟在新石器时代创造了音乐，在夏朝以前已经产生了一些音乐作品和乐器①。

夏、商、西周是中国进入奴隶社会的历史时期。夏朝以后，随着生产工具的改进，生产力水平的逐渐提高，整个社会发展取得了很大进步，社会组织结构也越趋复杂。商、周时候，出现了中国奴隶社会时期的辉煌文化，由石器和青铜器制作的钟、磬乐器在这一时期极为发达。高超的工艺技术为适应音乐发展的需求，把单个的钟、磬发展为成套的编钟和编磬，把单音钟发展为双音钟。由它们组成的钟磬乐队音乐在音乐史上具有一定的代表性。乐器除在数量上增多，在种类上也有许多发展，并出现了“八音”乐器分类法。随着音乐实践不断发展，音乐基本理论也逐渐趋于体系化。西周时期，在“礼乐”治国的政治思想下，宫廷“礼乐音乐”制度由此产生。其时，音乐虽然在一定程度上得到重视和发展，但同时也被束缚在“礼”的规范之中。此外，作为统治阶级文化一部分的音乐教育也越趋完善。春秋战国时期奴隶制社会解体，封建制社会形成，新的社会关系逐渐形成，社会组织结构发生了深刻的变化。音乐方面，西周以来的礼乐制度瓦解了，民间音乐则广泛受到人们的喜爱，进而蓬勃地发展起来，雅乐的衰落和俗乐的兴盛成为这一时期音乐文化发展的主要特征。由于俗乐的兴盛，音乐作品、乐器、音乐表演艺术、音乐基本理论得到了长足发展，积累了丰富的音乐艺术成就。在诸子百家学说中，各家各派的音乐思想也相继产生。在几千年的中国古代音乐史中，春秋战国时期是中国音乐一个发展繁荣的时期②。

汉武帝时扩建乐府，吸收了大量的民间音乐和民间乐工入宫廷，对音乐的发展和繁荣起了积极的作用。由于秦楚矛盾的历史原因，以及以刘邦为首的汉朝统治阶级对“楚声”的偏爱，汉朝楚声音乐的发展达到了相当高的艺术水平，出现了以相和歌为代表的楚声音乐。同时，由于汉武帝派张骞出使西域，以及扩展疆域等措施又吸收进来许多外来音乐和少数民族音乐，因此在汉朝历史上音乐发展基本呈现出一个华夷并茂的局面。及至唐代，音乐与其他文化艺术的发展一样，也达到了极其辉煌的阶段。

① 郑祖襄 . 中国古代音乐史 [M]. 北京：高等教育出版社，2008：1.

② 郑祖襄 . 中国古代音乐史 [M]. 北京：高等教育出版社，2008：16-37.

唐代音乐文化从唐初起，随着国势的上升而不断发展起来，到了唐玄宗开元天宝（713—756）的时候，宫廷音乐极其繁盛。

宫廷音乐是指在宫廷内部或朝廷仪式中为宫廷统治者演奏的音乐，它具有功利性、礼仪性和旋律优雅的特点。唐朝的燕乐是宫廷音乐的代表。唐初燕乐沿袭隋朝九部乐，唐太宗时增加一部，形成十部乐，基本上是按照不同民族及国家的音乐特点来划分种类，组成声乐系列。唐燕乐中最突出、最辉煌的是大曲，它集中代表燕乐的全部艺术成就，将中国的宫廷音乐推向了顶峰。唐玄宗创作的《霓裳羽衣曲》就是其中最有名的一首乐曲，全曲共有 36 段，汇聚了唐代及前代音乐舞蹈的艺术精华，曾使无数的诗人赞叹不已，并传入朝鲜、日本等国，且对这些国家的音乐产生了重大影响。

北宋建立以后，随着农业生产的恢复和发展，城市里的商业和手工业也迅速发展起来，城市里逐渐形成了以市民阶层为主体的市民文化。市民音乐的发展成为宋代时期音乐发展的主要潮流，产生了丰富多彩的形式体裁和大量的作品，甚至是优秀精湛的艺术，唱曲、说唱、词调、戏曲、器乐演奏等各种音乐活动十分活跃。至元代，各种体裁形式的市民音乐继续发展。社会矛盾的激烈还促进了戏曲艺术及其音乐的发展成熟，杂剧和南戏已具有相当高的艺术成就。此外，蒙古族还带来了一些外来乐器和音乐。宋元市民音乐的发展一直延续到清代。

二、中国传统戏曲的发展与艺术成就

“戏曲”是中国的传统戏剧，包括宋元南戏、元明杂剧、明清传奇、近代的京剧和所有的地方戏，与话剧、歌剧、舞剧、哑剧等同属于戏剧艺术的一个门类。戏曲综合了文学、音乐、舞蹈、美术、武术、杂技等各种艺术，成为享誉世界的民族戏剧艺术。中国古代戏曲从远古走来，经历了千百年的发展，创造了无数的辉煌[①]。

（一）早期戏曲

远古社会的原始歌舞是孕育中国传统戏曲的肥沃土壤。最初的舞蹈、歌唱均是在劳动过程中逐渐萌发形成的，舞蹈动作和歌唱内容也常常是劳动过程的再现。为庆祝捕猎胜利、谷物丰收，人们手舞足蹈，就是最原始的舞蹈；人们劳动中所哼唱的号子，就是最原始的歌唱。

在古代，君王、贵族的身边有被称为“优”的男性，他们往往通过幽默机智的语言、惟妙惟肖地模仿他人为君王排忧解闷。他们可以被视作戏曲表演或创作者最初的形态。比如，《史记 · 滑稽列传》中记录了楚国优孟的事迹。当时的楚相孙叔敖死后，其后人一贫如洗，生活困窘。优孟是一个正直的人，他通过反复思考和练习，穿戴着孙叔敖的衣帽去见楚王，提醒楚王孙叔敖为国家做出的贡献以及他的后人窘迫的生活状态。

① 柳绪为 . 古代戏曲 [M]. 重庆：重庆出版社，2016：2-16.

结果楚王被他感动，下令改善了孙叔敖后人的生活。这个故事也被称为“优孟衣冠”，其中已经有了装扮、表演和导演的成分，这是戏剧艺术中不可或缺的重要因素，成为中国戏曲发展史上一个很重要的史料记载和例证。到了汉代，宫廷的百戏演出初步融合了主要的戏曲元素，如舞台背景、人物角色、音乐、舞蹈、表演、故事情节等，这就成为孕育中国戏曲的摇篮，其对后代戏曲的发展产生了很大的影响。

三国两晋南北朝时期，因为长期的战乱，中原的汉族人民大量迁移到南方，北方的各族人民也逐渐与汉族融合，他们的歌舞艺术与汉族的民间歌舞、角抵相结合，出现了《踏摇娘》《兰陵王》等故事性较强的歌舞节目。在这些节目中，戏曲艺术中不可或缺的重要因素，如人物、故事情节、歌舞表演等艺术成分发展得更为成熟，向着戏曲艺术的形成又迈进了一步。

后赵的国君石勒在位的时候，军队中发生了一件军官贪污的渎职案件。石勒为了教育广大官员要忠于职守、廉洁奉公，让身边的“优”穿上官服扮演贪污的军官，其他的“优”在一旁用各种恶作剧或滑稽可笑的话语讽刺嘲弄他。后来，这种表演形式被继承下来，并演变为“参军戏”，开始具有了较为完整的戏剧故事性。表演时，一般有两个角色，被戏弄的人称为“参军”，戏弄他的人称为“苍鹘”，内容以滑稽调笑为主。“参军戏”在唐代发展为多人共同演出的形式，故事情节也比较复杂，除了男性演员，还有女性演员上场表演。由于西域歌舞、杂技等艺术形式的传入，唐代还发展出被称为“钵头”（又称“拨头”）的歌舞戏。这些歌舞戏的情节与前代表演大体相同，但加入了为专门表现故事而服务的歌唱和舞蹈，对人物的服装、表情也有了规定，对人物心理情绪的刻画也向细腻化方向发展，类似于后来的歌舞小戏。这表明唐代歌舞戏在由歌舞向戏曲艺术发展的道路上，较前代作品又迈进了一步。

宋代文学有了进一步发展，唐、五代时期产生的词，到了宋代已经趋于成熟。在唐代变文的基础上，出现了一种被称为“鼓子词”的说唱艺术形式，用来表演一个完整的故事。例如，根据唐代元稹的传奇小说《莺莺传》所创作的《蝶恋花鼓子词》，叙述的是崔莺莺与张生的故事。在演出时，表演者边念边唱，直到讲完整个故事。但是，这种演出形式从头到尾，反反复复只在演唱同一首歌曲，时间久了，就会令人感到乏味。为了改变这种情况，有个叫孔三传的艺人，吸收了当时的音乐成就，按照一定要求，把各种不同的曲子组合在一起来说唱一个完整的故事。这种全新的艺术形式被称为“诸官调”。这标志着说唱艺术无论是在文学上还是音乐上都已经完全成熟，为戏曲的产生铺平了道路。北宋时期，随着商业的繁荣和城市的发展，在城市出现了很多被称为“勾栏”“瓦舍”的供人休闲娱乐的场所。在这些场所中，人们可以欣赏到各种艺人的多种艺术形式的演出，如诸官调、小说、讲史、武术、杂技、傀儡戏、影戏、说笑话、猜谜语、舞蹈、滑稽表演等。艺人之间的观摩竞争、吸收融合，促进了他们各自技艺的提高，慢慢地各种艺术走向了综合趋势。宋杂剧是在继承唐参军戏、歌舞戏等艺术成就的基础上，广泛吸收了民间说唱、杂耍、武艺和唐宋大曲而形成的一种新的歌舞与故事表演初步结合的戏剧艺术形式。因为当时还常与杂技、乐舞等艺术形式同时演出，虽然丰富多彩却稍显杂乱，故被称为“杂剧”。宋杂剧是中国最早的戏曲形式。

（二）南戏和元杂剧

宋金时代戏剧演出的是有头有尾的完整故事或故事片段，滑稽表演占有重要地位，还有歌唱、念白、舞蹈等多种成分，音乐是其中不可缺少的成分，演出时与多种艺术形式同时演出或单独演出。宋金时代戏剧对我国成熟戏曲样式“南戏”“元杂剧”的产生起到了重要作用。北宋末到元末明初，在中国东南沿海一带流行的戏曲艺术形式被称为“南戏”，又称“戏文”。因为最先产生于浙江温州（一名“永嘉”），所以又称为“温州杂剧”或“永嘉杂剧”。很多文人注意到南戏，并且开始成立“永嘉书会”“古杭书会”“九山书会”“敬先书会”等创作剧本的民间团体，专门从事南戏创作。后来，马致远等一些著名的杂剧作家也开始创作南戏。早期南戏剧目有《张协状元》、《小孙屠》、《宦门子弟错立身》（简称《错立身》），后期剧目有“荆刘拜杀”（即《荆钗记》《白兔记》《拜月亭记》《杀狗记》）和高明的《琵琶记》。

元代废除科举，文人社会地位较低，面对社会的黑暗与不公，很多文人投身到杂剧剧本的创作中来，处于社会底层的杂剧演员以精湛的表演艺术，将杂剧剧本搬上了戏曲舞台。因为舞台上表演的故事与人民生活息息相关，表达了广大人民的喜怒哀乐、理想和愿望，赢得了人民的喜爱。于是，与“唐诗”“宋词”并称的“元曲”（元曲又称“北曲”，严格地说，元曲包括元杂剧和散曲，元杂剧主要指北杂剧）产生了，成为代表元代最高成就的艺术，其在中国文学史和艺术史上占有极其重要的地位。

元代产生了众多优秀剧作家，他们贴近下层劳动人民，熟悉舞台规律，作品通俗易懂，非常适合舞台演出，因而得到广大人民的喜爱，许多作品直到今天还活跃在舞台上，散发着永久的艺术魅力。这些作品题材广泛、风格多样，为我们描绘了一幅生动的元代社会风情画卷。在这些作品中，有的反映了被压迫人民的愿望，深刻揭露封建黑暗统治对人民的迫害，提出了社会生活中迫切需要解决的一些重大问题，如关汉卿的《窦娥冤》和《蝴蝶梦》，武汉臣的《生金阁》；有的是写地方官吏和地痞流氓相互勾结，欺压人民，最后在清官审理下受到应有惩处的公案戏；有的是写风尘女子所遭受的痛苦，如关汉卿的《救风尘》；有的是写科举制度和高官厚禄对知识分子、下层兵士的灵魂腐蚀，如杨显之的《潇湘夜雨》和石君宝的《秋胡戏妻》；有的是写封建家庭内部为争夺遗产的生死斗争，如武汉臣的《老生儿》；有的揭露统治集团的腐朽无能、投降卖国，歌颂人民和爱国将领反抗民族压迫的斗争；有的塑造了春秋、两汉、三国等历史时期的英雄人物，如关汉卿的《单刀会》、孔文卿的《东窗事犯》、马致远的《汉宫秋》、高文秀的《渑池会》；有的歌颂男女之间的真挚爱情，如关汉卿的《拜月亭》、白朴的《墙头马上》、李好古的《张生煮海》和王实甫的《西厢记》等。元末明初，北杂剧开始衰落，更多的文人加入南戏创作中，并对南戏进行了很多改革，使其艺术水平有了很大提高。

（三）明清戏曲

明清两代，杂剧已无法再现当年雄风，南戏占据了戏曲舞台的重要地位，并流传到各地。在流传过程中，由于各地方言方音及欣赏习惯不同，为了适应当地观众的欣赏口味，南戏就不得不做出相应改变，与当地的语言、民间艺术相结合，各地民间艺人于是采用当地的方言土语来演唱具有同样旋律的曲调，由此形成了各种不同的声腔。其中，产生于浙江的海盐腔、余姚腔，产生于江苏的昆山腔，产生于江西的弋阳腔较为有名，被称为“四大声腔”。此外，还产生了义乌、青阳、徽州、乐平等声腔。南戏的名称也分别被各种声腔代替，或统称为“传奇”。

各种声腔在发展的过程中，有的日渐强大，有的渐渐消亡。魏良辅和梁辰鱼对昆山腔的改革，使其艺术成就得到很大提高，逐渐受到上层社会普遍欢迎，流传范围遍布全国各大城市，最终成为享誉世界的“昆曲”。后来，昆曲在传播过程中，由于各地欣赏习惯、方言的影响，在一定程度上出现了地方化的趋势，衍变为地方昆曲，如现在的湘昆、北方昆曲、永嘉昆曲等；有的被吸收，成为多声腔剧种的一个组成部分。这些地方化的昆曲构成了戏曲艺术的昆曲声腔系统，成为各新兴地方剧种吸收借鉴的对象。弋阳腔流传到各地，也形成了各种新的声腔（例如，流传到北京形成了京腔），发展演变为一个庞大的弋阳腔系统，在民间广为流传，甚至远达东北的辽阳。

戏曲是人民大众的艺术，产生于明代的昆曲，因其文辞典雅、雍容华贵，故被称为“雅部”。虽然有着无数的辉煌，但到了后期，其轻歌曼舞的表演方式，严谨工整的曲牌联套音乐，格律严格，过于文雅的长短句曲词创作，一般人很难驾驭和掌握。虽然音乐唱腔婉转好听，但是曲文渐渐变得晦涩艰深，以致观众如果没有看到曲文，根本不能理解演员所唱的到底是什么，这已成为制约其发展的沉重枷锁。这时，就产生了被称为“花部”的民间地方戏曲。

民间地方戏曲最初大多流行于乡村，一开始是由小生、小旦或者再加小丑的“两小”或“三小”戏，以当地流行的山歌小调来演出一个比较简单的故事，往往不被重视。后来，民间地方戏继承了弋阳等声腔的传统，吸收了昆曲的艺术成就，表演的故事开始变得复杂，并对原有的戏曲形式进行了革新和创造，逐渐成熟。因政治、军事、经济等造成的人口迁徙，都市商品经济的发展和商贾的流动，政府官吏的离任升迁，民族传统的社会观剧习俗等诸多因素的影响，花部戏曲艺术得以蓬勃发展，并在全国各地形成了皮黄、梆子、弦索、民间歌舞戏、多声腔剧种五大系统的地方戏曲剧种，并从乡村走向了北京、杭州等较为发达的城市。在清代，有“南昆、北弋、东柳、西梆”的说法，“南昆”指南方的昆曲，“北弋”指源于江西弋阳的弋阳腔，“东柳”指发源于山东的“柳子腔”，此时也已传播到江南，“西梆”指发源于山西、陕西的梆子，已流传到全国大部分地区。花部戏曲继承了宋元南戏、元杂剧、明清传奇等诸多作品的战斗精神，又继承、改编了前代作品、小说、说唱中的大量历史故事和民间传说，剧目所反映的社会领域大为拓展。不断发展的花部，与曾经盛极一时的雅部（昆曲）展开了激烈竞争，在戏曲史上称之为“花雅之争”。在“花雅之争”的过程中，花部既冲击着雅部，又借鉴吸收了雅部的艺术成就，从而使自身不断发展和完善，最终走向了艺术殿堂。

第五章　中国传统文化的创新研究

第一节　中国绘画

一、中国绘画史概述

中国是世界文明古国之一，中国绘画是中华文化历史发展长河中的一条重要支流，是中国传统文化的重要组成部分，是中华文明史中最珍贵、最辉煌的艺术遗产，是历代绘画大师将自己人生的心路历程融入形象、色彩和构图中，用心血和生命创造出来的瑰宝。当我们徜徉在历史的画廊，走进这座如梦如幻的美之殿堂，领略它那博大精深、色彩斑斓的历史文化时，既可以增长知识，提高品位，感悟美之真谛，又可以陶冶情操，修身养性，获得美之享受。

中国绘画有着悠久的历史，如果从新石器时代彩色陶器上描绘的鱼、鹿纹饰算起，到晚清的绘画，其前后共经历了7000多年的发展；即使从长沙出土的楚墓帛画《人物龙凤图》算起，也有二三千年的历史了。中国绘画的发展与中华民族长期形成的审美观是分不开的，尤其与中国的哲学、伦理学、文学、书法、音乐、舞蹈等有着密切的关联。中国绘画渗透着儒、道、释各家的哲学思想与审美观念。潘天寿曾说："吾国唐宋以后之绘画，是综合文章、诗词、书法、印章而成者。其丰富多彩，均非西洋绘画所能比拟。是非有悠久丰富之文艺史、变化多样之高深成就，曷克语此。"（《听天阁画谈随笔》）

在原始社会时期，绘画就出现了萌芽。在距今四五千年的"仰韶文化"时期，彩色陶器上就有鱼纹、花叶纹、人头纹等图案，还有野鹿、青蛙、鸟雀等纹样。商、周、春秋时期的青铜器上铸有直接反映现实生活的图画，有各种动物的形象及宴乐、采桑、围猎等生活画面。在洛阳殷墓中，还曾发现残破的布质画幔。直至汉代纸张发明后，画家才开始用毛笔在纸上绘画，后来这些绘画逐渐演变成现在的中国画。

两汉和魏晋南北朝时期，国家处于战乱分裂的状态，人民饱受苦难，然而绘画却因为民族的大融合与文化交流而得到快速发展。同时，东汉佛教的传入使得宣传教义的佛教绘画兴起。许多士族阶层的名流也积极参与绘画活动。这时出现了一批著名画家，如东晋的顾恺之、宋的陆探微、南齐的张僧繇、北齐的杨子华和曹仲达等，而且很多画家亦写出了对后世有很大影响的画论著作。中国人物画在此时趋于成熟，题材范围也有所扩大，除宣传佛教与道教的内容外，还有与文学相关的故事画等。此时文人个体意识开始觉醒，有了崇尚自然山水的审美感知，中国山水画开始成为独立的画科。

隋唐时期社会经济、文化高度繁荣，绘画也随之呈现出全面繁荣的景象。唐代的绘画在历史上具有划时代的意义。首先，绘画的内容更面向现实生活。宗教画出现了世俗化向。在绘画体裁上，人物画达到历史顶峰，山水画得到迅速发展，花鸟画渐成为独立画科。其次，绘画风格多样。既有吴道子挥笔立扫的疏体，又有李思训三月之功的密体；既有金碧辉煌的青绿山水，又有破墨淋漓的水墨山水；工笔与写意各有千秋。由于唐诗的成就和影响，文人士大夫的绘画更注重情趣，追求意境，著名诗人兼画家王维在艺术创作中有着“诗中有画，画中有诗”的美学追求，这是文人画兴起的前奏，并对中国后世绘画发展产生了重大影响。

短暂的五代是山水、花鸟画大发展的时期。五代是承上启下的时代，无论是人物画、山水画，还是花鸟画，都是在继承唐代传统的基础上表现出了新风貌。人物画此时在表现技巧上更注重人物的神情和心理描写，传神写照能力得到进一步提高。山水画此时有了皴染的技巧，并形成了风格迥异的南、北两大山水画派系。花鸟画出现了“黄家富贵，徐熙野逸”两种风格，且形成了两大流派，对后世有着重大影响。

宋代绘画是继唐代以后中国绘画史上的另一座高峰。宋代绘画的成就主要表现在两个方面：一是以院画为代表的现实主义艺术的繁荣，二是倾向于表现自我的文人画的兴起。宋代是中国画院发展的极盛时代。北宋的山水画风相较以前更趋成熟。李成和范宽是北宋初期山水画的杰出代表，二人继承了荆浩以水墨为主的传统，在内容上以表现北方雄浑壮阔的自然山水为主。南宋以后，马远、夏圭在描绘江南景色方面有着突出的贡献，成为当时画坛的主流。他们的画作构图多截取山水一角或片段，使得画面留下大块空白，故画作被人称为“马一角”和“夏半边”。这种构图十分简洁，能够使主体鲜明的山水画有一种全新的境界。

宋代中叶以后，画坛上出现了一股强调表现主观意趣、重“理”轻“形”的艺术思潮，这就是画史上所说的“文人画”理论。文人画家主张绘画要寓意抒情，“不求形似”，崇尚笔墨、形式的意趣，宋代文人画的标志是水墨梅、竹成为独立画科，其代表人物有文同、苏轼等。文人画的出现是绘画史发展的一个进步，对中国画的丰富和发展起了重要作用。

中国绘画发展到元代，由于元朝蒙古统治者贵族对汉族实行民族歧视政策，逃避现实的隐逸思想在汉族士大夫中甚为流行。寄情遣兴，聊以自娱，文人画思潮逐渐统治中国画坛。在绘画的内容方面，反映社会生活的绘画减少，人物画衰落，而山水画则有较大的发展。在中国画史上，元代有成就的画家大多集中在山水画的创作上，如赵孟頫、钱选、高克恭、黄公望、倪瓒、吴镇等。花鸟画则以水墨梅竹为主。李衎、管道升、柯九思都长于画竹，王冕专画墨梅。元代文人画家把“外师造化，中得心源”作为创作信条，使创作富有生气。同时元朝画家明确提出以书法入画的主张，强调诗、书、画的结合，在笔墨技法上也多有创造。元以前绘画材料以绢为主，故画家多用湿笔，而元朝画家多用纸作画，画家在笔法墨法上寻求更多变化。元代的山水画代表了中国山水画发展的一个高峰，也是中国文人画成熟的标志。

明代绘画流派多样，各领风骚。明嘉靖、万历年间，经济繁荣，文化昌盛。文人画和风俗画有了很大的发展，山水、花鸟题材非常流行，在创作宗旨上更强调抒写主观情趣，追求笔情墨韵。明清两代画家众多，并形成了诸多流派。明代较大的流派有以戴进为代表的浙派，以沈周、文徵明为代表的吴门派，以董其昌为首的华亭派等十多个派别。在明代绘画发展的后期，山水画成为主流，文人写意花鸟画也迅猛发展，画坛尊吴门画派为首，代表画家有张宏、徐渭、陈淳、篮瑛、陈洪绶等。吴门画派不仅代表着明代绘画的最高水平，还在师古创新的探索中为后世开一代先河。山水画以董其昌为代表的华亭派影响最大，而且在董其昌的画风和理论带动下，文人画的体系得到进一步的发展和完善。

在清代，文人士大夫的山水、花鸟画继续在画坛上占统治地位，这时候有娄东、虞山、新安、金陵、江西、镇江等画派。清代绘画大多内容空洞，形式单调，而且在创作上崇古保守，因循摹仿，这种倾向在明代就已经出现，到清初“四王”——王时敏、王鉴、王翚、王原祁时达到登峰造极的地步。其要求画家作画笔笔有出处，不能脱离古人的规范。这样画家几乎成了翻摹古画的机器，一切创作的激情和灵感都被扼杀了。由于这种思潮能够满足封建统治者的需要，故被奉为画坛“正宗”。但是，当仿古保守的思潮统治明清画坛的时候，一股革新力量打破了万马齐喑的沉闷局面。这股力量在明代以陈淳、徐渭为代表，在清代则有“八大山人”（指朱耷）、石涛与“扬州八怪”（金农、郑燮、汪士慎、李鱓、黄慎、高翔、李方膺、罗聘）等，在江南出现了“清初四僧”（朱耷、石涛、弘仁、髡残）和“金陵八家”，他们在绘画艺术上反对“四王”的临摹之风，在表现方法上敢于创新，作品清新活泼，富于个性，具有时代精神。其流风余韵延及近代，被近现代著名画家齐白石、徐悲鸿、潘天寿等人学习、采纳。

明清绘画还有一个突出成就，就是以木版画为主的民间绘画蓬勃发展。明初商品经济的发展、城市的繁荣使得市民文学发展起来，其直接或间接地影响了版画艺术的发展。明清一批著名画家参与了版画创作，如唐寅为《西厢记》配插图，仇英为《列女传》配插图，陈洪绶的《水浒叶子》和《西厢记》插图，改琦的《红楼梦图咏》等，都被认为是艺苑精品。此外，王概等人编绘的《芥子园画传》、吴友如在上海主绘的《点石斋画报》等更有深远的影响。文人画家参与版画创作，打破了宋、元以来画家与画工不可逾越的界线，对提高民间绘画水平起了重要作用。清代民间年画广泛反映出社会生活，是十分宝贵的民族艺术遗产。

近代中国社会处于动荡与抗争的状态中。这一社会现实反映在近代中国画坛上，则是各种画学思想的激烈交锋，各派艺术风格的争奇斗艳。近代绘画大体上可以分为五大体系，即以上海为中心的海派，以北京为中心的京派，以及各种形形色色的革新派。海派以任伯年、吴昌硕为代表，以及受海派影响而自成一家的陈师曾、齐白石、潘天寿等，还有在山水画方面取得较高成就的黄宾虹、吴湖帆等。他们继承了明清革新派的优良传统，强调画家的独创精神与文化素养，并为中国画的发展做出了卓越贡献。京派基本沿袭清代正统派的画学思想，标榜“四王”，强调继承古法，较著名的画家有金城、萧谦中、萧俊贤、贺履之等。在西方文化思潮的冲击卜，一批有志革新中国画的画家从西画中吸取营养，注重表现时代精神。最早体现这种艺术倾向的是岭南派，它的创始人是高剑父、高奇峰、陈树人。此外，以农村写生、战地写生为创作主题的长安画派（代表人物有赵望云、石鲁等），创办上海美术专科学校（原名上海图画美术院）的刘海粟，创办正则艺术专科学校的吕凤子，创办无锡美术专科学校的贺天健等，都对中国画的革新做出了不同的贡献。

中国绘画艺术在历史的长河中形成了具有民族特色的审美需求与传统风格，同时在时代的变化中不断充实、突破和创新，成为华夏艺苑中的瑰宝，也成为世界艺术花园中一朵光彩夺目的奇葩。

二、中国画的门类与特点

（一）中国画的门类

中国画根据不同的划分标准有不同的分类。

按表现内容分，有人物画、山水画、花鸟画之分。

按画法分，有工笔画、写意画、兼工带写画之分。工笔画一般要先画好稿本，然后拷贝到经过加工的绢或纸上，先用小笔勾勒，再层层敷色，正所谓“三矾九染”，其往往需要精细刻画景物，穷尽奇妙。写意画则要用简练的笔法描绘景物，其主张神似，不求形似，注重笔墨表现，讲究以书入画，强调画家个性。兼工带写画是把工笔和写意两种技法同时运用于一幅作品中。这类绘画用笔比工笔画稍显粗犷，比纯写意画又较规矩，可谓形神皆备。其一般是该工处用工笔描写，该放处用放笔直写。

按着色分，又有白描画、水墨画、设色画三种。设色又可分为青绿、金碧、没骨、浅绛、重彩；水墨又有干笔、湿笔、焦墨之分。白描画是指以单线勾勒塑造对象，总之就是描，其不用色彩，也称“白画”。白描是中国画中最古老、最基础的画法，特别强调线的表现力，因此产生了各种不同的线描方式。青绿、金碧、浅绛主要用于山水画门类，青绿山水要用石青、石绿颜色填涂，色彩艳丽。金碧山水则在青绿山水上用金银色勾轮廓，画面富丽堂皇。水墨画不着任何颜色，多用枯笔皴擦的叫干笔画，反之叫湿笔画，很少用水，只用焦墨作画的叫焦墨画。在水墨画稿上略加赭石、花青等淡色的称浅绛山水。山水、人物、花鸟画都有重彩，大多用不透明的矿石颜料和重墨作画，使彩与墨相映生辉。没骨画指不用水墨勾勒，直接用色点、色线和色彩的晕染而创作的画。

按绘画主体分，则有院体画、文人画、画工画之分。院体画指皇庭宫室供养的专职画家的作品，由于皇家的喜好，其长期以来形成了讲究工细、富丽堂皇的特点。文人画也称“士大夫画”，是封建社会文人、士大夫的绘画。文人画一般是回避社会现实，讲究“书卷气”，注重笔墨，脱略形似，强调神韵。画工画指民间以画为职业的画工所画的画。其所画内容大多为佛像、肖像、建筑花样纹饰、年画及吉祥物等。画工画的装饰性强，色彩艳丽浓烈，有浓厚的生活气息，缺点是往往流于匠气。

中国画较常用的分类还是所谓的“画分三科”，即人物画、山水画、花鸟画。

1. 人物画

以描绘人物形象为主的画称人物画。在中国绘画领域里，人物画的历史最为悠久，比山水画、花鸟画等出现早。人物画是中国画的一个大画科，大体分为道释画、仕女画、肖像画、风俗画、历史故事画等。如历代帝王像为肖像画，五代顾闳中的《韩熙载夜宴图》为人物故事画。北宋张择端的《清明上河图》则为风俗画。人物画力求把人物个性刻画得逼真传神，强调气韵生动，形神兼备。

2. 山水画

山水画是以描写山川自然景色为主的绘画。山水画在中国绘画史上有着特殊的地位，但它是出现较迟的画科。这是因为人类对自然美的认识，首先来源于动物、植物，其次是人类自己，最后才是自然风景。山水画因为取景不同可分为全景山水、边角山水、园林小品等。如巨然的《秋山问道图》为全景山水，马远的《雪滩双鹭图》为边角山水，金农的《风来四面卧当中》则为园林小品。

3. 花鸟画

花鸟画以花卉、竹石、禽鸟等为描绘对象。花鸟画的兴起要早于山水画，在河姆渡遗址中，就有双凤朝阳的刻骨；在仰韶文化的彩陶图案装饰上，以植物和动物（如鱼、鸟、鹿等）为主题的图案是很普遍的；进入阶级社会后，花鸟画被当作工艺美术的一部分，常在各种屏风、器物或装饰品上出现。花鸟画主要有工笔设色和水墨写意两大体系。因绘画题材的不断丰富，画家专业化程度的提高，不少学者对中国画又做过较细分类，而且各个时期各不相同，如宋《宣和画谱》将画分为道释、人物、番族、宫室、山水、龙鱼、兽禽、花鸟、墨竹、蔬果等多类。在近代，还派生出了清供、春宫等门类。清供专画文人案头文房四宝、蔬果、插花之类。春宫则专画男女性事，常用作性教育工具。

（二）中国画的特点

中国画是矗立于世界艺术之林的参天巨树，具有独特的民族特色与风貌，其表现方法、表现形式和使用工具都与西方绘画迥然不同。概括而言，中国画是一种具有中华民族风格和中国气派的绘画。

1. 以线造型，以形写神

中国画讲究“书画同源”，主张把书法艺术引进绘画，以线条为造型的主要手段，十分讲究用笔，这使得中国画的线条具有独特的审美价值。可以说，中国画的线条是万能的，它既造型，又表意，还具有独特的形式美。而西洋画的线条一般只表示轮廓。就画家对线条的运用而言，不同形式的线条能够表现出他们不同的艺术风格。有的线条奔放苍劲，有的线条凝练朴质，有的线条雄犷激越，有的线条浑厚华滋，线条的这些特点形成了中国画文质俱备的形式美，能够带给人们极高的艺术享受。可见以线造型也是中国画表现方法的重要特点。

在绘画艺术发展的早期，画家描绘客观物体的着眼点是画得像不像，即所谓的“形似”。到了东晋，顾恺之提出“以形写神”，把“传神写照”作为画的最高境界。从此追求“神似”成为中国画家在表现方法上的准则。人物画家要刻画出人物的精神气质，山水画家要描绘出山川的神采气韵，花鸟画家要画出花木禽兽的勃勃生机。为了神完意足，画家甚至采取“遗貌取神”的表现手法。宋代陈去非论画诗曰：“意足不求颜色似，前身相马九方皋。”这是说中国画家在作画的表现手法上像《列子》中所说的那位相马专家九方皋一样。九方皋相马只注意马的神骏，中国画家作画也追求神似，但往往不计其他。据说苏东坡用朱砂画了一幅竹子，有人责难他说：“竹子哪有红色的呢？”苏东坡回答说：“难道竹子又有墨色的吗？”吴昌硕画牡丹，花用红色，叶用墨色，红与黑相得益彰，鲜妍于烂漫中别具庄重典雅的气度，这从某种意义上体现了“国色天香”的精神内涵。

2. 注重意境，抒情达意

中国画画家认为，一件优秀的作品必须是画家从对客观事物的观察认识、体验感受中产生某种思想感情，通过特殊的艺术构思和形象塑造，把这种思想感情充分地表现出来，于是在画面上就会形成一种境界，这就是意境。

画家在创作时常带有强烈的主观感情色彩，其采用象征的手法去描绘对象，目的是表现出其对客观事物的认识与感情。写景是为了抒情，从而达到寓情于景、情景交融的艺术境界。现代花鸟画画家李苦禅画的《鱼图》，题款为《连年有余图》，取“鱼”

和“余”的谐音，表示吉祥的愿望。其他如画牡丹与白头翁，寓意“富贵白头”，画松、石以喻长寿，这些是中国画的常用手法。现代画家潘絜兹画的《四季山图》，在具有装饰风格的山水画中出现不同的少女形象，描绘出“春山如笑，夏山如滴，秋山如妆，冬山如睡”的迷人意境，这就是象征手法的巧妙运用。由此可见，用象征手法抒情寓意是中国画的传统。

3. 突破时空，讲究程式

中国画家在创作一幅作品时，常常在时序上跨越时间的界限，使江南春色与北国隆冬在画面上同时出现。这种表现手法是中国画家的大胆独创。中国画史对此类表现手法有不少记载：宋代王希孟的《千里江山图》、夏圭的《长江万里图》等都是笔扫千里的巨构，而明代徐渭的《百花图卷》则汇四季花卉于一幅画作之中。这种突破时间、空间限制的表现手法，能够使画家获得极大的创作自由，其不是再现自然的奴隶，而是驾驭造化的主宰。这种表现手法是符合中华民族欣赏习惯的。当我们在观赏这样的画作时，丝毫不会觉得它在视野上、时序上有任何不合理的地方。相反，只觉得不这样处理，就不足以表现中华民族的豪迈气魄，就不足以表现新时代的伟大精神。把形式和内容和谐地统一在一起，是中国画在艺术上的成功之处。

程式化是我国艺术特有的表现形式。中国画家在描绘客观物象时多采用程式化的方法。所谓程式化，即画家根据客观物象的特征，进行概括、提炼、夸张，使之成为具有规范性的形象。如画人物衣纹有“十八描”，画山石有各种皴法，画树叶有种种点叶法等。程式化方法能够使画家较易掌握自然形态的特征，能够根据个人感受去组织，且着力于神似的追求。当然，程式化的发展曾产生过一些消极影响，有的画家依赖固定程式，不愿深入生活，从而渐渐失去艺术的创造力。但这不是程式化的过错。正如京剧表演艺术一样，演员的举手投足都有固定的程式，但一个优秀的表演艺术家仍能借此传神地把剧中人物的性格表现得淋漓尽致。程式是在不断发展、丰富的，而真正优秀的中国画家能创造性地运用程式或突破程式的约束，以表现自己的独特个性，即“我用我法”，使艺术永葆青春。

4. 诗书画印，综合体现

中国画的综合性表现在画家画完一幅画以后，还要在画上题款、盖章，如此这件作品才算最终完成。题款包括诗文和书法。诗、书、画、印都是独立的艺术品种，将其在画面上统一协调起来，使之发挥各自的艺术功能，令艺术品更加完整和谐，是中国民族绘画形式的重要特点。诗、书、画、印的结合是在中国画的发展过程中形成的。最初题款只是作为画的注脚存在的，如汉宣帝命人在麒麟阁画《十一功臣像》中每个人物画像旁都写上人物的姓名和官爵；五代黄筌画《写生珍禽图》，画面左下角题有“付子居宝习”一行字，说明这是给他的儿子黄居宝习画用的。魏晋时代的题款大多是对绘画内容的概括，就像写文章必须有标题一样，如曹不兴的《南海监牧进十种马图》、顾恺之的《洛神赋图》、顾景秀的《蝉雀图》等。到了唐宋，画家开始讲求画中要有诗的意境。其在具体的作品中讲求诗、书、画、印的有机结合，并且通过在画上题写诗文跋语，来表达对社会、人生及艺术的认识，这在很大程度上能起到深化主题的作用。

三、中国画历代名家名作举要

（一）展子虔《游春图》

展子虔的《游春图》是目前可见最早的山水画。《游春图》现藏于故宫博物院，绢本，大青绿设色，高 43 厘米，宽 80.5 厘米。它是经过历代皇家贵族及其他收藏家辗转珍藏而保存下来的艺术珍品。画上还有宋徽宗赵佶写的“展子虔游春图”六个字。这幅画以春游为主题，展现了初春的宜人景色：辽阔的江面水波荡漾，茂密的树丛嫩芽初吐。其生动地描绘了在春和景明时节，人们享受春光，游玩于山水之中的欢愉情景。

（二）顾恺之《洛神赋图》

《洛神赋图》为代摹本，画卷采取连环画形式。《洛神赋》是三国时著名诗人曹植的作品，是中国文学史上传颂千古的名篇。顾恺之在为赋作图时，充分发挥了艺术的想象，再现了原文浓郁的诗的意境。他笔下的洛神端庄美丽，时而徜徉于水面，“凌波微步”；时而遨游于云端，“若轻云之蔽月，若流风之回雪”，“翩若惊鸿，矫若游龙”，含情脉脉，仪态万千。其把一个美艳多情的古代妇女形象描绘得淋漓尽致。

（三）李思训的《江帆楼阁图》

李思训的《江帆楼阁图》是唐代青绿山水的代表作品，现藏台湾，为组本，大青绿设色。李思训在玄宗朝开元初被封为左武卫大将军。他一家五人（弟李思诲、子李昭道、侄李林甫、侄孙李凑）都善丹青，而李思训父子的成就最大。所以当时的人称李思训为“大李将军”，李思训的儿子李昭道被称为“小李将军”。李思训的山水金碧辉煌，继承了展子虔《游春图》的传统，具有工细巧整、青绿重彩的特点。这幅画山石的勾勒用笔挺劲、优美而有曲折变化，山石有着坚硬的质感，而且画山有皴法，能够表现出阴阳向背，增强了画面的立体感。树木画法和傅彩设色在某种程度上能够体现出青绿山水的画法已经成熟。所以前人在评论唐代山水之变时，有“始于吴，成于二李”的说法。

（四）荆浩《匡庐图》与董源《潇湘图》

荆浩，字浩然，沁水（今山西沁水县）人，博通经史。在唐末五代中原战乱时，隐居在太行山的洪谷，自号洪谷子。他的山水画多描绘北方的崇山峻岭、重峦叠嶂，画面上全是大山、大树，被称为“全景山水”。这种构图方式后成为北宋山水画的主要特征。他的画追求表现天地之无限、宇宙造化之壮观，有一种雄伟壮阔之美。

董源，钟陵（今江西钟陵乡）人，南唐时曾任北苑副使，故后世称其“董北苑”。《潇湘图》现藏于故宫博物院。沈括说他“尤工秋岚远景，多写江南真山，不为奇峭之笔。”米芾也说他的画“峰峦出没，云雾显晦，不装巧趣，皆得天真。”可见“平淡天真”确是董源山水画的风格特色，而这种特色又来源于江南的真山真水。为了表现江南的真山真水，他创造了一套笔墨技法。董源画山石多用披麻皴，点擢多用不经意的小墨点，画面整体看起来苍苍茫茫，充分表现了江南山光水色的特有情趣。除《潇湘图》外，现存董源作品有《夏山图》《龙宿郊民图》《夏景山口待渡图》等，这些画都属于“淡墨轻岚”的风格。

（五）黄公望与《富春山居图》

《富春山居图》，纸本，长约 700 厘米，高 30 多厘米。此图描写了富春江一带初秋的景色。画面上峰峦起伏，丘壑连绵，逶迤变化，幽深莫测。村舍、亭台、小桥、渔舟以及人物等穿插散落其间，更增添了画面平淡天真的意趣。洲渚岸边，波光粼粼，溪谷深处，飞泉飘落；山间树梢，薄雾迷离，这使得画面静中有动，更富神韵。作者以巧妙的构思，收千里于毫楮，把富春江两岸极其丰富的景物有机地融合在一起，达到了段段有景、步步可观的艺术效果。其在湿笔披麻皴中，融入干笔皴擦，并兼用米点皴，发展了前代画家的笔法传统，表现了富春江两岸地质松软与草木丛生的景象。其笔墨极其洗练，把山水画技法推到了一个新的高度。清代王原祁说它“绝无求工求奇之意，而工处奇处斐然于笔墨之外”，这正是文人画家所追求的平淡天真的艺术境界。

（六）八大山人《孔雀牡丹图》

八大山人（1626—1705），原名朱统銮，明江西宁献王朱权九世孙。明王朝覆灭后，改名朱耷，曾用雪个、个山、驴屋等别号。其削发为僧，后来又当了道士，常以画表达国破家亡忧愤之情。

《孔雀牡丹图》是八大山人 63 岁时所作。画上有题诗：“孔雀名花雨竹屏，竹梢强半墨生成。如何了得论三耳，恰是逢春坐二更。”这幅画很令人费解，诗也难懂。据学者考据，画上孔雀的形象正是清朝大臣的样子，三根尾毛形同“三眼花翎”。诗中的“三耳”是借《孔丛子》里爱探消息的奴才“臧三耳”，讽刺他长三只耳朵的故事。“坐更”是影射大臣二更就坐等上朝，上朝本在五更，其迫切巴结主子的奴才相显而易见。牡丹为花中之王，象征主子，而牡丹长在悬岩上暗示它没有土壤；孔雀站在危石上，暗示它根基不牢。因此无论是主子还是奴才，都有垮台的危险。这就是《孔雀牡丹图》的寓意。

八大山人正是在清朝残酷的“文字狱”的高压政策下，用书画十分隐晦曲折地表达自己的愤世嫉俗。所以清代画家郑燮曾给八大山人的一幅作品题诗：“国破家亡鬓总皤，一囊诗酒作头陀。横涂竖抹千千幅，墨点无多泪点多！”寥寥四句，却简洁地道出了八大山人悲凉的身世及其绘画的艺术特点。

（七）黄宾虹《九华秋色图》

黄宾虹，名质，字朴存。1865年（清同治四年）出生于浙江金华，1955年卒于杭州。黄宾虹博闻强记，学问渊博，擅长山水，也画花鸟，对画史、画论深有研究，曾被称为“中国人民的优秀画家”，被公认为近代中国画坛上的山水画大师。

黄宾虹成为现代山水画大师的重要原因之一是他是一位在70岁以后“创风格”的画家。他的山水画黑密厚重、大气磅礴，且具有浑厚华滋、意境深邃的特点。特别是他的墨法和水法，可以说是前无古人的。黄宾虹把用墨技法总结为“七墨”，即浓墨法、淡墨法、破墨法、泼墨法、积（渍）墨法、焦墨法、宿墨法。他认为创作一幅画，如果能七墨齐用，才可算是法备。而《九华秋色图》就是七墨齐用创作的。

将水法作为一种独立的技法提出来始于黄宾虹。他说：“画案之上，一钵水，一砚墨，两者互用，是为画法。然而两者各具其特性，各尽其所用，各有其千秋，故于墨法之外，当有水法。”黄宾虹在笔法上也有极高的造诣，提出了“五笔法”，即用笔要平、留、圆、重、变。他是现代山水画技法的集大成者。

第二节　中国棋艺

一、中国棋艺概述

棋者，弈也。下棋者，艺也。博弈是东方文化生活的重要组成部分，它不但异于一般的消遣游戏，而且影响着人们的道德观念、行为准则、审美趣味和思维方式。琴、棋、书、画并称为中国的四大传统艺术。在黑白之间、楚河汉界内外，棋艺带来的启悟和内涵被无限拓展。方寸棋盘，还具有磨炼人的意志、陶冶人的情操、振奋人的民族精神的作用。围棋和象棋是中华民族智慧和意志的结晶，是中华民族优秀的传统文化遗产，包含了中华五千年悠久的历史和厚重的文化沉淀。

（一）围棋文化

围棋是一种智力游戏，起源于中国。在亚洲，玩围棋的人有数千万，在欧美国家也有不少人会下围棋。

围棋的规则十分简单，但其却有十分广大的落子空间，这使得围棋在玩法上变化多端，比中国象棋更为复杂。这就是围棋的魅力所在。下一盘围棋的时间没有规定和限制，快则五分钟，慢则要几天，多数情况下，下一盘围棋需要一到两个小时。

下围棋对人脑的智力开发很有帮助，可增强一个人的计算能力、记忆力、创新能力、思想能力、判断能力，同时能提高人对注意力的控制能力。下围棋也会对儿童的头脑发育起到积极作用，使他们能更好地分析事物。

被人们形象地比喻为黑白世界的围棋，是我国古人所喜爱的娱乐竞技活动，也是人类历史上最悠久的一种棋戏。由于它将科学、艺术和竞技三者融为一体，有着发展智力、培养意志品质和机动灵活的战略战术思想意识的特点，所以其几千年来长盛不衰，并逐渐发展成为一种国际性的文化竞技活动。

围棋在整个古代棋类中可以说是鼻祖，相传已有 4000 多年的历史了。据《世本》所言，围棋为尧所造。晋代张华在《博物志》中亦说："舜以子商均愚，故作围棋以教之。"舜是传说中的人物，是否确有其人难做判断，故造棋之说尚不可信，但它反映了围棋起源之早。

围棋在长期的发展过程中还有许多有趣的别名。围棋盘是方形的，棋子和棋盒是圆形的，故有人称它为"方圆"。围棋的发展历程介绍如下。

1. 春秋战国时期

在春秋战国时期，人们称围棋为"弈"，当时围棋已在社会上广泛流传了。

2. 秦、汉、三国时期

秦灭六国一统天下后，有关围棋的活动开始有所记载。在东汉时期，"围棋"二字已在书面语言中普遍使用。1952 年，考古工作者于河北望都一号东汉墓中发现了一件石质围棋盘，此棋局呈正方形，盘下有四足，局面纵横各 17 道，为汉魏时期围棋盘的形制提供了形象的实物资料。著名的"建安七子"之一——王粲，除了以诗赋闻名于世外，还是一位围棋专家。

3. 南北朝时期

南北朝时期玄学的兴起使得文人学士都以"清谈"为荣，下围棋被称为"手谈"。上层统治者也无不喜好弈棋，他们以棋设官，建立"棋品"制度，授予有一定水平的"棋士"相应的"品格"（等级）。棋谱的大量出现，在围棋发展史上成为一件具有影响力的大事，这与围棋的盛行、当时统治者对围棋的重视以及纸的广泛应用等因素有关。

南北朝时期出现的有关"棋势""棋图""棋品"之类的专著不下二十种，其中"棋势""棋图"是对局的记录，"棋品"可能是对棋手的品评。

4. 唐、宋时期

唐、宋时期可以视为围棋游艺在历史上发生第二次重大变革的时期。由于帝王们的喜爱以及其他种种原因，围棋得到长足的发展，对弈之风遍及全国。这时的围棋不仅有军事价值，而且可以使人陶冶情操、愉悦身心、增长智慧。弈棋与弹琴、写诗、绘画被人们当作风雅之事，成为男女老少皆宜的游艺娱乐项目。新疆吐鲁番阿斯塔那第187号唐墓出土了《仕女弈棋图》绢画，其中描绘了贵族女性对弈的场景。

5. 明、清时期

在明、清两代，人们的棋艺水平得到了迅速的提高。其表现之一就是流派纷起。明代正德、嘉靖年间，民间形成了三个著名的围棋流派：一是以鲍一中为冠，李冲、周源、徐希圣附之的永嘉派；二是以程汝亮为冠，汪曙、方子谦附之的新安派；三是以颜伦、李釜为冠的京师派。这三派风格各异，布局攻守侧重不同，但皆为当时名手。在他们的带动下，长期为士大夫垄断的围棋开始在市民阶层中发展起来，并涌现出一批“里巷小人”的棋手。他们通过频繁的民间比赛活动，使围棋游艺得到进一步的普及。

（二）象棋文化

象棋文化的历史久远。千百年来，其之所以深受世界各国人民的喜爱，是因为其有着体育、艺术和科学的因素。象棋有引人入胜的对局、构思精巧的排局，其魔力不亚于动听的音乐、绝妙的图画带给人们的震撼。另外，其在临局交争时表现出来的战斗性和竞争性，更是其他艺术所不能比拟的。由于象棋在世界各国流传很广，且历史悠久，因此关于它的起源问题、历史也有较多的说法。

日本涩江保的《泰西事物起源》记载：“象棋系希腊七贤中名希腊者所造。”1930年，埃及开罗发出了一条惊动世界棋坛的消息：已有七千年历史的古代象棋盘，在一个名叫乔沙欧克的大祭师的坟墓内被发现；另外，还发现了大祭师同他夫人的画像。由此可推测，象棋游戏至少在耶稣降生前五千年就被埃及人发明了，而并不是人们认为的由波斯人或中国人发明。这条消息一时惊动了世界棋坛。如果它是真实的，那么关于象棋起源问题的争论可以就此了结了。然而，不久就有人发现，开罗通讯社的这条消息是不真实的，因此，争论的焦点又集中到起源于印度或中国的问题上来。

在20世纪50年代和60年代，苏联象棋史学界认为象棋起源于印度，中国象棋是从印度传入的。这个观点为欧洲某些象棋史学家所否定，他们对此论点提出疑问，认为象棋是由中国古代人民发明的。

关于象棋的起源，我国古文献中也有几种记载。

（1）起源于传说时代的神农氏。元代僧人念常的《佛祖历代通载》说：“借神农以日月星辰为象，唐相国牛僧孺用车、马、将、士、卒加炮代之为机矣。”

（2）起源于传说时代的黄帝之时。北宋晁补之的《广象戏格·序》说：“象戏兵戏也，黄帝之战，驱猛兽以为阵。象，兽之雄也。故戏兵以象戏名之。”

（3）起源于战国之时。《潜确居类书》说：“雍门周谓孟尝君：‘足下燕居，则斗象棋，亦战国之事也。’盖战国用兵，故时人用战争之象为棋势也。”

（4）起源于北周武帝之时。《太平御览》说：“周武帝造象戏。”《物源》说：“周武帝作象棋。”

上述几种关于象棋起源的记载，有的有一定的根据，值得进一步考证。从这些记载中可看出我国古代象棋的发展历程。

世界上的一切事物都是在对立的矛盾斗争中逐渐发展起来的，象棋的发展也是这样。根据一系列的史料记载，中国古代象棋的制度变化很大，它的整个发展过程是由简单到复杂、由易到难、由初级到高级的，而且是由量变到质变的。历史证明，象棋是中国古代人民在长期实践中不断创造革新的成果，有着广泛的群众基础。

春秋战国是我国奴隶社会衰亡、封建社会刚刚兴起的时代。这是我国历史上的一个大变革时期，也是我国古代史上文化大发展的时期。当时的数学、天文学、军事学及体育艺术等都有相当快的发展。棋艺在当时被看作数学的组成部分。其实，棋艺与当时的天文学、数学、军事都有关，也可以说，它是在这些科学的基础上形成和发展起来的，而且是我国古代文化的重要组成部分。春秋战国时期的棋艺统称“博弈”。“博”在古文献中写作“簙”。文学作品中有“燕则斗象棋”等语句，中国“象棋”一词当出自此处，而绝非舶来品。

在三国、两晋、南北朝时期，由于各民族的大融合和各族人民的辛勤劳动，社会生产力水平有了一定的提高，科学文化也有了相应的发展。象戏产生于南北朝时期不是偶然的。因为人们认为当时的棋戏——六博、塞戏看法简单，趣味太淡，围棋则太费时间，而象戏却正好有效地弥补了二者的不足，能够满足普通大众的生活需求。

隋唐时期，我国南北统一，疆域广阔，经济发达，中外文化交流十分频繁，各族人民共同创造了光辉灿烂的文化。这个时期的棋艺，如围棋、象棋、双陆、弹棋等，都有了新的发展。

公元960年，后周的大将赵匡胤夺取帝位，建都河南开封，史称北宋。北宋是我国象棋史上的大革新时代，整个象棋革新运动整整持续了一百六十多年，最后才定型为今日的中国象棋。火炮的发明使得军事战略战术有了新的变化，后来其影响到象棋，促使了象棋的变革。据民间传说，宋太祖赵匡胤与道士陈抟下象棋，赌输了华山，这个传说可能来自明代。清初吕留良的《象棋话》说：“华阴县志载：宋太祖落魄时，曾游华山，与希夷老人对弈象棋，太祖负于陈。遂于即帝位时，罢免华山附近黎庶之征徭，以示不食前言，今犹有遗迹存，可证。”

南宋和元代是中国近代象棋定型后进入的一个新的发展时期。定型后的中国象棋，艺术性和娱乐性都大大地增强了，且深受当时广大群众的欢迎和喜爱。象棋在南宋初遍及全国，家喻户晓。南宋的都城杭州出现了专制象棋子和象棋盘的手工业者。

北宋末南宋初是中国近代“九十路”象棋的定型时期。自此之后，象棋谱也应运而生，并且在数量上逐渐增多。据可靠文献记载，南宋至元代的象棋谱有《棋经论》《单骑见虏》《事林广记》等。

在明朝统治的二百七十多年里，中国象棋的发展非常迅速，尽管当时在士大夫阶级中有弈博象贱之称，但在市民、手工业者及农民中其颇受欢迎。

象棋棋子分为将（帅）、士（仕）、象（相）、马、车、炮、兵（卒）等七种，各种棋子功能各异。博弈双方的胜负只取决于将、帅之存亡。只要将、帅仍存，即使全军覆没亦不为输；而将、帅若遭不测（被将死），即使未失一子亦算失败。其余各子也因功能不同而地位不一，价值大有区别。车可横冲直撞，所向披靡；马可腾越出击，纵横驰骋；炮可隔子发威，火力凶猛；士、象则拱卫城池，以身护帅；兵、卒则亦步亦趋，只进不退。就本领与杀伤力而言，将、帅属于最无能之辈，不仅行动迟缓、杀伤力差，且不能越孤城半步，却要所有棋子拼死护卫，甚至被杀光吃尽，亦在所不惜。其余各子也等级森严，贵贱分明：车乃棋中至宝，万不可轻弃，只要不是为最高领袖，决不可失。马、炮地位大抵相等，开局时炮似乎稍胜于马，而残局中则马大胜于炮。最为惨烈者当属兵、卒，其数量众多，因而弃之不惜；本领有限，因而作用不彰；只许前进，不能后退，因而前景黯然，结局惨烈。即使不被干掉或有意喂吃，或因保其他棋子而被牺牲（如“丢卒保车”等），拱到底则成“老卒”，几同无用。这是等级社会最为生动、最为集中的体现，是中国封建社会的缩影。在这个等级森严、竞争残酷的游戏中，每个棋子因人为规定的功能和作用不一而命运各异。车是何等风光，横扫千军，如入无人之境；若被对方干掉，则不啻让弈者割肉抽筋，疼痛至极，为保其性命，则不惜以牺牲其他多个棋子为代价。马、炮也算不枉活一世，拼杀苦战，效力沙场，丢掉也令人叹息扼腕。而兵、卒之辈，冲锋在前，挨炮打，遭马踏，往往中途夭折，甚至未曾起步，便呜呼哀哉；即使幸运万分，自强不息，拱到最后，却如同废子一般，想想临终处境，着实可悲可怜。这是下层人民在传统社会生活的真实写照，是中国传统文化体系贱视苍生的生动体现。

二、围棋包含的文化秘密

（一）围棋棋盘契合宇宙空间的本性

围棋棋盘为正方形，由纵横各 19 条线相交而成，构成一幅对称、简洁而又完美的几何图形。如果你久久凝视棋盘，会产生一种浑然一体、茫然无际的感觉，如仰视浩瀚苍天，如俯瞰寥廓大地。日本围棋大师吴清源说，围棋其实是古人的一种观天工具。棋盘代表星空，棋子代表星星。

围棋棋盘的最大特点是它的整体性、对称性、均匀性。它是一个整体，上下左右完全对称，四面八方绝对均匀。它既无双方阵地之分，也无东西南北之别。棋盘可以横摆、竖摆，下棋者可以从任何一边落子。围棋棋盘的这些特点十分契合宇宙空间的本性。现代宇宙学证实，在大尺度的宇宙空间中，物质的分布并非杂乱无章，而是呈现出高度的对称与均衡。而宇宙同时也在以均匀和对称的方式不断膨胀。

（二）围棋棋子的“元素性”象征着宇宙物质

围棋棋盘隐含奥秘，围棋的棋子也蕴藏玄机。围棋棋子具有“元素性”的特点。

围棋对弈从某种角度来讲是自然规律的演绎。围棋棋盘象征着宇宙时空，围棋棋子象征着世界万物，围棋棋子在棋盘上的行棋对弈则隐喻着宇宙生存、发展、变化、运动的总规律。

首先，围棋对弈隐喻着宇宙有生于无的生成规律。象棋对弈从“有”开始，尚未开战，棋盘上已森严壁垒。围棋对弈则从“无”开始，在空无一物的棋盘上陆续落子。宇宙的创生是从有而来，还是从无开始的呢？老子说：“天下万物生于有，有生于无。”《周易》云：“无极而太极。”大爆炸假说认为，宇宙源于 200 多亿年前某个时刻的一场大爆炸，从绝对的无中产生了时空空间，诞生了原始宇宙，并不断膨胀，最终演变成今天这个样子。

其次，围棋对弈还象征着宇宙繁生于简的发展规律。围棋的使用规则极为简单，它的棋子无级别划分，没有功能规定，可自由落放，但随着棋盘上棋子数量的增加和经营空间的扩大，量变引起质变，围棋的规则便逐渐由简单到复杂。

最后，围棋是我国传统的棋艺之一，在我国古代称作“弈”，与我国古代另一种游戏“博”并称为“博弈”。围棋比象棋出现得要早一些，相传起于尧、舜时代，盛于六朝。唐、宋、元、明时期名手辈出，到清朝尤其鼎盛。《博物志》记载，尧造围棋以教子丹朱，又曰，舜以子商均愚故作围棋以教之。不过传说终究是传说，尧、舜时期相当于中国原始社会的末期，当时的社会分工和人类文化尚处于萌芽状态，在那种历史条件下是不大可能创造出体现高智慧的围棋来的。围棋古称“弈”，起源于西周。春秋末期，围棋已经在上层社会相当流行了。

三、从中国棋艺看中国传统文化特征

（一）中国象棋的传统文化特征

从中国象棋的行棋方式看，其反映了中国传统文化注重稳定、偏向防守的特征。中国象棋包括将（帅）在内，在理论上最多只有 12 个棋子可以参与进攻战，士、象基本上只用于防守，用于保护“王”，而且将（帅）的行棋范围很有限。其余兵种的行棋也都有诸多限制，如“憋马腿”“憋象眼”等。这其实反映了中国传统文化的一个特征，即注重求稳、注重防守。如我国耗费大量人力、物力修建的万里长城，在古代是用来防备北方游牧民族南下中原的，这就是中国传统文化求稳定、偏重防守的真实反映。

从兵种的分布和功能来看，其反映了中国传统文化中等级森严的特征。中国象棋的等级性表现得较为明显，如在布局上，帅只能在“九宫”禁区内行动，帅的两翼是士紧紧护卫，外侧还有相、马、车、兵。从这个方面来说，中国象棋在兵种上最大的特点就是兵种的级别越高，在作战的时候出力越少。身为统帅，理当冲锋陷阵，但是中国象棋中的帅却足不出户，“居住”于九宫内，在“作战”中基本上无用。再如士（仕），士只能在九宫中保护帅。中国象棋设士，分列帅旁，俨然是一对保镖。再看象（相），中国象棋中的象仅仅能在对方的地盘上活动，而且时常为“憋象眼”所限制。综上所述，中国象棋往往是以牺牲低级兵种为代价保护自己的将（帅），以达到击败对方、赢得胜利的最终目标。这其实反映了中国传统文化的一个重要特征：只要把敌人打败，将自家的帅保住，即使牺牲再多也是虽死犹荣、虽死犹生。

兵种的称谓、棋盘的布局也反映了中国传统文化在性别、价值观方面的特点。中国象棋中的兵种称谓没有女性的位置。中国传统文化中有男尊女卑的思想，其对女性的要求是在家相夫教子，而且要遵循三从四德的要求，对女性的束缚从某种程度上说到了一种苛刻的地步。这种思想在中国象棋中有明显的体现，在全部棋子中，竟无一名“女性”，“女性”明显被忽视了。再如士、相，中国象棋中的士、相代表了皇帝身边的重臣，是侍奉皇帝的。士通仕，这便反映了中国传统文化鼓励学子获得官职、步入仕途的世俗价值观。从棋盘的布局来看，中国象棋的棋盘呈长方形，中间有“楚河汉界”分隔。这种规格有这样一种含义，即各守疆界，互不侵犯。“楚河汉界”的典故很容易让人想起楚汉争霸时期刘邦、项羽之间达成的以鸿沟为界，互不侵犯、永世修好的典故。这反映了中国传统文化“和为贵”的价值观，显现了中国传统文化崇尚和平的特征。

（二）古代围棋运动的文化价值分析

1. 提高古代人民的生活质量

在我国源远流长的传统文化中，围棋以其丰富的文化底蕴和全面的文化价值始终占有重要的地位。千百年来，围棋一直被人们视作修身养性的工具。东汉班固在《弈旨》中说：“下棋以至发愤忘食、乐以忘忧；围棋聚精会神于棋与道家气功聚精会神于丹田同出一源。”围棋“五得”，即得好友、得人知、得教训、得心语、得天寿，也就是说，围棋可以使人们广交朋友，教人们如何和别人和谐相处，让人们懂得人生的规律，当然对人们的健康长寿也有着不可替代的作用。著名小说家金庸曾经说过：“围棋是一种公平之极的游戏，只要有半分不诚实，立刻就会被发觉。每一局棋都是在不知不觉地进行一次道德训练。”因此，围棋常被人们称作“头脑体操”，能锻炼人们准确灵活的思路，周密严谨的思考。而清醒健全的头脑是延年益寿的重要因素。围棋教人持“平常心”，不要看重一子一局的得失，而要在棋技中寻求创新，在艺术上寻求开拓。

2. 提高古代人民的综合素养

这主要体现在两个方面：一方面，可以提高人们的智商和情商。智商包括记忆力、洞察力、形象思维和逻辑思维能力。情商指情绪智力，是人在精神、气质、意志和心理上适应生命的能力。围棋是智力的较量、思维的艺术，需要判断、构思、计算和决策。这对于智力的开发、提高是有很大帮助的。另一方面，可以提高人们的文化素养，陶冶其情操。作为一门艺术，围棋讲究情趣，讲究意境，人们下棋时，更注重端庄潇洒的姿态和彬彬有礼的风度。《棋经》说道：“胜不言，败不语。振谦让之风者，君子也；起愤怒之色者，小人也。”围棋文化在长久的历史发展中已融入中国的文学作品中，许多音韵优美的诗词和名著都曾有过关于围棋的描写。对围棋文化进行实践和研究，不仅可以培养人们的君子风度，提高其文学的审美能力和鉴赏水平，而且有助于中华民族整体素质的提高。

3. 促进各国各民族的文化交流与传播

在漫长的历史岁月中，围棋渐渐流传到国外，被世界各国人民喜爱。现在，围棋已成为一项世界性的体育项目，是世界各国人民文化交往的一个组成部分。而在我国古代，围棋对人民的文化交流与传播也起到了不可忽视的重要作用，中国围棋文化传播与影响十分广泛，不仅对亚洲各国围棋文化的发展起到了基础性作用，而且对欧洲文明的发展有着推波助澜的积极影响。

（1）围棋在亚洲各国的传播与发展。早在汉代，张骞出使西域，我国与中亚、西亚各国的往来就开始了。在古印度等国文化传入中国的同时，中国古代的文化也向这些国家传播，其中就包括围棋文化。据后秦和尚道朗翻译的《大般涅槃经·现病品第六》记载，印度诸国曾流行过中国游戏，如围棋、弹棋、六博、投壶等。现在在孟加拉国、不丹、尼泊尔等国，还流行着 15 道和 16 道四棋。其走法和我国围棋基本相同，只有个别地方稍有差异。可见围棋在印度等南亚国家流传甚广。中国与朝鲜的文化交流也是从汉朝就开始了。当时朝鲜尚未统一，分为高句丽、濊、韩等部。汉武帝时，濊人与汉人杂居，受汉人文化影响很大。韩又分为马韩、辰韩、弁韩三部分。后来，马韩的故土上建立了百济国，辰韩、弁韩的故土上建立了新罗国。在《北史·百济传》中有“百济之国……尤尚围棋”的记载。百济在朝鲜半岛的西南部，与中国的文化交流最为密切，所以围棋首先传入了百济国。后来，围棋在朝鲜半岛广为流传，《旧唐书·高丽传》有“高丽好围棋之戏”的记载。公元 7 世纪，新罗统一朝鲜半岛，从此更多地吸收唐文化，并经常派遣一些贵族子弟来中国学习。这时的围棋在朝鲜已相当普及了。《新唐书·东夷传》中说：“（新罗王兴光）二十五年死，帝尤悼之，赠太子太保，命邢涛以鸿胪少卿吊祭……又以国人善棋，诏率府兵曹参军杨季鹰为副，国高弈旨出其下，于是厚遗使者金宝。”可见围棋在朝鲜是非常受重视的。与此同时，中国围棋文化也深深地影响着日本围棋的发展。围棋在日本能有今天繁荣昌盛的局面，虽与日本人民的努力是分不开的，但不可否认的是，在这种繁荣的背后，中国传统围棋文化的传播起到了举足轻重的积极作用。中日围棋的文化交流在唐代尤为兴盛。当时，日本多次派遣使者来中国。随同遣唐使者来中国的留学生吉备真备、阿倍仲麻吕等，回国后都对围棋的传播发展起了积极作用。公元 16 世纪，日本棋手僧中虚来华，与中国棋手林应龙合著棋书《适情录》，这说明古代中日两国围棋文化交流已有一定的深度。

（2）围棋在欧洲的传播与发展。相比围棋在亚洲各国的传播，其在欧洲各国传播的影响要小一些，但并不是没有影响。这正如葡萄牙航海家门德斯·平托在他的《费南·门德斯·平托航海记》中所说的，16 世纪时，葡萄牙航海人员在中国、日本学习围棋，之后将它带到了欧洲。如果真是这样，则那时欧洲就已有围棋了。不过，很多学者认为，直到 19 世纪围棋才开始在欧洲流行。

4. 增强中华民族的民族自尊心和自豪感

几千年的文明史证实，围棋文化与中华民族的兴衰休戚与共，与中华传统文化的兴盛息息相关。围棋文化中“和谐”的思想、辩证的哲理和游戏的方式充分体现了中华民族的思想、伦理道德观念和行为准则，反映了中华民族的智慧和才能。围棋是中华民族的宝贵财富，也是中华民族献给人类的“没有文字的、没有语言障碍的”文化珍品。每一个中国人应该为我们民族的悠久历史和灿烂文化而感到自豪，为围棋对世界文化的贡献而感到骄傲。

围棋是一种游戏、一种体育竞技项目，围棋更是一种文化，是中华文化的重要组成部分，是中国的国粹。它作为我国古代文化的优秀遗产，经久不衰，至今已遍及世界，且广为流传。围棋运动不仅可以锻炼人的身心，陶冶人的情操，提高人的智力，而且能在某种程度上激发和增强中华民族的民族自尊心和自豪感，加深中国人民与世界各国人民的感情。对我国古代围棋运动的历史进程及其文化价值进行探讨，不但可以通过系统梳理其发展流变的脉络而使人们明晰古围棋运动发展的概况与特点，而且能以此为契机，弘扬我国的优秀传统体育文化，从而促进世界文化的繁荣与发展。

第三节 中国书法

一、书法艺术发展简述

中国书法是一种独特的艺术形式，是以汉字为表现对象，用以兽毫为主制成的毛笔作为表现工具的线条造型艺术。

汉字是世界上最古老的文字之一。西安半坡仰韶文化遗址出土的陶器上就有文字性质的刻画符号。据考古测定，距今已有五六千年。这些符号在历史发展中不断完善，最终形成庞大完整的汉字系统。

除了汉字，世界上最古老的文字还有五千年前苏美尔人的楔形文字、四千年前古埃及的象形文字、公元初年美洲玛雅人的古文字。但这些古文字后来都相继消亡，没有流传下来。唯独汉字在中华民族数千年的历史发展中适应了语言的变化，成为思想交流、知识传播的工具，而且发展成为一门世界上独一无二的书法艺术。

中国书法之所以被称为“东方艺术的奇葩”，是因为汉字的特殊结构。汉字起源于象形文字，也就是其通过描摹自然形态之美而产生。“仓颉造字”的传说在古代很早的时候就出现了。据唐代张怀瑾的《书断》记载，仓颉仰观天上日月星辰，俯察地上鸟兽草木，“博采众美，合而为字”，这就是“依类象形”。这种象形文字可以像图画一样再现自然，包含着美的因素，这就是书法艺术的胚芽。

东汉许慎《说文解字》把古人造字方法归纳为六种，即象形、指事、会意、形声、转注、假借，同时对其一一做了解释：象形，即用线条画出实物的形状，如日、月、山、水等。象形字近似图画，但本质上与图画有所区别，它是构成汉字的基础。指事，即用象征性的符号表示一定的意思，如上、下、本、末等。会意，即把两个或两个以上象形字或会意字组合起来，以表示一个新的意义，如众、森、明、暮等。形声，即用表意的形旁和表音的声旁组成一个字，如沐、功、笆、问等。转注，指一类意义相同的字，可以互相注释，如考和老等。假借，指本来没有的字，可以借用同音字或音近的字，如求、距等。

总之，“象形”是“六书”的基础，繁杂的象形汉字经过历代的演变，虽然逐渐趋向符号化、抽象化、简笔化，但仍然有“不象形的象形”的性质。这是汉字最基本的特点，也是书法艺术最重要的规律。因为汉字有这个特点，所以书法家在书写点画时，意念中会有形象活动，这就是“意象”。

值得强调的是，当中国书法从象形到抽象，从实用进入表情达意时，其便具备了现代艺术的特征。所谓现代艺术，就是说作者没有事先选定描绘对象，没有事先确定艺术准则，所创作的内容是自身思想感情的倾泻。这种表现主观自由的艺术在张旭的狂草中得到充分的体现。

（一）先秦——书法艺术的孕育时期

我国书法艺术源远流长。据文献记载，文字在伏羲氏时期便产生了。《史记》记载，孔子登泰山，见过“封禅石刻”。但这些仅仅是传说，无实物可参考。为学术界公认的我国最早的有关古汉字的资料是商代中后期（约公元前 14 至公元前 11 世纪）的甲骨文和金文。

甲骨文是刻在龟甲兽骨上的文字，是迄今为止所发现的我国最古老的文字。奴隶制时期的殷王朝，凡祭祀、田猎、农事、天候、疾病等，一切大小事都要通过占卜预测吉凶祸福。占卜后所看到的内容用文字记录下来，称为“卜辞”。现在我们见到的甲骨文就是公元前一千一百多年殷王室的卜辞。从书法艺术的角度审察，甲骨文已经具备了中国书法艺术的三个基本要素：用笔、结体、章法。从用笔上看，甲骨文以刀代笔，因为刀有钝有锐，甲骨有坚硬有疏松，所以笔划有方圆深浅，有拙朴之美。从结体上看，甲骨文虽大小错综变化，但其均衡、对称、稳定，已初步形成中国书法的形式美。从章法上看，一片甲骨的文字，或疏落有致，或谨密严整，或有纵行而无横行，体现着中国书法的章法特点。同时，由于书刻者都是占卜巫师，因此，甲骨文表现出殷商巫术礼仪文化的时代特征。

金文是殷周时代铸刻在钟鼎器上的铭文，又称“钟鼎文”。周宣王时，太史籀著大篆十五篇，这成为中国文字的第一次改革。后人把史籀以前的文字称作“古文”，把史籀以后的文字称作“大篆”，也叫“籀文”。金文属于大篆。金文发展过程大体分为三个阶段：（1）殷代与周初。代表作品有《利簋》《大盂鼎》等。（2）周代中期。代表作有《毛公鼎》《散氏盘》等。（3）春秋战国时期。代表作有《越王勾践剑铭文》《虢季子白盘》等。

春秋时期还出现了石刻文字，其中最著名的是《石鼓文》，其被清代康有为誉为“书家第一法则”。

（二）秦代——书法艺术的启蒙时期

公元前 221 年，秦始皇兼并天下，建立了我国第一个中央集权的封建专制王朝。春秋战国时期，各国文字差异很大，这成为经济文化发展的一大障碍。因此，秦王朝命丞相李斯主持文字改革，对大篆进行整理，使之成为全国统一的文字。

秦统一后的文字称为小篆。小篆是与大篆相对而言的秦代通用文字，故也称“秦篆”。

秦丞相李斯既是一位推行新政的改革家，也是著名的文字学家和书法家。据《史记·始皇本纪》记载，秦刻石在泰山、琅琊台、芝罘、碣石、会稽、峄山等处皆有。李斯所书秦代刻石现存原石仅有两块：一块是琅琊台刻石，但上面的13行文字已全部模糊剥蚀；另一块是泰山刻石，仅存10个字，但只有8个字完整。西安碑林的《峄山碑》为宋代摹刻，被认为是最接近李斯书法原迹的。

秦代还出现了隶书，因为篆书虽是官方规范文字，但人们书写起来比较难且速度慢，于是掌管文书的官吏为书写便利将当时通行的文字进行规范，这就是后世所见的隶书。晋代卫恒说："秦既用篆，奏事繁多，篆字难成，即令隶人佐书，曰隶字。"所以古代也把隶书称为"佐书"。1975年，湖北云梦睡虎地秦墓出土了一千多片秦代竹简，这些竹简上有秦隶的墨迹，是研究秦代书法的宝贵资料。

（三）汉代——书法艺术的奠基时期

汉朝前后持续三百余年，这一时期是汉字书法发展的关键时期。汉代隶书取代篆书成为通用规范的书体，并且在隶书的基础上出现了草书、楷书和行书。至汉末，我国汉字书法五体已齐备，这奠定了后世书法艺术的基础。

隶书虽在秦代广泛应用，但是在汉代才成熟定型，这个过程被文字学家称为"隶变"。隶变是书法史上的一个伟大变革。

隶书的定型标志着中国文字象形形态的消失。隶书是从笔画到结字都方正平直的新书体。

汉隶在笔画上具有波、磔之美。所谓"波"，指左行笔画如曲波；所谓"磔"，指右行笔画笔锋开张，形如"燕尾"。成熟定型化的汉隶又名"八分"。东汉树碑立传之风盛行，刘勰《文心雕龙》说："自后汉以来，碑碣云起。"

汉碑的风格多种多样，异彩纷呈。按照笔法与艺术风格的不同，隶书大致可分以下三类：第一类，笔法圆浑，挺劲含蓄。其以《石门颂》《西峡颂》为代表。第二类，方正挺劲，爽利痛快。其以《张迁碑》《衡方碑》为代表。第三类，方兼济，法度森严。其以《礼器碑》《史晨碑》为代表。东汉还有著名的《孔宙碑》《华山碑》《乙瑛碑》等名碑。

汉代以隶书享誉于世的书法家首推蔡邕，汉灵帝时所立《熹平石经》，就是蔡邕所书。据说碑始立时，万人空巷，争相观看。

在隶书成熟的同时，草书、楷书和行书也随后产生。晋代卫恒称："汉兴而有草书。"草书是人们为提高书写速度而创的书体，汉代草书有章草与今草之别。章草，起源于西汉元帝时黄门令史游所作的《急就章》，故其书法被称为"章草"。以章草闻名的书法家有东汉章帝时的杜度、崔瑗，时人并称"崔杜"。今草是章草的进一步草化，其笔势连绵，偏旁有许多省略。

楷书，又称"真书"，是为追求隶书形体的进一步美化而创造的书体。

行书是介于草书与楷书之间的书体，是一种流行广泛的书体。

汉代书法五体的变化发展为晋代书法艺术的确立奠定了基础，同时也为笔势飞动的狂草的推广开辟了道路。

（四）魏晋南北朝——书法艺术的确立时期

从汉字书法的发展上看，魏晋南北朝是书法艺术的确立时期。原因主要是楷书、行书、草书在此时期完成书体的演变，成为时人习用的书体。此时还出现了一批士族文人，其把书法艺术作为表情达意的手段，作为对人生“不朽”的追求。更重要的是，此时期基本形成了中国书法艺术的理论。

魏晋南北朝是一个大动乱、大变革的时代，而战争的灾难使人们对人生产生了思考。于是文人士大夫一方面放浪形骸、消极遁世，以饮酒、清谈为时尚，另一方面以文艺的形式寄托忧思。该时出现了一人批擅书能画的名家。其中钟繇、王羲之崛起，其楷书、行书、草书成为美的典范，开创了中国书法艺术的新时代，影响了后世一千多年的书法发展史。此后历朝历代，学书者莫不宗法“钟王”。王羲之被后世称为“书圣”。他的《兰亭集序》被誉为“天下第一行书”。

王羲之与其第七子王献之被后世并称“二王”。清代乾隆帝于养心殿专设“三希堂”，收藏王氏家族王羲之的《快雪时晴帖》、王献之的《中秋帖》与王羲之侄子王珣的《伯远帖》。

到了南北朝时期，南朝仍继承东晋书风，崇尚帖学。北朝则碑志石刻兴盛，以北魏碑版发展最为繁盛，其大多出于民间书法家之手。康有为说：“凡魏碑，随取一家，皆足成体。尽合诸家，则为具美。”

（五）唐代——书法艺术的鼎盛时期

唐代文化博大精深，是中国封建文化发展的最高峰。唐代经历了初唐、盛唐、中唐、晚唐四个阶段。这四个阶段文学艺术各有风貌，书法艺术同样如此。

初唐是书法继承与立法的阶段。唐太宗是一个书法迷，朝野上由此产生了轰轰烈烈的书法热潮。“初唐四大家”——虞世南、欧阳询、褚遂良、薛稷为其中杰出代表，其将楷书艺术臻于极致，完成了“晋尚韵”向“唐尚法”的转变，为唐代书法大发展奠定了基础。

盛唐时国势极盛，书法艺术也出现了“盛唐气象”。壮丽、明畅、淋漓、富于幻想，成为盛唐时期的美学特征。书法上有颜真卿、张旭，他们雄才天纵、变法出新，在书法的发展史上占有重要地位。孙过庭在《书谱》中明确提出书法当随时代的卓越论点，认为“质以代兴，妍因俗易”，艺术发展变化的审美准则是“贵能古不乖时，今不同弊”。《书谱》还特别强调书法的抒情作用，指出书法作品必须“达其情性，形其哀乐”“随其性欲，便以为姿”。因此书法家在创作中“得时不如得器，得器不如得志”“思遏则手蒙，神融故笔畅”。艺术作品必须具有个性与感情，才能达到“殊姿共艳”“异质同妍”的境界。

张旭一生醉心于书法艺术，尤善草书，被称为“草圣”。相传他爱醉酒后作书，与唐代另一位草书大家怀素并称“颠张醉素”。张旭的狂草《古诗四帖》，线条粗细浓淡，蜿蜒穿插，完全是个人情感的宣泄。张旭的草书不仅代表了唐代草书的最高水平，而且代表了整个书法史上草书的最高水平。

颜真卿的书法用笔骨力雄强、筋肉丰实，结体方正端庄、饱满严整，被后人称为“颜体”。颜体开创了雄强刚健、大气磅礴的新风格，强烈地表现出盛唐的精神风貌。颜真卿的代表作有《多宝塔碑》《麻姑仙坛记》《颜勤礼碑》等。颜真卿的《祭侄文稿》被称为“天下第二行书”。

安史之乱后的中唐与晚唐，社会风气发生了巨大变化，盛唐奋发向上的气势消失了，取而代之的是贪图奢华享乐的风气。这时在书法艺术上出现了柳公权精工细腻的“柳体”。柳体清俊挺拔，遒美绝伦，适应了中唐追求精美奇峭、闲适绮丽的社会审美标准。柳公权的楷书是继颜真卿的书法之后，对后世有很大影响的书体，后人将二人的书法并称为“颜筋柳骨”。

晚唐书法随唐朝国势衰落而不再风光，唯有杨凝式的书法成为中流砥柱，继承了“二王”“颜柳”的余风，成为宋代尚意书风的先驱。

（六）宋元明时期——书法艺术的停滞时期

宋元明时期是书法艺术的停滞衰落时期。其衰落的原因，一是“帖学盛行”，二是“趋逐权贵”。宋太宗赵光义喜欢翰墨，命禁中摹刻十卷，这就是《淳化阁帖》。帖中一半是“二王”的作品。所以宋初的书法是宗“二王”的。此后诸贴多从《淳化阁帖》翻刻。这种辗转篆刻的帖与原迹差别越来越大，所以当帖学盛行时，书法反而衰微了。这是宋代书法不景气的原因之一。

同时，米芾《书史》所指的“趋时贵书”也造成了宋代书法的发展每况愈下。米芾分析说：“李宗锷主文既久，士子皆学其书，肥扁朴拙，以投其好，用取科第，自此惟趋时贵书矣。”总之，帖学大行和以帝王的好恶、权臣的书体为转移的情势，影响和限制了宋代书法的发展。

然而也有反潮流的文人书法家，以自己的革新精神为宋、元、明三代的书法增添亮色。宋、元、明三代的书法家大致可分为两种类型：第一，继承型，如蔡襄、赵孟頫、祝允明、文徵明、董其昌等。第二，创造型，如苏轼、黄庭坚、米芾、徐渭等。其中以“宋四家”——苏轼、黄庭坚、米芾、蔡襄影响最大。

苏轼是“文人画”理论的首创者，也是宋代“尚意”书风的开创者。他把文人画的理念贯彻到书法中，十分强调书法艺术的写意抒情与个性自由，他自称：“我书意造本无法，点画信手烦推求。”

《黄州寒食诗》是苏轼“意造”书风的典型作品。《黄州寒食诗》笔势纵横跌宕，布局疏密参差，被誉为“宋人第一”“天下第三行书”。

米芾曾任宋徽宗时的书画学博士，人称“米南宫”。因为人有怪癖且痴癫，故时人称之为“米癫”。米芾恃才傲物，目空一切，他的书法力图摆脱古法影响，运笔迅疾，称自己是“刷字”，说“善书者只有一笔，我独有四面”，后人称之为“八面出锋”。米芾以行书见长，习字勤奋，自称“平生写过麻笺十万”。现藏台北故宫博物院的《蜀素帖》，纵 29.7 厘米，横 284.3 厘米，计 71 行、658 字，是米芾篇幅最长、字数最多的写在丝绸织品上的代表作品。

元初经济文化发展缓慢，书法崇尚复古，宗法晋、唐而少创新。元文宗时书法一度出现兴盛的局面。赵孟頫、鲜于枢是这一时期书法的代表。赵孟頫、一生经历了元朝五个皇帝，其精通诗文书画，艺术思想倡导复古，书法师法近代“二王”，强调“书法以用笔为上，而结字亦须用功”。后人将他的书法称为“赵体”，其与颜真卿、柳公权、欧阳询比肩。

明代也是帖学大盛的一个时代。法帖传刻在此时十分活跃。其中著名的有董其昌刻的《戏鸿堂帖》、文徵明刻的《停云馆帖》、华东沙刻的《真赏斋帖》等。其中《真赏斋帖》是明代法帖的代表。《停云馆帖》收有从晋至明历代名家的墨宝，可谓集帖之大成。

士大夫清玩风气和帖学的盛行影响了书法的创作，所以整个明代书体以行楷居多。明代书法与科举取士相关，当时风行一种端正平整、规矩刻板的应试书体，被称为“馆阁体”，又叫“台阁体”。这种字既无个性，又无生气，仅是士人求仕做官的敲门砖。“馆阁体”的风行也给明代书法带来了厄运。

明代虽然出现了一些有造诣的书法家，但在书法式样和理论方面都没有重大的突破和创新。所以，近代丁文隽《书法精论》说：“有明一代，操觚谈艺者，率皆剽窃摹拟，无何创制。”

明代书法家的代表有祝允明、文徵明、董其昌等。但他们的书法造诣都没有超过元代赵孟頫。“上配吴兴”“比肩文敏”是后世对他们的最高赞誉。

（七）清代——书法艺术的中兴时期

清代是中国历史上最后一个封建王朝。尽管在这个王朝的中期出现了“康乾盛世”，但也只是封建社会历经两千多年发展的回光返照。但在文艺上，清代是书法发展史上的又一个中兴期。

在书法审美观上，傅山提出了著名的“四宁四毋”说，即宁拙毋巧、宁丑毋媚、宁支离毋轻滑、宁真率毋安排。这对晋唐以来重风韵流美、温文典雅的传统审美观念提出了挑战。

在清代，傅山的理论具有振聋发聩的意义，是呼唤清代书法中兴的号角。清“四僧”中的石涛、八大山人（指朱耷）通过艺术实践体现了傅山的理论。其后“扬州八怪”中的郑板桥、金农更是大胆独创，另辟天地。

郑板桥创立“板桥体”，其书体融合了楷、草、隶、篆，但以隶书为主体。故郑板桥自称其创字体为“六分半书”。

清代文人为逃避残酷的文字狱，在金石考据学中寻找精神寄托。于是碑学逐渐兴起，在这个历史转折时期，包世臣、康有为的书法理论具有重大影响。

包世臣的《艺舟双楫》、康有为的《广艺舟双楫》都提倡碑学，竭力推崇阳刚之美。其评析魏碑，把“魄力雄强”列为“十美”之首，把“雄强茂美”的《爨龙颜碑》列为“神品”，放在“十三宗”的开头。中国书法艺术的宝库打开了新的渠道，在当时书坛，碑学盛行，帖学也未废，出现了如邓石如、何绍基、赵之谦、康有为、吴昌硕等一大批具有强烈个人风格、造诣很高的书法家。

二、中国书法的艺术特征

（一）书法的笔线美

“法于何立？立于一画。一画者，众有之本，万象之根。”这是清代大画家石涛在《画语录》中的一段非常精辟的记述。他认为绘画的法则创立于“一画”。正是千万笔画组成了无比丰富的画面，所以“一画”是一切物象的根本，书法也是如此。因此，古今任何一个书法家都把探求笔线美作为毕生的重要课题。

古人常说的“笔法”，就是关于写好“一画”的用笔方法。早在东汉时蔡邕就提出了“藏头护尾，力在其中”的观点。其指出了起笔要藏锋，收笔要回锋，但是中段怎样写的问题，直到晚清康有为才予以解决，“一画”要“中实”，即画的中间要丰实。

什么样的笔线才符合书法艺术的审美要求呢？王羲之在《用笔赋》中提出了“藏骨抱筋，含文包质”，这几个字可以说是书法笔线美的审美标准。

古代书法家习惯将书法美类比于人体美，所以在书法理论中有“筋”“骨”“血”“肉”的说法。健美的人体，必须是“秾纤得中，修短合度”，甚至还要达到“增之一分则太长，减之一分则太短”的完美境界。优秀的书法，笔线也要肥瘦得宜，骨肉均匀。书法中的“筋”“骨”，常代表字的间架和点画的力度。人体靠筋骨支撑，而写字首先要“立骨”。如果筋骨不立，那么血肉则无所依附，神采、气韵也都无由表露。南齐谢赫提出“骨法用笔”作为“六法”之一，提出在写字时首先要有“骨力”。筋骨宜藏不宜露，所以“藏骨抱筋”是笔线的审美标准之一。人不仅要有健全的形体，还要有美好的精神气质。书法也是如此，“立骨”之后，还必须血肉丰满，必须“含文包质”。所谓“文”，指表露在外的风采神韵；所谓“质”，指蕴藏于内的朴质精神。孔子说：“文胜质则史，质胜文则野。文质彬彬，然后君子。”文质兼备是笔线的另一个审美标准。

唐代张怀瓘说的“以筋骨立形，以神情润色”，正是对“藏骨抱筋，含文包质”的进一步解释。书法点画必须兼有“筋骨”“文质”两个方面，这样才能产生美的感染力。

什么样的笔线最美呢？古代书法家常常借助于类比手法，如晋代、唐代书论中有“如屋漏痕”“如折钗股”“如印印泥”“如锥画沙”等描述。近代黄宾虹在阐述“用笔四法”时，也借用了这些传统审美准则，他说：“用笔须平，如锥画沙；用笔须圆，如折钗股；用笔须留，如屋漏痕；用笔须重，如高山坠石。”可见这些形象的比喻既是笔线的审美准则，也是用笔的最高境界。

（二）书法的结体美

结体，也称“结字”，又称“间架结构”。汉字是由不同形状的点画按特定的规范形式组成的复杂纷繁的字样。这好像造房子一样，用砖、瓦、木、石等不同性质的材料，按建筑力学的规律，建成各式各样的房子。造房子，由于建筑师对材料的处理和配搭方法不同，建成的房舍就有不同的形式和不同的风格；而写字，则因为书法家不同的用笔，会有不同的点画形态，书法家将这些点画按自己喜爱的方式配搭成字，于是就产生了不同风格的结体。可见书法的结体既受汉字特殊规范的组织形式的约束，又可以产生千姿百态的多样变化。这样，对结体美的探求就成了中国书法家在用笔之外的另一个重要课题。

关于书法的结体，蔡邕在《九势》中提出了一条基本原则，他说：“凡落笔结字，上皆覆下，下以承上，使其形势递相映带，无使势背。”意思是说组成一个字的点画之间，必须要上下互相承接，左右互相掩映，顺应笔势的发展，形成一个完整的整体。这是结体美的最基本的要求。后来王羲之进一步阐述了结体的宜与忌的问题，指出：“平直相似，状如算子，上下方整，前后齐平，便不是书，但得其点画耳。”

唐代孙过庭把结体美概括为一句话：“违而不犯，和而不同。”结体的种种关系主要包含以下几个方面：奇与正；疏与密；违与和。处理好这些相互依存、相互制约，既对立又统一的结体关系，才能创造出不同的结体美。

（三）书法的章法美

章法，即整幅字的布局方法。书法与绘画不仅在笔法上有很多共同点，而且在章法上也有着许多内在的联系。古人又称章法为“分间布白”。古人认为，写字虽然是用笔墨写在实处，但是着眼的地方却是空白处的安排变化。掌握了用笔、结体之后，章法的安排就极为重要。清人笪重光在《书筏》中指出："精美出于挥毫，巧妙在于布白。"元代饶自然认为布白要注意上下空阔、左右疏通，寥寥数字或洋洋洒洒几百字都得通盘筹划，留有余地。因为只有这样，整篇的布白才具有内在的联系，书法家自己的情感才会有所寄托与宣泄，才能为欣赏之人留出一个品味和思考的空间。空白美是相对实景美而产生的，能形成有效艺术知觉、审美联想和审美想象的心理定向。

章法主要有以下内容，即宾主、虚实、气脉连贯。章法的内容还包括题款与印章。

章法在表现形式上，常见的有"纵有行，横有列""纵有行，横无列"及"纵无行，横无列"三种。

一幅讲究章法美的书法作品，犹如一曲优美的乐曲，能给人极大的艺术享受。

（四）书法的意境美

意境，也称境界，其应用于书法中，泛指书法的神采、气韵、笔意等内在的精神境界。《辞海》的诠释是艺术作品描绘的生活图景和表现的思想感情，融合在一起而形成的一种艺术境界。其能使读者通过想象，身入其境，在思想感情上受到感染。可见意境是一种情景交融、给观者以美的感受的艺术境界。

书法意境美的内涵十分丰富。

其一是"迁想妙得"。这是东晋画家顾恺之提出的具有普遍意义的创作规律。书法同绘画一样，也强调向自然学习。唐代张旭的草书在艺术上达到了"变动犹鬼神，不可端倪"的艺术境界。

其二是"达其性情，形其哀乐"。书法是一种抒情达意的艺术。在书法理论中，关于书法的抒情因素，汉代扬雄在《法言·问神》中说："言，心声也；书，心画也"。后来蔡邕在《笔论》中也论述："书者，散也。欲书先散怀抱，任情姿性，然后书之。若迫于事，虽中山兔毫，不能佳也。"

书法既可以富有激情地宣泄情感，也可以简淡玄远地寄寓心境。据文献记载，唐代草圣张旭往往醉后疾书狂草，有"张旭三杯草圣传，脱帽落顶王公前，挥毫落纸如云烟"的酣畅淋漓之快意。同样，王羲之的行草书流露着一种飘逸脱俗的风情。而董其昌的书法则追求淡泊优雅的意境。

其三是"功夫在书外"。"书品即人品"是说书法是书法家人格品质和情感状态的外显。所以书法作品的意境常取决于书法家的立意与审美情趣。这就要书法家除了要有精炼笔法，还要有丰富阅历，在平时要注重加强人品和学问的修养。古人对此多有论述。关于人品，唐柳公权说："心正则笔正。"清傅山认为"作字先作人，人奇字自古"。关于学问，宋苏轼说："退笔如山未足珍，读书万卷始通神。"关于阅历，古人常称要"行万里路""晓天下理"。唯有如此，才能使自身的书法作品焕发出神韵，体现出动人心魄的艺术魅力。

第四节　中国戏曲

一、中国戏曲概述

中国戏曲主要是由民间歌舞、说唱和滑稽戏三种不同艺术形式综合而成的。它起源于原始歌舞，是一种历史悠久的综合舞台艺术样式，经过汉、唐到宋、金才形成比较完整的艺术样式。它由文学、音乐、舞蹈、美术、武术、杂技以及表演艺术等综合而成，约有三百六十多个种类。它的特点是将众多艺术形式以一种标准聚合在一起，在共同的性质中体现各自的个性。中国戏曲与希腊悲剧和喜剧、印度梵剧并称为世界三大古老的戏剧文化。中国戏曲经过长期的发展演变，逐步形成了以京剧、越剧、黄梅戏、评剧、豫剧五大戏曲剧种为核心的中华戏曲百花苑。中国戏曲剧种种类繁多，据不完全统计，各民族地区戏曲剧种约有三百六十多种，传统剧目则数以万计。其他比较著名的戏曲种类有昆曲、坠子戏、粤剧、淮剧、川剧、秦腔、沪剧、晋剧、汉剧、河北梆子、河南越调、河南坠子、湘剧、湖南花鼓戏等。

历史上最先使用“戏曲”这个名词的是刘埙（1240—1319），他在《词人吴用章传》中提出“永嘉戏曲”，他所说的“永嘉戏曲”就是后人所说的“南戏”“戏文”“永嘉杂剧”。从近代王国维开始，“戏曲”才被用来作为中国传统戏剧文化的通称。戏曲是中国传统艺术之一，表演形式有说有唱，有文有武，集“唱、做、念、打”于一体，在世界戏剧史上独树一帜。其主要特点有以下几方面：一是男扮女（越剧中则常为女扮男）；二是分生、旦、净、丑四大行当；三是有夸张性的化妆艺术——脸谱；四是“行头”（即戏曲服装和道具）有基本固定的式样和规格；五是利用“程式”进行表演。中国民族戏曲经过了先秦的“俳优”表演、汉代的“百戏”、唐代的“参军戏”、宋代的杂剧、南宋的南戏、元代的杂剧，最后到清代的地方戏曲，历经多年发展，形成了厚重的文化底蕴。

（一）中国戏曲的发展历程

1. 先秦（萌芽期）

在原始社会，氏族聚居的村落产生了原始歌舞，随着氏族的逐渐壮大，歌舞也逐渐发展起来。在许多农村还保留着较为原始的歌舞传统，如“傩戏”；同时，一些新的歌舞，如“社火”“秧歌”等为适应人民的精神需求而逐渐发展起来。正是这些歌舞演出造就了一批又一批技艺娴熟的民间艺人。《诗经》里的“颂”、《楚辞》里的“九歌”，就是祭神时歌舞的唱词。从春秋战国到汉代，娱神的歌舞中逐渐演变出娱乐的歌舞。从汉魏到中唐，又先后出现了以竞技为主的“角抵”（即百戏）、以问答方式表演的“参军戏”和表演生活小故事的歌舞“踏摇娘”等，这些都是萌芽状态的戏剧。

2. 唐代中后期（形成期）

中唐以后，中国戏剧飞速发展，戏剧艺术逐渐形成。唐代文学艺术的繁荣是经济高度发展的结果，与此同时，推动了戏曲艺术的自立门户，给戏曲艺术提供了丰富的营养。音乐舞蹈的昌盛为戏曲提供了雄厚的表演、唱腔基础。教坊梨园的专业性研究、正规化训练提高了艺人们的艺术水平，加快了歌舞戏剧化的进程，使得一批用歌舞演故事的戏曲剧目相继诞生。

3. 宋金（发展期）

宋代的“杂剧”、金代的“院本”和讲唱形式的“诸宫调”，从乐曲、结构到内容，都为元代杂剧打下了基础。

4. 元代（成熟期）

到了元代，杂剧在原有戏曲基础上大大发展，成为一种新型的戏剧。它具备戏剧的基本特点，标志着中国戏剧进入了成熟阶段。12 世纪中期到 13 世纪初，民间出现了商业性的演出团体及反映市民生活和观点的元杂剧与金院本，如关汉卿创作的《窦娥冤》、马致远的《汉宫秋》以及纪君祥的《赵氏孤儿》等作品。这个时期是戏曲舞台的繁荣时期。

元杂剧不仅是一种成熟的高级戏剧形态，而且因其富于时代特色，最具有艺术独创性，而被视为一代文学的主流。元杂剧的流行最初以大都（今北京）为中心，流行于北方。元灭南宋后，其发展成为全国性的剧种。

元杂剧之所以能够发展兴盛，原因之一是艺术发展和社会现实从两个方面为其提供了契机。从艺术的自身发展来看，戏剧经过漫长的孕育，已经有了很厚实的积累，在内部结构和外在形式上都达到了成熟。恰恰此时的传统诗文在经历了唐宋的鼎盛与辉煌之后，开始走向衰微。在有才华的艺术家眼里，剧坛艺苑是一块等待他们去耕耘的新土地。从社会现实方面来看，元蒙统治者废除科举制度，断绝了知识分子跻身仕途的最佳路径。这些修养颇高的文化人被压在社会底层。在疏远经史、冷淡诗文的无可奈何之中，他们只有到勾栏瓦舍去打发光阴、寻求生路。于是，新兴的元杂剧意外地获得一批又一批的专业创作者。他们有一个以“书会”为名的行业组织，加入书会的剧作家被称为“书会先生”。这些落魄文人在团体内既合作又竞争，共同创造了中国戏剧的黄金时代。与从前偏向抒发主观心绪意趣的诗词不同，元杂剧以广泛反映社会为己任。

元杂剧的剧本体制绝大多数是“四折一楔”。四折是四个情节的段落，像写文章讲究起承转合一样。楔子的篇幅短小，通常放在第一折之前，这有点像后来的“序幕”。

每一折由同一宫调的若干支曲子连成一个套曲。全套只押一个韵，由扮演男主角的正末或扮演女主角的正旦演唱。这种“一人主唱”可以极大地发挥歌唱艺术的特长，酣畅淋漓地塑造主要人物形象。念白部分受“参军戏”传统的影响，常常为插科打诨，富于幽默趣味。

5. 明清（繁荣期）

戏曲到了明代，传奇发展起来。明代传奇的前身是宋元时期的南戏（南戏是南曲戏文的简称，是在宋代杂剧的基础上，与南方地区曲调结合而发展起来的一种新兴的戏剧形式）。南戏在体制上与北杂剧不同，它不受四折的限制，经过文人的加工，这种本来不够严整的短小戏曲就变成相当完整的长篇剧作，如高明的《琵琶记》就是一部由南戏向传奇过渡的作品。这部作品的题材来源于民间传说，比较完整地叙述了一个故事，并且有一定的戏剧性，被誉为“南戏中兴之祖”。

明代中叶，传奇作家大量涌现，其中成就最大的是汤显祖。他一生写了许多传奇剧本，《牡丹亭》是他的代表作。这个剧作自问世之后一直受到读者和观众的喜爱，直到今天，“闺塾”“惊梦”等片段还活跃在戏曲表演的舞台。明朝中叶，江南兴起了昆腔，出现了《十五贯》《占花魁》等戏曲剧目。这一时期受农民欢迎的戏是产生于安徽、江西的弋阳腔，而昆腔受封建上层人士的欢迎。

明后期的舞台流行演折子戏。所谓折子戏，指从有头有尾的全本传奇剧目中摘选出来的剧目。它只是全剧中相对独立的一些片段。折子戏的脱颖而出是戏剧表演艺术强劲发展的结果，又是时间与舞台淘洗的必然。观众在熟悉剧情之后，便可尽情地欣赏折子戏的表演技艺了。《牡丹亭》中的“游园”“惊梦”，《拜月亭记》中的“踏伞”“拜月”，《玉簪记》中的“琴挑”“追舟”等众多的折子戏，已成为观众喜欢的精品。

明末清初的作品多颂扬人民群众心中的英雄，如陶三春、赵匡胤、穆桂英等。这时的地方戏主要有北方的梆子和南方的皮黄。京剧是在清代地方戏高度繁荣的基础上形成的。同治、光绪年间出现了名列“同光十三绝”的第一代京剧表演艺术家及不同流派的宗师，这标志着京剧艺术的兴盛与成熟。不久京剧在全国范围内发展，特别是在上海、天津等地，京剧成为具有广泛影响的剧种。京剧的发展与成熟将中国的戏曲艺术推向了一个新的高度。

6. 近代（革新期）

辛亥革命前后，一批颇有造诣的戏曲艺术家从事戏曲艺术的改良活动，著名的有汪笑侬、潘月樵、夏月珊等，他们为后来的戏曲改良积累了宝贵的经验。从 1919 年的五四运动到中华人民共和国成立，一些有志之士对戏曲进行了改革。梅兰芳在五四运动前夕表演了《邓粗姑》《一缕麻》等宣传民主思想的时装新戏，周信芳、程砚秋等也创作了不少相关题材的作品。袁雪芬则高举越剧改革之大旗，主演鲁迅著名作品《祥林嫂》中的主角——祥林嫂，促进了融合编、导、舞、音、美等多种元素的综合艺术机制的形成。

7. 现代（争辉期）

中华人民共和国成立后，一批优秀剧目相继出现，如京剧《将相和》《白蛇传》、评剧《秦香莲》、越剧《梁山伯与祝英台》、昆剧《十五贯》等，著名历史学家吴晗还撰写了历史京剧《海瑞罢官》。此后，又陆续出现了一系列优秀作品，如京剧《白毛女》《红灯记》《奇袭白虎团》、越剧《西厢记》、评剧《刘巧儿》、沪剧《芦荡火种》、豫剧《朝阳沟》等。粉碎“四人帮”后，为群众喜爱但被停演或遭到批判的大量传统剧，如京剧《谢瑶环》、莆仙戏《春草闯堂》、吕剧《姊妹易嫁》等也重新上演。戏曲艺术发展到今天，经过不同时代的洗礼不断创新，能够适应新时代、新观众的需要，继承并发扬着民族传统的艺术特色。戏曲界提出的“现代化”与“戏曲化”问题，已成为人们在新历史时期需要积极探讨和积极实践的问题。

（二）中国戏曲的艺术特征

综合性、程式性、虚拟性是中国戏曲的主要艺术特征。这些特征凝聚着中国传统文化的美学思想精髓，能够使中国戏曲在世界戏曲文化的大舞台上闪耀着独特的艺术光辉。

1. 综合性

中国戏曲是一种高度综合的民族艺术。这种综合性不仅表现在它融汇了各个艺术门类（如舞蹈、杂技等），而且体现在它拥有精湛深厚的表演艺术。各种艺术因素与表演艺术的紧密结合，使得演员的表演有了独特的丰富性。其中，唱、念、做、打在演员身上的有机构成便是戏曲综合性最集中、最突出的体现。唱，指唱腔技法，讲究“字正腔圆”；念，即念白，是朗诵技法；做，指做功，是身段和表情技法；打，指表演中的武打动作，是在中国传统武术基础上形成的舞蹈化武术技巧组合。这四种表演技法有时相互衔接，有时相互交叉，构成方式视剧情需要而定，但都统一为综合整体，体现着和谐之美。中国戏曲是以唱、念、做、打的综合表演为中心的富有形式美的戏剧形式。

2. 程式性

程式是戏曲反映生活的表现形式。它是对生活动作的规范化、舞蹈化表演。程式直接或间接地来源于生活，但它是人们按照一定的规范对生活进行提炼、概括、美化形成的。其凝聚着古往今来艺术家们的心血，是新一代演员进行艺术再创造的起点。戏曲表演中的关门、推窗、上马、登舟、上楼等皆有固定的格式。除了表演程式，戏曲在剧本形式、角色行当、音乐唱腔、化妆服装等各个方面都有一定的程式。优秀的艺术家能够突破程式的某些局限，创造出具有个性的规范艺术。

中国戏曲有着丰富的艺术表现形式，它把曲词、音乐、美术、表演的美融为一体，用节奏将其统一在一个戏里，实现和谐的统一，并充分调动各种艺术手段的感染力，形成中国独有的节奏鲜明的表演艺术。程式在戏曲中既有规范性又有灵活性，所以戏曲艺术被称为有规则的自由动作。

3. 虚拟性

虚拟是戏曲反映生活的基本手法。它是演员用一种变形的方式来比拟现实环境或对象，达到表现生活的目的。中国戏曲的虚拟性主要表现在以下几方面：首先，表现为对舞台时间和空间处理的灵活性。所谓“三五步行遍天下，六七人百万雄兵”“顷刻间千秋事业，方丈地万里江山”“眨眼间数年光阴，寸柱香千秋万代”，这突破了西方歌剧的“三一律”与“第四堵墙”的局限。其次，表现在具体的舞台气氛调度和演员对某些生活动作的模拟方面，如刮风下雨、船行马步、穿针引线等。最后，戏曲脸谱也是一种虚拟方式。中国戏曲的虚拟性既是戏曲舞台简陋、舞美技术落后的局限性带来的结果，也是追求神似、以形写神的民族传统美学思想积淀的产物。这是一种美的创造，其极大地解放了作家、舞台艺术家的创造力和观众的艺术想象力，从而使戏曲的审美价值得到了极大的提高。

二、戏曲艺术品貌

（一）以歌舞演故事

一般来说，在前艺术阶段（即原始宗教阶段），各个民族的各种艺术因素的萌芽是综合在一起的。到艺术阶段，欧洲各艺术种类逐渐分化。譬如在古希腊时代的欧洲，戏剧是有歌有舞的，后来经过索福克勒斯、欧里庇得斯等人的改革，歌（舞）队渐渐失去作用，戏剧变成以对话、动作为主要表现内容的单纯剧种。

中国戏曲的情况就不同了，它始终趋于歌、舞、剧三者的综合。其也是一门由简单向复杂、由低级向高级发展的艺术。在这个发展过程中，为了能把五光十色的人间生活置于小小的舞台上，也为了使平素过着单调枯燥日子的百姓能在观剧时感受到种种意想不到的精神刺激，它不断地向其他艺术学习，如诗歌、音乐、舞蹈、绘画、说唱、杂技、武术等，逐渐成为一种内容广泛、花样繁多的综合性艺术。换句话说，中国戏曲是在文学（民间说唱）、音乐、舞蹈等各种艺术成分都充分发展又相互兼容的基础上形成的，以对话、动作为表现特征的戏剧样式。

（二）远离生活之法

中国戏曲的对话是音乐性的，动作是舞蹈性的，而歌和舞本身就决定了中国戏曲的外在形式远离生活，这样可使之具有节奏、韵律、和谐之美。中国戏曲艺术比一般的歌舞还要远离生活。表演者的化妆服饰、动作语言颇有“矫情镇物，装腔作势”之感，而这样做是为了把普通的语言、日常的动作、平淡的感情进行强化、美化、艺术化。为此，中国的戏剧艺术家长期揣摩说白、咏歌、舞蹈（身段）、武打的表现技巧和功能，呕心沥血，乐此不疲。久而久之，他们创造、总结、积累了一系列具有夸饰性、表现性、规范性和固定性的程式动作。任何一个演员若要表演“笑”，就必须按照极具夸张色彩、被规范固定了的“笑”的程式动作去表演，即使在今天也是如此。远离生活形态的戏曲依旧以生活为艺术源泉。中国戏剧家对生活既勤于观察，又精于提炼，因此，其能精确又微妙地刻画出人物的外形和神韵，做到形神兼备。

中国戏曲艺术连一颦一笑都要远离自然形态的原因是很多的。首先这门艺术的大众娱乐性、商业性是重要的因素。在古代中国，戏曲演出常在寺庙、草台、院坝或乡镇农村。每当表演时，成千上万的观众会聚拢，如潮的人声会夹杂着摊肆的嘈杂。处在这样的表演条件与环境下，艺人们为了不让戏剧淹没在喧嚣之中，不得不苦心孤诣地寻求突出自己存在和影响的有效手段。正是这个顽强地表现自我、扩张自我的出发点，使得他们以远离生活之法来表现生活的艺术规则，如高亢悠扬的唱腔配以敲击有力的锣鼓，镶金绣银的戏衣衬着勾红抹绿的脸谱，火爆激烈的武打，如浪花翻滚的长髯等，这一法则的实践结果不仅能带给人赏心悦目的审美体验，而且其舞蹈表演的程式规范化，音乐节奏的板式韵律化，舞台美术、人物化妆造型的图案装饰化，连同剧本台词的诗词格律化，共同构成了中国戏曲和谐严谨、气韵生动、具于高度美感的文化品格。

（三）超脱的时空形态

中国戏曲舞台上的表演讲究的是真真假假、虚虚实实的“逢场作戏”，这十分鲜明地标举了戏剧的假定性。而这与西方戏剧一贯采用的幻觉性舞台艺术处理原则非但不同，甚至完全相反。在西方，自大幕拉开的那一刻起，戏剧家就要千方百计地运用一切可能的舞台手段，去制造现实生活的幻觉，使观众忘记自己在看戏。为此，西方的戏剧家将舞台当作相对固定的空间。绘画性和造型性的布景创造了戏剧需要的特定情景。人物间的一切纠葛都被放到这个特定的场景中来表现、发展和解决。在同一场景里，情节的延续时间和观众感受到的实际演出时间大体一致。这就是西方戏剧舞台的时空观，其理论依据是亚里士多德的模仿说，它的支撑点是艺术要真实地反映生活。

在中国，戏剧家不依靠舞台技术创造现实生活的幻觉，不考虑舞台空间的大小是否符合生活空间的大小，也不要求情节时间和演出时间的大体一致。中国戏曲舞台是一个基本不用布景装置的舞台。舞台环境的确立以人物的活动为依归，即有人物的活动，才有一定的环境；没有人物的活动，舞台不过是一个抽象的空间。中国戏曲舞台上的时间形态也不是相对固定的。它超脱、流动，或者说很有“弹性”。要长就长，要短就短。而长与短则完全由内容的需要来决定。

中国戏曲这种极其超然灵动的时空形态是依靠表演艺术创造出舞台上所需的一切来实现的。剧本中提示的空间和时间是随着演员的表演所创造的特定戏剧情景而产生，并取得观众认可的。

中国戏曲的超然时空形态，除了与虚拟性的表现方法有关，还与连续性的上下场结构形式有关。演员由上场门出，从下场门下，这上下与出入非同小可，它意味着一个不同于西方戏剧的以景分幕的舞台体制。演员的上、下场，角色在舞台上的进进出出，实现了戏剧环境的转换并推动着剧情的发展。如在京剧《杨门女将》里，于紧锣密鼓中，持枪的穆桂英从上场门英气勃发地出来，舞台就是校兵场，这时她是在校场操练兵马，然后其从下场门回到营房。中国戏曲的这种上、下场形式，结合着演员的唱念做打等技术手段，配以音乐伴奏，能够有效地表现舞台时间、空间的更替和气氛的变化。在一场戏里，人物的活动可以使戏曲的环境由一个切换到另一个。

（四）虚拟手法——舞台结构之核心

中国戏曲超然灵动的时空形态是靠表演艺术创造的，其有着一整套具有虚拟性的表现方法。这是其最核心的特点。

一个戏曲演员在没有任何布景、道具的情况下，凭借着自身描摹客观景物形象的细致动作，使观众了解其扮演的这个角色当时所处的周围环境。例如淮剧《太阳花》中“燕坪报警”一折，运用鹞子翻身程式，使观众了解了燕坪为报警而内心的紧张。再如在淮剧《柜中缘》中，玉莲的缕线、挽绊、穿针、引线、刺绣等动作，通过微妙的虚拟性，使观众一目了然地知道她在想什么、做什么。所以，这种表演的虚拟性不仅需要演员用自己的动作虚拟某种客观物象，还需要演员借这种状物绘景表现处在这种特定环境中的人物的情绪。从这个意义上讲，虚拟性又起着把写景写情融为一体的积极作用。中国戏曲的虚拟性给了剧作家和演员极大的艺术表现自由，拓宽了戏剧表现的生活的领域。在有限的舞台上，演员运用高超的演技，可以把观众带入江流险峰、军营山寨等多种多样的生活情境中，使观众在想象中完成艺术创造的任务。

需要说明的是，虚拟手法的确可以使死板的舞台活跃起来，但这种活跃绝非不受限制，因为其要符合艺术必须真实地反映生活这个基本规律。因此，舞台的虚拟性必须和演员表演的真实感结合起来。比如，在“趟马”（即一套骑马的虚拟动作）中，“马”是虚的，但马鞭是实的，演员扬鞭、打马的动作必须准确、严谨，且符合生活的客观逻辑。

三、走近中国戏曲

（一）戏曲中的行当

表演戏曲的人物分角色行当，这是中国戏曲特有的表演体制。从内容上说，行当是戏曲人物艺术化、规范化的形象类型。从形式上看，其又是有着鲜明性格色彩的表演程式的分类系统。这种表演体制是戏曲的程式性在人物形象创造上的集中反映。每个行当都是一个形象系统，同时也是一个相应的表演程式系统。生、旦、净、丑各个行当都有各自的形象内涵和一套不同的程式、规制；每个行当都有鲜明的表现力和形式美。

1. 生

老生，生行的一支。因多挂髯口（胡须），又名须生。多扮演中年或老年男子，是性格正直刚毅的正面人物，重唱功，用真声，念韵白，动作造型庄重、端方。

小生，生行的一支。与老生相对应，小生扮演青年男性，不戴胡须。高腔和地方小戏系统的剧种多用真声演唱。昆曲和皮黄系统的剧种多以假声为主、真假声混合演唱。

武生扮演擅长武艺的青壮年男子，其中分长靠武生、短打武生两类。长靠武生扮演大将，一般使用长柄武器。其表演要求功架优美、稳重、沉着，要有大将风度和英雄气魄；念白讲究吐字清晰，峭拔有力，重腰腿功和武打。短打武生常用短兵器，表演动作以轻捷矫健为主；舞蹈身段要求漂、帅、脆，干净利索。武生也兼演部分武净戏。

2. 旦

正旦，旦行的一支。原为北杂剧行当名，后泛指旦行中的主角。近代戏曲中的正旦已成为能够概括一定类型的独立行当。其主要扮演娴静庄重的青年、中年妇女。重唱功，多用韵白。因常穿青素褶子，故又名“青衣”。

花旦，旦行的一支。多扮演性格明快或活泼放荡的青年女性。表演常带喜剧色彩，重做功和念白。

武旦，旦行的一支。扮演擅长武艺的女性。按扮演人物的身份和技术特点，其又分刀马旦和武旦两种类型。刀马旦多扎靠、骑马，持长兵器，表演重身段、功架、念白。

老旦，旦行的一支。扮演老年妇女。唱念用本嗓，唱腔虽与老生相近，但有女性婉转迂回的韵味。多重唱功，兼重做功。有些剧种称老旦为“夫旦”或“婆旦”。

彩旦，旦行的一支，又称“丑旦”“丑婆子”。常扮演滑稽或奸刁的女性人物。表演富于喜剧、闹剧色彩。有的剧种称其为“摇旦”。

3. 净

大花脸，净行的一支，也称“正净”“大面”。常扮演剧中地位较高、举止稳重的人物，这些人物多为朝廷重臣，故造型气度恢宏。其表演重唱功，唱念及做派要求雄浑、凝重。

二花脸，净行的一支，又称“副净”“架子花脸”“二面”。大都扮演勇猛豪爽的正面人物。以做功为主，重身段功架，唱念中有时夹用炸音，以点染特定人物的威势和性格上的刚烈。一些勾白脸的奸臣也属二花脸范围。

武二花，净行的一支，也称“摔打花脸”“武净”。动作以跌扑摔打为主，不重唱、念。

油花脸俗称“毛净”。多用垫胸、假臀等塑型扎扮（叫作扎判），以形象奇特笨重、舞蹈身段粗犷而妩媚多姿为特点，有时会表演喷火、要牙等特技。

4. 丑

文丑，丑行的一个支系，包括人物类型极广，除武夫外，各种丑角均由文丑扮演。

武丑，丑行的一支，俗称“开口跳”。常扮演机警幽默、武艺高超的人物，念白口齿伶俐，吐字清晰真切，语调清脆，动作轻巧敏捷、矫健有力，擅长翻跳扑跌等动作。

（二）戏曲脸谱

一般来说，生、旦的化妆是略施脂粉以达到效果，这种化妆称为“俊扮”。生、旦行角色的面部化妆，无论什么人物都差不多。生、旦的人物个性主要靠角色表演及角色服装等表现。

脸谱化妆主要用于净、丑行当的各种人物，其以夸张强烈的色彩和变幻无穷的线条来装饰演员的面貌，与“素面”的生、旦妆容有着鲜明的差别。净、丑”角色的勾脸因人设谱，一人一谱，尽管它是由程式化的各种谱式组成，但却是一种性格妆，可以直接表现人物个性，有多少净、丑角色，就有多少谱样。

戏曲脸谱的变形大胆而夸张，但是这种大胆和夸张又不是随便涂抹就可以的，其是有一定的规律和方法的。脸谱艺术非常讲究章法，其将点、线、色、形有规律地组织成装饰性的图案造型，由此形成了戏曲脸谱各种各样的格式与规则。

1. 谱式分类

谱式分类是从脸谱的构图上来讲的。其一般可分为以下几种类型。

（1）整脸。脸部的化妆颜色基本是一个色调，只是在眉、眼部位有变化，构图简单。如《战长沙》中的关羽是红整脸、《赤壁之战》中的曹操为白整脸、《铡美案》中的包拯为黑整脸。

（2）三块瓦脸。其也称三块窝脸，是最基本的谱式。其以一种颜色为底色，用黑色勾画眉、眼、鼻三窝，将其分割成脑门和左右两颊三大块，形状像三块瓦一样。如晁盖、关胜等的脸谱。

（3）花三块瓦脸。其也称花三块窝脸，是在三块瓦脸的基础上，增添了许多纹样，将眉窝、眼窝、鼻窝的纹路勾画得较复杂。如窦尔墩、典韦、曹洪等的脸谱。

（4）十字门脸。其是从额顶到鼻尖画一通天立柱纹，两眼窝之间以横线相连，立柱纹与横线交叉形成十字形，故被人称作“十字门脸”。如《草桥关》中的姚期、《汉津口》中的张飞等的脸谱。

（5）六分脸。其是将脑门上的立柱纹与眼部以下部位均画成一种颜色，脑门上立柱纹以外的颜色占全脸的十分之四，眼部以下的颜色占全脸的十分之六，上下形成四六分的形式，故被人称作“六分脸”。如《群英会》中的黄盖、《将相和》中的廉颊等的脸谱。

（6）碎脸。其由“花三块瓦脸”演变而来，但比“花三块瓦脸”更花哨。其构图形式多样，色彩种类丰富，线条复杂细碎。如《取洛阳》中的马武、《金沙滩》中的杨七郎等的脸谱。

（7）歪脸。其构图、色彩不对称，给人以歪斜之感。如《打龙棚》中的郑子明（郑恩）、《落马湖》中的于亮等的脸谱。

（8）元宝脸。脑门和脸膛的色彩不一样，形如元宝，故被人称作“元宝脸”。如徐盛、麻叔谋等的脸谱。

（9）僧道脸。其包括“僧脸”和“道士脸”。“僧脸”又名“和尚脸”，一般勾大圆形眼、花鼻窝、花嘴岔，脑门上勾一个红色舍利珠圆光或九个点，表示入了佛门。其色彩分白、红、黄、蓝等，但白色多见。如鲁智深、杨延德（杨五郎）等的脸谱。

（10）太监脸。其用来表现那些擅权害人的宦官。尖眉子示其奸诈；菜刀眼窝暗寓其鱼肉百姓；光嘴岔下撇代表其有通诈残忍的性格；脑门勾圆光示其阉割净身，自诩为佛门弟子；脑门和两颊有胖纹，表示其养尊处优。其色彩多用白、红两种。如刘瑾、伊立等的脸谱。

（11）神怪脸。其用于表现神、佛以及鬼怪的面貌。色彩主要用金色、银色，让人有虚幻之感。如二郎神杨戬、牛魔王等的脸谱。

（12）象形脸。其是将具有鸟兽整体或局部特征的图案勾画于脸上。如孙悟空、白虎等的脸谱。

（13）丑角脸。其又称“小花脸”“三花脸”。其特点是人物整个脸只有中心一块白，形状如豆腐块、桃形、枣花形、腰子形、菊花形等。如《群英会》中的将干、《女起解》中的崇光道、《连环套》中的朱光祖等的脸谱。

以上是脸谱整体谱式的大体分类，其实还可以分得更细、更多，但大体上这种分类可将所有类型包含在内。如小妖脸表现的是神话戏中的天将、小妖等角色，其基本样式属象形脸，但又可归入神怪脸中，因此小妖脸就不必再分类了。

2. 谱色分类

一般情况下，脸谱的脑门和两颊部位的颜色构成脸谱的主色，而谱色分类就是按照脸谱的主色来分类的。

谱色有相对固定的象征意义和特殊寓意，所以很多时候能够表现人物的基本性格特征。这是在长期的戏曲演出中，观众和演员之间通过互动对话，自然而然形成的结果。

（1）红脸。其表示忠勇耿直、有血性的勇烈人物，如关羽、赵匡胤、姜维等。但也有例外，如《法门寺》中的反面人物刘瑾就勾红脸，这里有讽刺之意，使人一看便知其是个擅权的太监。

（2）粉红脸。其表示年迈气衰、德高望重的忠勇老将，如廉颇、袁绍等。

（3）紫脸。其表示刚毅威武、稳重沉着的人物，如樊哙、常遇春等。

（4）黄脸。其表示骁勇善战的武将，如典韦、宇文成都等。

（5）蓝脸。其表示刚直勇猛、桀骜不驯的人物，如夏侯惇、窦尔墩等。

（6）绿脸。其表示侠骨义肠、性格暴躁的人物，如程咬金等。

（7）黑脸。其表示忠耿正直、铁面无私或粗率莽撞的人物，如包拯、张飞、夏侯渊等。

（8）白脸。其又分水白脸和油白脸。水白脸表示阴险奸诈、善用心计之人，如曹操、赵高、严嵩等。白脸多用于反面人物，但也有例外，如鲁智深、杨延德（杨五郎）等。

（9）瓦灰色脸。其表示老年枭雄。

（10）金银脸。其一般用于神、佛、鬼怪，如二郎神、金翅鸟等。但也用于一些英勇无敌的将帅或番邦将帅，如李元霸、金兀术等。

（三）戏曲音乐

戏曲音乐是中国民族民间音乐的一种体裁。它是戏曲艺术中表现人物思想感情、刻画人物性格、烘托舞台气氛的重要艺术手段之一，也是区别不同剧种的重要标志。它来源于民歌、曲艺、舞蹈、器乐等多种音乐元素，是中国民族民间音乐的重要组成部分。这种戏剧音乐有自己独特的结构形式、表现手法、艺术技巧，具有强烈的民族艺术风格。

中国戏曲音乐具有民间性和程式性的特点，其在本质上属于民间音乐。戏曲音乐的创作具有民间创作的性质，且在很大程度上保留着民间音乐的若干特征。第一，戏曲音乐植根于民间，有深厚的群众基础。它与各地的方言、各地的民歌及说唱音乐有着密切的联系。第二，各个剧种的音乐都不是由某一作曲家个人创作出来的，而是民间音乐长期发展的产物，是世世代代集体创作的成果，凝聚着世代人民的艺术智慧。第三，历史上的戏曲音乐通过口头传唱而不断衍变。由于每个个体条件不同、方言语音不同，因此其口头传唱的腔调会发生若干变化。这种可变性使得同一种腔调可以演变为风格或语音不同的腔调；同一剧种中的唱腔又可形成特色不同的流派。传统的戏曲音乐便是按照民间音乐的这种衍变方式不断发展变化的。第四，在戏曲音乐的创作中，演唱（奏）家同时也是作曲家，演唱（奏）的过程即为作曲的过程。民间性的特点几乎存在于所有声腔、剧种之中。唯有昆腔是出自民间而后经过魏良辅等人的革新，由文人、作曲家定腔定谱的剧种。但它也不同于西方歌剧。

戏曲音乐的另一个特征是它的程式性。戏曲音乐的程式，大到贯穿戏剧演出的音乐结构、唱腔体制（唱南北曲的曲牌体或唱乱弹诸调的板腔体）的形式，小到曲牌、锣鼓点等的结构，体现在音乐的各个方面。任何剧目的唱、念、做、打都离不开音乐程式的组合与运用。这种创作方式不是抛开传统，而是在传统表现形式与手段的基础上，实现新的综合、新的创造。程式的运用有一定的法则。不同的声腔、剧种，往往有不同的音乐程式。基于音乐的逻辑性，其对程式的要求是严格的，但严格规范的程式在具体运用时又可以根据实际情况灵活调整。长期的实践证明了戏曲音乐程式的表现功能是进行戏曲舞台形象创造的重要手段。

戏曲音乐包括声乐和器乐两大部分，声乐部分主要是唱腔和念白，是戏曲音乐的主体。中国传统美学思想认为人声歌唱比器乐伴奏更为亲切动人，更易唤起观众的理解与共鸣。其原因在于乐器所奏出的音乐，虽然能传情，但是不能表意。戏曲音乐刻画人物形象主要依靠声乐，即优美的唱腔与动人的演唱。戏曲中无论演唱的是曲牌还是板腔，都可以分为抒情性唱腔、叙事性唱腔和戏剧性唱腔。抒情性唱腔的特点是字少声多，旋律性强，常用于抒发角色内在的感情；叙事性唱腔的特点是字多声少，朗诵性强，适用于叙述、对答的场合；戏剧性唱腔多为节拍自由的散板，节奏的伸缩有极大的灵活性，因而常用于表现激昂强烈的感情。这三类曲调的交替运用构成了戏曲音乐复杂多变的戏剧性。中国戏曲有很多传统剧目，其之所以能在舞台上久唱不衰，主要得益于其脍炙人口的唱腔。

（四）戏曲唱腔

戏曲演唱艺术在长期发展中也形成了自己的独特风格与专业技巧。其在演唱上注重字与声、声与情之间的关系。清晰准确地表达字音与词义是唱功的第一要求，由此形成了一系列的演唱方法与技巧。演唱一般包括发声、吐字、用气、装饰唱法等，其目的是表达戏剧中人物的思想感情。唱出曲情，以情动人，才是演唱艺术最高的审美标准。众多的戏曲演员在演唱上的贡献莫过于唱腔流派的创建。演员和乐师在剧种腔调基础上创造的流派唱腔更具有音乐作曲的实践意义。京剧旦行表演艺术家梅兰芳与琴师徐兰沅的合作创腔就是典型的事例。京剧中旦行的梅（兰芳）派、程（砚秋）派、荀（慧生）派、尚（小云）派，老生行的余（叔岩）派、马（连良）派，越剧中小生行的范（瑞娟）派、徐（玉兰）派、尹（桂芳）派，旦行的袁（雪芬）派、傅（全香）派、戚（雅仙）派、吕（瑞英）派等，这些都是在唱腔艺术上享有盛誉的流派。

戏曲中的唱腔大体可分为三种类型。

第一种是抒情性唱腔，其特点是速度较缓，曲调婉转曲折，字疏腔繁，抒情性强。它宜表现人物深沉而细腻的内心感情。许多剧种的慢板、大慢板、原板、中板均属于这一类。

第二种是叙事性唱腔，其特点是速度中等，曲调较平直简朴，字密腔简，朗诵性强。它常用于交代情节和叙述人物的心情。许多剧种的二六、流水等属于这一类。

第三种是戏剧性唱腔，其特点是曲调的进行起伏较大，节奏与速度变化较为强烈，唱词的安排可疏可密。它常用于感情变化强烈和戏剧矛盾冲突激化的场合。各戏剧中的散板、摇板等板式曲调都属于这一类。

（五）戏曲念白

戏曲人物的内心独白和对话，除了可以通过唱腔的形式被唱出，还可以通过念白来表现。唱与念是戏曲声乐的两大组成部分。历代有成就的演员皆是唱念俱佳者。唱念是表情达意的基础。汉语四声字调，抑扬顿挫，也是念白音乐美的基础。各种念白形式，如京剧的韵白、京白、方言白，都是语言与音乐不同程度的结合。

（六）戏曲器乐

器乐部分包括不同乐器组合的管弦乐（俗称“文场”）和打击乐（俗称“武场”）。器乐用于声腔的伴奏和开场、过场音乐。值得一提的是，武场——打击乐，对统一和增强舞台节奏有着重要的作用，它是中国戏曲中特有的艺术表现手段。

戏曲以器乐为表现手段，主要用于为唱、做、念、打（即表演艺术）伴奏，以及塑造人物性格、抒发思想感情和渲染舞台气氛。器乐伴奏的任务由乐队担任。戏曲乐队由两部分组成，弦管乐部分称文场，打击乐部分称武场，两者合称文武场。文场的作用主要是为演唱伴奏，并演奏配合表演而用的曲牌（属场景音乐）。武场的主要任务是用打击乐器打出锣鼓点，并配合演员的身段动作、念白、演唱、舞蹈等，使其起止明确，节奏有序，并且在鼓板师父的领奏（指挥）下，调节和控制全剧的节奏。器乐在戏曲音乐中虽处于辅助地位，但它有声乐所不及的长处。

中国戏曲音乐的主奏乐器有昆剧的曲笛，秦腔、豫剧、河北梆子等梆子戏的板胡，京剧、汉剧等皮黄戏的胡琴，以及山东吕剧的坠子琴等。主奏乐器的不同音色和演奏方法，常常是形成这一剧种特有风格色彩的重要标志。

打击乐器在戏曲中使用极广，有突出的艺术效果。戏曲的唱、念、做、打有很强的节奏性，而锣鼓是一种音响强烈、节奏鲜明的乐器，它是戏剧节奏的支柱。锣鼓伴奏的配合，能增强戏曲演唱、表演的节奏感和准确性，有助于表现人物的情绪，烘托舞台气氛。

戏曲器乐的各种各样的曲牌，打击乐的各种锣鼓点，构成了戏曲的场景音乐。

四、戏曲的革新与发展

戏曲集中华文化之大成，在世界艺术之林中独树一帜。据 20 世纪 80 年代编纂出版的《中国戏曲志》统计，我国历史上共出现过 394 个戏曲剧种，文化大革命以前有 360 个剧种活跃在各地各民族的戏剧舞台上。在漫长的发展过程中，中国戏曲逐渐形成了比较完整的艺术体系。

在戏曲发展辉煌的时期，说其是“万人空巷”并不为过。虽说戏子在封建社会一直未得到大众的认可，但是上至王公贵族，下至平民百姓，都离不开戏曲的滋润。先有唐明皇钟情戏曲，后有元代戏曲的全面兴盛。戏曲曾经的辉煌向我们展示了其自身独特的魅力，也向我们展示了戏曲市场的广阔。作为一种内涵极为丰富的文化现象，中国戏曲以博大精深的内涵、源远流长的历史、鲜明的民族风格、富于艺术魅力的表演形式强烈地吸引着历代的文人雅士。它是中华民族文化的一个重要组成部分，同古希腊悲喜剧、印度梵剧并称为世界三大古剧。

随着时代的变迁，戏曲音乐面临着两个问题：一是如何继承与发扬民族戏曲音乐的传统，去粗取精，使它绽放出新的光彩；二是如何使其表现新生活，塑造新人物。自改革开放以来，在戏曲音乐工作者、演员、乐师的共同努力下，戏曲的唱腔、唱法、伴奏、乐队等各个方面都有了一定的突破，并取得了可喜的成绩。戏曲音乐的改革主要体现在传统剧目的加工与新剧目的创作（包括历史故事题材、现实生活题材两类剧目）方面，具体的改革方法有以下几点：第一，总结历史经验，采用固有的作曲方法与手段；第二，借鉴、吸收、采纳西方音乐的作曲法，在创作实践中探索前进。

为适应新时代的发展，在新剧目中要对传统戏曲中某些很有特色的表现形式和处理手法进行创造性地运用。如在《沙家浜》的《智斗》一场中，阿庆嫂、胡传魁、刁德一三人的对唱，就是传统表现形式的妙用，它表现了三方复杂微妙的矛盾关系，并显示了三个人物的性格特征，使得整个剧目很有戏剧性。

第六章　中国传统文化的传承

第一节　浅谈中国传统文化的传承

中国传统文化是中国文化的主体部分，也是我们从先辈那里继承的丰厚的历史遗产。它不仅记录了中华文化发生、演化的历史，而且世代相传的思维方式、价值观念、行为准则、风俗习惯，渗透在了每个中国人的血脉中。传承中华优秀传统文化对于培育和弘扬民族精神，增强民族自尊心、自信心、自豪感，凝聚和团结全国各族人民，起着重要的纽带和基础作用。

中国是一个有着数千年历史和悠久文化的文明古国，在辉煌灿烂的中国传统文化中，如以人为本、讲究诚信、注重和谐、重视教育、倡导德治等思想，在当今中国的改革开放和现代化建设中仍具有重要的作用。

中国文化是中华民族对人类的伟大贡献。独具特色的语言文字，浩如烟海的文化典籍，嘉惠世界的科技工艺，精彩纷呈的文学艺术，充满智慧的哲学宗教，完备深刻的道德伦理等，共同构成了中国文化的基本内容。从历史性的意义上讲，中国文化既包括源远流长的传统文化，也包括不断发展变化的近现代文化。传统文化是先辈们传承下来的丰厚遗产，曾长期处于世界领先地位，是历史的结晶，但它并不是博物馆里的陈列品，而是活着的生命，它所蕴含的、代代相传的思维方式、价值观念、行为准则，一方面具有强烈的历史性、遗传性，另一方面具有鲜活的现实性、变异性。因此，在现实生活里，我们时时刻刻都能感觉到它的存在，它在影响现实的同时，也在新的时代氛围中发生蜕变，更新原有的文化内容。

中国传统文化指以华夏民族文化为主流的、在长期的历史发展过程中融合、形成、发展起来的，具有稳定形态，包括思想观念、思维方式、价值取向、道德情操、生活方式、礼仪制度、风俗习惯、宗教信仰、文学艺术、教育科技等诸多内容的文化。自改革开放以来，随着人们思想的解放，国力的强盛，民族自尊心、自信心的恢复，研究和发展中国传统文化成为思想文化界的重要内容。由政府到学界，由国内到国外，国学热不断升温。如全国掀起了国学热，政府举办了“俄罗斯‘中国年’”“德国‘中国年’”，在各个国家开设了孔子学堂等，这些都带给了我们很多思索：我们应该如何看待中国传统文化？我们应该采取怎样的方式传承和发展中国传统文化呢？

一、要正视中国传统文化中的消极现象

中国独特的社会历史条件使中国传统文化有了鲜明的双重性格。它是一个精华与糟粕、积极因素同消极因素并存的两面体，其积极、消极因素并不是泾渭分明的，而是浑然一体、相互交织的，可能从一个方面看其是精华，从另一个方面看其又是糟粕，这种复杂情况要求我们必须审慎地对待传统文化的影响。对于中国传统文化，不能一棒子打死，不能妄自菲薄、数典忘祖，搞历史虚无主义是不行的；但抱残守缺、照抄照搬、全盘吸收，大搞复古主义也是违背历史发展规律的。人们在面对传统文化的消极影响时，常常避而不谈，选择躲避，这其实是行不通的，而应该正视它、走近它、反观它。在认清其消极影响的同时积极克服它，如此才能更好地吸收传统文化的精华。因此，正视中国传统文化的消极现象，对传承优秀传统文化具有十分重要的意义。

二、要加强对中国优秀传统文化的保护和发展

任何一个民族、一个国家，不管是对历史负责，还是对未来负责，都应保持自己的文化特色，保护自己的文化遗产。这就要求人们既要加强对中国优秀传统文化的保护和发展，又要重视理论研究。中国传统文化是中华民族在历史长河中形成和发展起来的比较稳定的文化形态，是中华民族智慧的结晶，是中华民族的历史遗产在现实生活中的展现。这个思想体系蕴含着丰富的科学精神，主要体现在三个方面：一是凝聚之学。这种基本精神注重和谐，强调把个人与他人、个人与群体、人与自然有机地联系起来，使之形成一种文化关系。二是兼容之学。中国传统文化并不是一个封闭的系统，在古代尽管对外交往受到限制，但是其还是以开放的姿态实现了对外来文化的包容。三是经世致用之学。文化的本质特征是促进自然、社会的人文化，它以究天人之际为出发点，落脚点是修身、治国、平天下，力求在现实社会中实现其价值，因此，保护中国传统文化的物质载体成为一项重要工作。文化的“神”是文化的核心和灵魂，文化的“形”是文化的“神”的载体，要发挥它新的生命活力，就应实现其“神”与其“形”的现代统一。一方面，我们要致力于固有的“形”的保存，保护经典文本、文物古迹、传统节庆、积极的民间习俗、民间谚语等文化遗产，使之继续发挥其作为“神”的载体的作用；另一方面又要总结其“神”的特性，对其进行现代价值的再创造，融入中国特色社会主义的理念和价值观念，使之更具时代特征和时代引导能力，使有“形”的文化遗产更具有现代生命力。

三、要加强和重视中国传统文化价值体系的构建

中国传统文化具有鲜明的整体性，各种文化形式之间相互贯通、相互影响。只有在全面地了解中华文化各个门类形式的基础上，我们才有可能对其总体特征与实质有较深入的理解。中国传统文化中的“孝、悌、忠、信、礼、义、廉、耻”是做人的根本，也是孔子德育内容的精髓。“仁义礼智信”“以和为贵”“兼爱”“尚贤”“自强不息”等文化元素都需要被发扬光大，都应该成为传统文化的重要组成部分。西方文化中的科学精神、民主思想、法制观念、人权理论等文明成果，也应成为中国文化浑然天成的一部分，如此可使中国传统文化的价值体系更加完善。中国传统文化的传承与改造要有面向现代化、面向世界、面向未来的时代意识，要坚持取其精华、去其糟粕，古为今用、洋为中用，构建完善的价值体系，使优秀的中国传统文化得到弘扬和发展。

四、要大力传播和弘扬中国优秀的传统文化

中国传统文化是一种理性的文化，科学越发达，人们文化水平越高，其传播工作就越可以顺利开展。2006 年，国务院发布的《国家“十一五”时期文化发展规划纲要》就明确提出：“重视中华优秀传统文化教育和传统经典、技艺的传承。在有条件的小学开设书法、绘画、传统工艺等课程，在中学语文课程中适当增加传统经典范文、诗词的比重，中小学各学科课程都要结合学科特点融入中华优秀传统文化内容。高等学校要创造条件，面向全体大学生开设中国语文课。”这充分体现了国家对中华传统文化的高度重视。通过学校教育和媒介，使孩子从小就接受中国传统文化的熏陶和洗礼，这对弘扬和发展中华传统文化可谓意义深远。在学校教育中，相关部门可以把中国传统文化作为一门单独的课程来设置，就如语文、数学等其他各科一样，这门课程应重在介绍中国传统思想、传统价值观和道德观、传统风俗习惯、传统文学艺术等，使学生在这门课程中能体会到中国传统文化博大精深的魅力，从而对其生出敬畏之感；看到其与现代中国千丝万缕的联系，进而产生历史认同感和归属感；看到其在世界发展中的地位，从而生出自信心。只有系统地传播和弘扬中国传统文化，利用现代传播媒介，向大众、向世界宣传，使之融入文学艺术、影视戏剧中，渗透在网络、文化交流中，使之面向社会大众，才能唤起社会大众了解传统历史和文化的热情。只有这样，中国优秀传统文化才能深入民心，才能走出国门，才能成为中国先进文化的一部分，成为世界文化的重要组成部分。

第二节　中国传统文化传承人保护

鲜活的经验和智慧的精华往往潜藏于中国传统文化之中。在当代社会中，对传统文化的传承离不开对传承人的保护。本节从保护传承人的视角，从完善传承人的培养、认定、保护机制等领域来全面思考保护传承人的问题，分析保持中华文化多样性和持续性的重要性、多元文化冲击下传承人迎接新挑战的方法以及政府、研究学者等在保护传承人中的作用等问题，逐一针对当下保护传承人的棘手问题，提出相关有效对策。

文化的保护与传承是一个世界性的课题，我们要以高瞻远瞩的视野和别具匠心的视角来看待。中国传统文化承载着灿烂的中华历史文明，传承着中华民族精神。随着改革开放和经济的不断发展，社会对传统文化的内涵有了更深层次的认识。文化亦为人化。要把中国传统文化完整地传承下去，保护传承人是一个举足轻重的环节，也是大势所趋。文化传承人是促进社会经济发展的宝贵财富，也是得天独厚的优质资源，对其进行保护功在当代、利在千秋。

中国传统文化是一种以口传心授与躬行实践形态来传承和延续的活态文化，因此对传承人的保护显得尤为重要。随着经济全球化的快速发展，我国传统文化的生存环境正遭受严峻考验，如传承人逐渐老去，生活环境的变迁加速了文化的消亡，丰富的村落或少数民族聚居地的特色文化开始消失等，这些都使当前传承人的保护工作显得尤为紧迫。当前各地政府和相关部门应该充分认识到保护文化传承人的重要性和紧迫性，应该采取有效措施，增强民众保护文化传承人的责任感，把保护文化传承人的工作实施到位，为中国文化的复兴做出应有的贡献。

一、中国传统文化传承人的保护工作存在的问题

（一）多元文化的冲击，使得浮躁之气盛行

上下五千年的历史孕育了丰富的中国传统文化。在全球经济一体化下，我们更要保持世界文化的多样性，如若每一个民族文化都一样，那么人类社会就会陷入不平衡的状态中，无法朝正确的方向前进一步，这样就生生地辜负了前人的智慧和后辈的期望。因此，政府及相关部门应着手保护传统文化，使其能够发挥它独一无二的价值，使各类民族文化能够达到一种百花齐放与百家争鸣的状态，能够在全球一体化的浪潮中依然屹立不倒并绽放光芒。

（二）传承人对自身价值认知不明确

时代在发展，很多年轻人选择外出务工以维持家庭生计。那么在新的商业浪潮中，现代化快节奏与方便快捷的生活方式与循规蹈矩且平淡的传统生活方式相比，年轻人似乎偏向前者多一些。现在真正拥有传承传统文化能力的人才越来越少。

宣传工作虽在循序渐进地进行，但事实上民众对非物质文化遗产的保护意识是非常匮乏的，这样的劣势现状会影响非物质文化保护和传承的进度。政府对于传承人的关注与尊敬也未落实到位，要理解几千年传承下来的工艺、宗教祭祀、仪式、民俗传统等，不是单靠几个踽踽独行的人支撑下来就可以的，这些优秀的文化必须要有一批有崇高理想和坚定信念的人来代代传承。同时传承人在自我价值的认知上也存在很多问题，社会上给予所谓的官方认可或是指定，让有些传承人稀里糊涂地当上了传承人，之后的程序就是按部就班地打造品牌效应，登上宣扬民族文化的新舞台。因为政府在申请非物质文化遗产传承人的过程中，只会挑选出色的领头者并仅扶持补贴其挑选的人，这样的举措虽然鼓励了少数传承人，但寒了大部分传承人的心。在个人认知这一方面，因为大多数民族文化传承人受教育程度不高，加上还要维持家庭生活，所以很少有闲暇时间可以提升自己的知识水平，他们对于外界进行得如火如荼的非遗保护了解甚少，所以传承的火苗压根就没有蔓延开来。这些优秀文化是民族合力传承下来的，不能仅靠几个人去维持，因为一旦这些人离开人世，那么这条文化链也就断开了，最重要的是这些文化最终都会被遗忘！所以在这一场保护战中，主体务必是拥有传统技艺的民族众人，而不是政府和专家单独认定的那几位。

（三）忽视传承人的培养

传统文化是中华民族祖祖辈辈传承下来的，要想使文化的传承实现很好的对接并非易事，而全民参与是使文化的精华得到很好地传承的重要举措。全球经济化日益发展，电影、网剧、网络中的新鲜事物无时无刻不占据着人们的心，青年人渴望摆脱现有的学习压力和生活境遇，也热衷于国外的新奇文化。而父母这一辈依旧中规中矩地参加各类传统的民俗活动，如节日活动、婚丧嫁娶等，他们依旧眷恋着中华传统文化。此时，两辈人的思想代沟已经形成，传统和现代相互撞击，在这种情况下，传承人的培养不知不觉就会出现问题。

不仅是家庭方面存在问题，学校教育这一领域也错误迭出。很多高校为了谋求更高的名誉，提高升学率和知名度，给学生安排的课程大都是当下社会的热门课程。如经济学、管理学等新兴学科，却唯独忽视了自身民族文化的传承课程，这使得文化断层现象出现，进而加深了青年人对中国传统文化的陌生感。虽说其后期会意识到要注重培育传承人，但招生这一领域仍有很多遗憾。高校设置的传统学科课程不完善，相关专家学者研究的成果没有显著的影响力，社会团体或机构很少开展优质的传统文化教育活动来鼓励家长和青年人重视传统文化等系列原因，使得目前传统文化的传承面临诸多困难。

（四）传承人认定机制不健全

费孝通说：“文化是脆弱的，如果脱离了它生存的文化圈其将会走向灭亡；文化又是坚强的，走出去还能走回来，但是这种走回来需要一个民族的集体反思和觉悟。”

首先，因为看到国外研究成果突出，所以国内便有紧迫感，想稳稳地抓住这一时代的潮流趋势，因此就会粗略地把具有传统特色的文化统统传承下来，之后再慢慢投入资金和人力去研究，这导致一些民间艺人随随便便地就当上了传承人。

其次，环境孕育了人才，这也是不可小觑的因素，正所谓一方水土养育一方人，独特的地域环境造就了独具特色的人物性格，如北方的地广物博，造就了北方人的豪迈和大气，南方的依山傍水，孕育了许多心思细腻的文人墨客。所以现在的困境是，传承人在保护过程中割断了生源群体，使得传承活动脱离了环境，而研究者们却偏偏将其单独拿出来做研究，这在一定程度上忽略了大局环境意识。

最后，因为国家把传统文化分为很多种类，有些是世界级的，有些是国家级和省级的。官方给的保护措施使民族文化传承仅流于形式，这在很大程度上会降低艺术家被保护的可能，伤害传承人的积极性。

二、完善保护中国传统文化传承人的措施，夯实中华传统文化的根基

中国奇迹不仅体现在建筑效率高、实施计划速度快、经济发展迅猛等方面，而且体现在高尚的精神修养及自强不息、厚德载物的价值观等方面。活态传承讲究的是“活”，传承人在文化活动和文化形态中的作用尤为重要，离开了“人”的概念，整项计划的核心会支离破碎。我们要努力发掘传统文化的当代价值，使它成为软实力发展的动力，成为当代国人的精神力量，以充满斗志的朝气维护中华民族文化的独特性。

（一）在多元文化时代中，保持自身的民族文化自信

习近平同志指出：“坚定中国特色社会主义道路自信、理论自信、制度自信，说到底是要坚定文化自信。”培育好社会主义核心价值观并弘扬中国独具特色的文化精神是我们义不容辞的责任。让后辈在浮躁之气盛行的今天重新找到自己的定位，重视且明确审视传统文化的价值，更有利于让民众树立文化自信以及提升民族自豪感。提升民族文化自信可以从以下几方面考虑。

1. 自信本身的传承能力

在中华人民共和国成立之初，许多核心技术我国还没有，所以我国选择模仿西方

的办学机制，导致那时许多国人认为西方或苏联模式是最佳的。随着时代的发展，后来人们渐渐意识到这种观点是错误的。我们要避免受“西方最佳论”观点的影响，相信自己国家的实力，尊重传承人在新环境下的创新能力。

2. 让传承活起来

在对中华文化充满自信的前提下，国家应一只手抓传承，一只手抓创新，充分发挥群众的能动性，保持传统文化的本真性和创造性，真正做到让传统文化在当今时代依然拥有强大的生命力。比如，传统染布工艺染出的每一块布的花纹和配色都是独一无二的。染成之后，面积稍大的染布可以做成连衣裙、长裤和外套等，面积稍小的染布可以做成围巾、钱包、书套等，这种做法使得物尽其用，物品也颇受游客喜爱。这说明传统手艺通过创新形式在市场上可以找到自己的存在价值。

3. 用发展的眼光看传承

要做到长期传承，有时原汁原味地保存本真模样反而会限制文化自身的发展。传承技艺的每一部分都是世世代代流传下来的，也是被人们不断创新的。各个时期的传承人都是在时间的打磨之下，才创造出中华的艺术瑰宝的。因此，要以发展的眼光看待传统文化，要一边保护一边推动其发展。固定的眼光既不能让传统文化在全球经济时代持续地发展下去，也不能让群众树立起文化自信。

（二）创设传承人与新时代接轨的机会

1. 开设传统文化传承人研修班

在关于非物质文化遗产的保护方面，各类资源都可以在短期时间内被汇集起来，如财力、物力、人力等，但唯独传承人这个“智力”最需要时间来推敲打磨的。传承人是需要“见世面”的，因为诸多传承人的文化知识水平普遍还不够高，在法律上的知识储备也不足，如果对于基本的法律保护知识都不了解，那如何谈得上自我保护呢？研修和培训不仅能让传承人接触新社会和新观点，而且还能使其学到相关的法律或文化知识。研修的相关知识会让传承人知道，要想使传承的技艺长久存活，就要使传统的技艺活起来。我们不仅要让传统文化成为昨日的美好，而且还要使其成为今日的宝贵文化。

2. 让传统文化与市场“合作”

“授之以鱼，不如授之以渔”，可鼓励传承人与学校或者与相关企业的专业团队进行合作，打造符合市场文化的产品。企业在研发过程中要结合时代潮流与传统文化自身的特点，设计出具有原创性和丰富性的产品。例如，传承人可以突破常规打造新产品，使研发出来的产品具有古色古香和实用性的优势。这样不仅可以使传承人与外界亲密接触，而且能够使其获得一定的收入以维持生计，最重要的是这样的举措结合了文化的原真性和市场性，使文化的传承实现了双赢。

3. 运用网络新媒体

国家可以利用现在网络新媒体的渠道，不断创造条件，使传统民间艺人能够有效率地从事传承活动，使传承队伍在接触外界新事物的过程中不断壮大。

（三）加强民间文化人才的保护与培养

传承人正在减少是民间文化保护面临的最大障碍，传统文化随时处在濒临灭亡的险境中。所以专家学者肩负着伟大而又光荣的使命，应当不遗余力地去完善知识理论构架，制订各项保护细则。

1. 考虑传承人想法并劝导其以正确的方式传承

我国大部分的传承活动都是通过师傅带徒弟的方式开展的，师傅一般是手把手地教徒弟学。2016 年中国电影《百鸟朝凤》是以传承人的角度拍摄的，影片阐述了男主人公游天明从小就跟焦三爷（唢呐老艺人）学吹唢呐，与师傅同吃同住，讲述了几代传承人用坚定的信念去传承唢呐精神的故事。最后，这部电影斩获国内外诸多奖项。因为传承方式是师傅带徒弟，所以如果后继无人，那么传承就会变得岌岌可危。所以要突破这个难关就要提供合适的条件使青年人可以好好学。但是而今在传承规矩中，依旧有着传男不传女、传内不传外的习俗，作为新时代的接班人，青年人应当辩证地看待这个问题，何为传男不传女、传内不传外，考虑到古代的社会经济和风气，当时人们为了保存家族手艺、为保住自己的看家本领所以才出此下策。而如今这些技艺和手法快要失传了，所以相关人员应当做好老一辈艺人的思想工作，但是注意不能以强硬的态度去说教。

2. 周详征采传承人资料并增建示范基地

政府应积极组织工作人员对仅存无几的传承人进行全面保护。首先，对民间艺人进行调查，建立数据库。其中数据库的内容包括传承人擅长的技艺、是否找到接班人、传承谱系、对未来技艺的期望等，以求最大限度地保住正在流失的传承人和他们的技艺。其次，工作人员在调查时，要做到极力挽救保护传承人的传统技艺，尽量多保留一些传承人的影像资料，以使后代可根据已有的视频资料精准掌握传承文化的精髓。最后，如今大量的民俗活动用品很少出现在日常生活中了，在技术快速发展的今天，打造令人愉悦的生活环境氛围，使后辈能够从小就感受到良好的文化氛围是非常重要的。社会、学校和家庭在培养传承人这项工作中都是重要角色，传承这项工作从来都不是几个人就能扛起来的。为了进一步推进培养传承人的计划，相关部门可以增加或建设示范基地，只有做到传承基础稳固，传统文化才能枝繁叶茂，永葆中华之特色。

3. 减轻传承人的经济负担

首先，保护与保障经费可以考虑向贫困地区倾斜，以激发民众的保护热情。其次，制订明确的资助和保障政策，使民间艺术传承人可以心无旁骛地把自身的精湛技艺传授给后代。因为很多时候，老一辈的民间艺人要为生活奔波，甚至无暇顾及上一辈手艺的流传情况。例如，浙江永康鼓词现有艺人30名，但其大多数年老体衰，经济生活困难，且没有传承人，加上生活无保障，作为农民的他们没有退休工资和医疗保险的支撑，日子过得很窘迫。通过加强经费投入和相关的经济扶持，大力保护传承人休戚与共的生态环境，会为深陷困境的艺人减轻负担。

（四）完善传承人保护机制

传承人是中华文明的创造者和传承者，保护传统文化传承人对于保护传统文化至关重要。实践证明政府自始至终都应成为保护传承人这项工作的领军者，因为政府能做到科学地管理、规划和安排，特别是在商业经济的冲击下，其更应该保持清醒的头脑。

1. 村落保护与传统文化共荣

已经有了很大变化的中央财政应对少数民族传统文化的保护予以大力支持，鼓励和倡导传承人坚持正确的保护方向，建立专门保护传承人的基金，以实际行动支持这项工作。李伊园是广西壮族自治区的非遗传承人，其按照“公司 + 基地 + 民间手艺人”的新模式，组织贫困户去基地学习刺绣，近几年，其不断地拓展市场，给当地居民提供了诸多的就业机会。

2. 积极发挥民间团体的作用

在保护传承人的问题上总有一些领域会涉及少数民族禁忌，如神事活动等，这些事情可以由民间团体解决。自古以来，当村民不能对民间大事做决定时，都会去寻村里有号召力且有智慧的长者或是社长来定夺。在保护传承人和少数民族不让外人接触祖传技艺的矛盾点上，民间团体负责人可以起到调节、缓和矛盾的作用，这样不仅节省了政府的管理开支，而且也保持了原本的少数民族特征。

3. 列“病危”清单

同前述设置紧急制度的观点相统一，相关部门应将面临消亡或濒临灭绝的传统文化列入紧急抢救清单中。保护传承人的工作关键在于对传承人的保护和抢救。研究人员或学者要在研究少数民族传统文化的过程中，做到细致地整理好各类传承人的资源数据，包括传承内容、谱系、历史、全面影像记录等。在做调查时做到实事求是，全面了解并记录传承人的最新发展状况。

优秀的民族传统文化具有强大的凝聚力和向心力，是国家稳定、民族团结的重要纽带，是国际软实力竞争的重要资源。要传承传统民族文化，“人才”是一个关键环节。因此，相关人员有必要聚集全社会和政府相关部门的力量，在多样化的发展中不断用实践去巩固保护策略，制定并完善认定机制和保护机制，为传承人提供良好的生态环境，调动文化传承人的积极性和主动性，夯实中华传统文化的根基，为中华文化应对新时代的国际新挑战提供强大的精神动力。

第三节　中国传统文化的主要特征与发展

中国传统文化是由中华文明演化、汇集而成的一种反映中华民族特质和风貌的民族文化。中国传统文化与世界上其他的文化或文明相比，具有以下特征：历史悠久、绵延不绝，兼容并蓄、包容融合，持中贵和、追求和谐，以人为本、道德至上，求是务实、注重实用。研究中国传统文化，目的是继承中华优秀传统文化的成果。在中国优秀传统文化的成果中，"兼容并蓄""贵和""和谐""修齐治平"的思想等，都值得被传承与发扬。

中国优秀传统文化是中华民族的精神家园，是实现中华民族伟大复兴的强大精神动力。习近平总书记对中国优秀传统文化在坚定文化自信、增强文化软实力、实现中华民族伟大复兴中的重大作用进行了系统论述，并强调要重点做好优秀传统文化的"创造性转化和创新性发展"。在党的十九大报告中，习近平总书记进一步明确指出，要"推动中华优秀传统文化创造性转化、创新性发展"，"深入挖掘中华优秀传统文化蕴含的思想观念、人文精神、道德规范，结合时代要求继承创新，让中华文化展现出永久魅力和时代风采"。中国传统文化包含着丰富而深刻的哲学理念和人生智慧，直到今天仍然具有重要作用。

深入研究和探讨中国传统文化及其主要特征，弘扬、传承和发展中国优秀传统文化，对于坚定文化自信、建设社会主义文化强国、实现中华民族伟大复兴的中国梦，具有重大的现实意义和深远的历史意义。

一、中国传统文化的含义和弘扬

中国传统文化是一个内容丰富、难以概括描述的概念。一般来讲，它是由中华文明演化、汇集而成的一种反映中华民族特质和风貌的民族文化，是中华民族历史上各种思想文化、观念形态的总体表征。众所周知，中国传统文化是中国文化的主体部分，是从先辈那里传承下来的丰厚的历史遗产，它不仅记录了中华民族和中国文化演化的历史，而且作为世代相传的思维方式、价值观念、行为准则、风俗习惯，渗透在每个中国人的血脉中，是一种文化基因。大多数学者认为，中国传统文化是由居住在中国地域内的中华民族及其祖先所创造的，为中华民族世世代代所继承发展，具有历史悠久、内涵丰富、博大精深、传统优良等鲜明的民族特色。中国传统文化的核心内容是儒家文化，除此之外，它还包含其他文化形态，如道家文化、佛教文化、法家文化、墨家文化等。习近平总书记曾指出："儒家思想同中华民族形成和发展过程中所产生的其他思想文化一道，记载了中华民族自古以来在建设家园的奋斗中开展的精神活动、进行的理性思维、创造的文化成果，反映了中华民族的精神追求，是中华民族生生不息、发展壮大的重要滋养。”也有学者认为，中国传统文化主要由三种文化组成，即儒、释、道文化。其中儒家文化代表了人性中的社会性，佛教文化代表了人性中的精神性，而道教文化代表了人性中的自然性。换言之，儒家主张入世，佛家主张救世，道家主张出世，三者相互影响，共同推动着中国传统社会的稳定发展。实际上，中国传统文化渊源流长，其内涵也非常丰富，它是中华民族在5000多年的文明发展进程中，以儒家文化为主体，广泛吸收其他多种文化而形成的独具民族特色的历史道德传承、各种文化思想及精神观念形态的总体。

中国的文化名人和文化大家也很重视对中国传统文化的继承和弘扬。学术泰斗、国学大师季羡林认为，国学应该包括多种文明。他在临终前还思考着“大国学”这个概念，其提出的“大国学”把五术六艺诸子百家之学、东西南北属中国地域之学都包括在内，像满文、藏文、佛教文化等都属于“国学”。他说，西方有人认为中国到21世纪初叶将成为经济大国，甚至是军事大国，其实中国从本质上说是一个文化大国。最有可能对人类文明做出贡献的是中国文化，21世纪将是中国文化的世纪。中华炎黄文化研究会前会长许嘉璐曾说，传承中国优秀传统文化最好的办法，就是诵读古典优秀诗文。他认为，优秀传统文化中的那些名篇、名句都是人生哲理、中国魂。他强调优秀传统文化不是摆设，不是只供学者研究的对象，而是塑造民族灵魂的最好营养。如果一种文化产品只存在于博物馆中，一种文艺形式只存在于舞台上，那么可以说它们就是死的东西。同样，如果传统文化只存在于学者的书斋里或研讨会上，那么也可以说，它是死的东西。他认为文化应该活在街道上、活在家庭中、活在人心里。由此可见，我国党和国家领导人以及文化名人都非常重视对中国传统文化的传承和弘扬。要实现中华民族的伟大复兴，就必须传承和弘扬中国传统文化，汲取其精华，剔除其糟粕，促使中国优秀传统文化与时代精神结合起来。习近平总书记指出：“要加强对中华优秀传统文化的挖掘和阐发，使中华民族最基本的文化基因与当代文化相适应、与现代社会相协调，把跨越时空、超越国界、富有永恒魅力、具有当代价值的文化精神弘扬起来。”

二、中国传统文化的主要特征

对于中国传统文化的特征，许多学者从不同的角度进行了研究，并提出了不同的观点。例如，哲学家、国学大师、有着“中国最后一位儒家”之称的著名学者梁漱溟先生，在其撰写的《中国文化要义》一书中，曾概括了中国文化的十四个特征。台湾学者韦政通则认为，中国传统文化有十大特征。概而言之，中国传统文化具有以下主要特征。

（一）历史悠久、绵延不绝

中国是世界上公认的历史最为悠久的文明古国之一。英国历史学家汤因比在其鸿篇巨制《历史研究》中曾说，在近六千年的人类历史中，曾出现过26种文化形态，其中就包括四大文明古国的文化体系，即中国古代文化、古印度文化、古巴比伦文化、古埃及文化等。但在这些文化形态中，只有一种文化体系是长期延续发展而从未中断过的，那就是中国传统文化。也就是说，只有中华文明在长期的发展中一脉相承，从未中断，且一直延续至今。除此之外，其他三个文明古国的文化都因外族的入侵或其他原因而中断了。在世界上最古老的三大文字系统中，古埃及的象形文字（圣书字）、古巴比伦的楔形文字都因各自文明的中断而失传，唯有中国的汉字，伴随着从未中断的中华文明被保留了下来。中国传统文化绵延不绝、博大精深、源远流长，其犹如长江之水，浩浩荡荡，流经几千年岁月、几十个朝代，默默地积蓄力量，凝聚起中华民族的民族精魂，成为炎黄子孙共同的根。在其发展过程中虽然也屡经曲折磨难，甚至几次濒临消亡，但始终没有中断，而且在遭受一次次的挫折磨难之后，又一次次地巍然屹立于世界的东方，不能不说其是世界文化发展的奇迹。

（二）兼容并蓄、包容融合

中国传统文化的一个突出特征是其所具有的兼容并蓄、包容融合的特性。中华文化之所以能够绵延数千年而不绝，而且历久弥新，充满生机和活力，其中一个重要的原因就是它具有博采众长、海纳百川的文化品格，具有强大的包容性。因此，在历史发展过程中，无论哪一种外来文化在传入中国后，最终都会与中华文化融合。在鸦片战争之前，中国的传统文化就像一条奔腾向前的大河，任何外来文化最终都会汇入中国文化的主流之中。如佛教，自两汉之际传入中国后，虽然其影响曾一度超过了儒家文化，但最终还是被中国传统文化改造成中国化的佛教；宋朝出现了儒、释、道三教合流的现象，即“三教合一、多元一体”；南宋孝宗皇帝主张“以佛治心，以道治身，以儒治世”。其他如蒙古文化、女真文化等，最终都成为中华文化的组成部分。这些都说明了中国传统文化的包容性和兼容性。近代以来，马克思主义在中国的传播及其中国化过程，也说明了中国传统文化具有强大的包容性和兼容性。毛泽东曾说：“十月革命一声炮响，给我们送来了马克思列宁主义。”但是，最初传来的马克思主义并不是中国化的马克思主义，其是在后来的社会实践中逐渐中国化的。最早提出马克思主义中国化的是毛泽东。他在党的六届六中全会上第一次提出了“马克思主义中国化”这一历史命题，经过多年的努力，中国共产党人把马克思主义基本原理同中国革命的具体实际结合起来，形成了马克思主义中国化的第一大理论成果——毛泽东思想。从此，中国革命开始走向胜利。到了20世纪80年代，随着我国改革开放的不断深入，“马克思主义中国化”这一历史命题再次被广泛地运用起来。当代中国共产党人把马克思主义的基本原理同中国改革开放的实际结合起来，形成了马克思主义中国化的第二大理论成果——中国特色社会主义理论体系。党的十九大提出的“新时代中国特色社会主义思想”是中国特色社会主义理论体系的重要组成部分，是马克思主义中国化的最新成果。总之，佛教的中国化和马克思主义的中国化都充分证明了中华文化，特别是中国传统文化具有强大的包容性。

（三）持中贵和、追求和谐

国学大师张岱年先生认为，中国传统文化中“有一个一以贯之的东西，即中国传统文化比较重视人与自然、人与人之间的和谐与统一”。程思远把中国传统文化命名为“中华和合文化”。中国传统文化持中贵和、追求和谐的思想主要体现在两个方面：一是追求人与自然的和谐统一。在人与自然的关系上，中国古代思想家认为，“人是自然的产物”，因此，天人应当和谐。如《周易》说：“有天地然后有万物，有万物然后有男女，有男女然后有夫妇，有夫妇然后有父子，有父子然后有君臣，有君臣然后有上下，有上下然后礼仪有所错。”其认为人类是自然界的产物，是自然界的一部分，自然界和人类社会应当成为统一的和谐整体。《荀子·天论》说：“天行有常，不为尧存，不为桀亡。”其强调自然界的发展变化有其自身的客观规律，不会因为尧是圣君就存在，也不会因为桀是亡国之君就不存在。《道德经》说：“道生一，一生二，二生三，三生万物。”此处的“道”就有大自然的意思，既然万物本源于自然，那么人也是自然的产物。老子还说：“人法地，地法天，天法道，道法自然。”其认为先有自然界，后有人类，强调人们要尊重自然，与自然和谐相处。庄子曰：“天地者，而万物之父母也。”“天地与我并生，而万物与我为一。”庄子也认为人来自自然界，人与自然万物是统一和谐的整体。二是主张人与人之间的和谐统一。中国传统文化主张人与人之间应和睦相处、和谐统一、贵和尚中。孔子主张“礼之用，和为贵”。孟子提出“天时不如地利，地利不如人和”，认为人和是取得事业成功的必备条件。在人际关系和个人修养方面，儒家主张中庸之道。中庸之道是儒家学说在处理人与人、人与社会关系时的最高原则，孔子把它称为最完美的道德。孔子曰：“中庸之为德也，其至矣乎。”何谓中庸？宋代理学家解释——“不偏之谓中，不易之谓庸；中者，天下之正道；庸者，天下之定理。”“中者，不偏不倚，无过不及之名；庸，平常也。”可见，中庸就是强调人们在为人处事上、在思想行为上要恪守中道，不偏不倚，不走极端，做到适度和守常。经过历史的沉淀，持中贵和、追求和谐的精神已经逐渐成为中华民族普遍的社会心理和共同追求。

（四）以人为本、道德至上

以人为本也是中国传统文化的一个突出特征。以人为本就是把人当作考虑一切问题的出发点和归宿，人为万物之灵，在人与物之间、人与鬼神之间，人为中心。在我国古代，最早提出以人为本的是春秋时期法家的管子，他在《管子·霸言》中说："夫霸王之所始也，以人为本。本治则国固，本乱则国危。"管仲在这里所说的以人为本，就是以人民为本。在我国古代文献中，"人"与"民"二字经常连在一起使用。在先秦时代，一些思想家就提出了"民为邦本，本固邦宁"的思想。孟子甚至提出"民为贵，社稷次之，君为轻"的主张。中国传统文化在强调以人为本时，还格外关注人的道德品质的完善，孔子曾说"为政以德"。古人曰，"士有百行，以德为先"，其要求做人德为重，做事德为先。古人还提出要"厚德载物""以德配位"。

（五）求是务实、注重实用

中国文化是一种典型的大陆型农业文化。几千年来，以农耕为主的生产方式和生活方式形成了中国文化注重实际、追求稳定的特点。这种以农为本的务实精神，在一定程度上造成了中国传统文化中的一个重要倾向——重农抑商。这种传统既导致了中国从古代开始一直都是一个农业大国，商业不够发达，也导致了中国在现代化进程中没有像西方资本主义国家那样重视工商业，现代化进程比较缓慢。但另一方面，这种传统是符合中国国情的。中国始终是人口大国，吃饭穿衣问题不解决，一切都无从谈起。直到现在，农业问题依然是国家发展的根基。习近平总书记也指出，"手中有粮，心中不慌"，"我国是一个人口众多的大国，解决好吃饭问题始终是治国理政的头等大事"。"十三五"规划也强调："坚持最严格的耕地保护制度，坚守耕地红线，实施藏粮于地、藏粮于技战略，提高粮食产能，确保谷物基本自给、口粮绝对安全。"以上种种，都反映和体现了中国人的务实精神。中国古代的女娲补天、夸父逐日、大禹治水、精卫填海、愚公移山、钻木取火等为人所熟知的神话传说故事，折射出来的也是中国文化所追求的实用精神。儒家、道家、佛家的三大思想体系也体现了一定的实践精神，特别是儒家思想，其追求的根本是教化，而非宗教。孔子穷其一生所关注的基本都是人事，而不是鬼神，是人的生前之事，而非死后之事。

三、中国传统文化的发展

西方有识之士曾客观地评价过中国文化。英国著名哲学家、历史学家汤因比认为，19 世纪是英国人的，20 世纪是美国人的，21 世纪将是中国人的。他认为中国的文化，尤其是儒家思想和大乘佛教能够引领人类走出迷误和苦难。汤因比在 20 世纪 70 年代提出了令世人深思的论点："挽救 21 世纪的社会问题，唯有中国的孔孟学说和大乘佛法。”1988 年 1 月，75 位诺贝尔奖获得者在《巴黎宣言》中说：“人类要在 21 世纪生存下去，必须从 2500 年前的孔子那里汲取智慧。”2013 年 12 月 30 日，习近平总书记在主持十八届中央政治局第十二次集体学习的会议上强调：“把跨越时空、超越国度、富有永恒魅力、具有当代价值的文化精神弘扬起来，把继承传统优秀文化又弘扬时代精神、立足本国又面向世界的当代中国文化创新成果传播出去。”

（一）兼容并蓄思想的传承与发展

中国传统文化倡导的包容、兼容、宽容思想，对建立多元、和谐世界新秩序具有积极的借鉴价值。包容和兼容并蓄精神是中国传统文化的主要特征之一，如“和而不同”的兼容精神。“和而不同”出自《论语·子路》：“君子和而不同，小人同而不和。”“和而不同”思想在中国源远流长，早在 3000 多年前，中国的甲骨文和金文中就有了“和”字。“和而不同”的“和”，一是主张多样性，二是主张和谐性。其主张对不同的意见、不同的事物持以宽容的态度。所以，“和而不同”的前提是承认差异、尊重差异，承认和尊重世界、事物的多样性。有一位作家曾经说过，世界上没有两粒相同的沙子，即世界上的事物是千姿百态、无限多样的。美妙的音乐，绚丽的文采，可口的佳肴，都是由不同要素构成的美好的事物。世界也因多样性而丰富多彩。中国共产党人是中国优秀传统文化的忠实继承者和弘扬者。周恩来也深受中国传统文化的熏陶，他创造性地提出了“求同存异”的思想，这是对中国传统文化中“和而不同”思想的借鉴、创新和发展。1955 年 4 月，他在亚非会议上发表了关于“求同而存异”的著名讲话，强调不同社会制度、不同意识形态、不同宗教信仰的国家，可以在和平共处五项原则的基础上找到共同的出发点。邓小平提出的“一国两制”思想，成功地解决了香港和澳门回归的问题，体现了中国“和而不同”的传统文化精神，为世界其他国家提供了解决类似问题的成功典范。2013 年 3 月，习近平总书记在联合国教科文组织总部演讲时也曾高度赞赏过中国传统文化“和而不同”的思想，他指出：“中国人在 2000 多年前就认识到了‘物之不齐，物之情也’的道理。”他认为，人类文明因多样才有了交流互鉴的价值，人类文明因平等才有了交流互鉴的前提，人类文明因包容才有了交流互鉴的动力。2014 年 6 月，在和平共处五项原则发表 60 周年的纪念大会上，习近平总书记再次赞赏和倡导中国传统文化中的“和而不同”思想，他认为，文明多样性是人类社会的基本特征。他指出：“当今世界有 70 亿人口，200 多个国家和地区，2500 多个民族，5000 多种语言。不同民族、不同文明多姿多彩、各有千秋，没有优劣之分，只有特色之别。‘万物并育而不相害，道并行而不相悖。’我们要尊重文明多样性，推动不同文明交流对话、和平共处、和谐共生”。

（二）贵和、和谐思想的传承与发展

中国传统文化倡导的贵和、尚和、和合思想，对于处理人与人之间的关系，构建和谐社会，化解人类矛盾、冲突有着积极价值和启发意义。对于社会管理者来说，要实现人与人之间的和谐，必须具有民本主义思想。老子认为，圣人应以百姓之心为心。孟子提出了民贵君轻的思想。唐太宗李世民把自己比喻为舟、把人民比喻为水，提出了“水能载舟，亦能覆舟”的执政理念。中国共产党人继承了中国传统文化和谐的思想，毛泽东提出了全心全意为人民服务的主张，邓小平把人民赞成不赞成、高兴不高兴、拥护不拥护作为党的各项方针政策的出发点，江泽民把代表广大人民群众的根本利益作为“三个代表”的重要内容，胡锦涛明确提出了“权为民所用、情为民所系、利为民所谋”的思想。在党的十九大报告中，习近平总书记指出，“永远把人民对美好生活的向往作为奋斗目标”，“必须始终把人民利益摆在至高无上的地位”。孔子提出“四海之内，皆兄弟也”。孟子由“人和”推而广之，要求人们做到“老吾老以及人之老，幼吾幼以及人之幼”。墨子提出“兼相爱，交相利”“爱无差等”思想。这些都体现了人与人之间和睦、和谐的思想。毛泽东理想中的“环球同此凉热”“世界大同”境界，胡锦涛提出“构建和谐世界”的思想，习近平提出的建设“人类命运共同体”的主张，都是对中国优秀传统文化的继承和发展。

（三）修齐治平思想的传承与发展

以儒家思想为重要内容的中国传统文化非常重视个人修养，其提出作为国家管理者，要做到“修身、齐家、治国、平天下”；要“完善人格”，“立德、立功、立言”。古语曰：“太上有立德，其次有立功，其次有立言；虽久不废，此之谓不朽。”其中，“立德”指做人，即做像尧、舜那样道德高尚的人，做像雷锋、焦裕禄、孔繁森那样的道德典范；“立功”指做事，像神农尝百草、大禹治水、秦始皇统一六国等；“立言”指做学问、著书立说，像《道德经》《论语》，唐诗宋词也闪烁着不朽的光芒。在“立德、立功、立言”中，“立德”在首位，这说明在“三不朽”中，最重要的是个人的道德修养。孔子说：“政者，正也。其身正，不令而行，其身不正，虽令不从。”孔子认为，作为社会管理者和领导者，必须加强自身修养，只有自身端正，才能成为社会和民众的楷模和典范。自党的十八大以来，习近平总书记多次强调，领导干部要讲党性、重品行、做表率，做社会主义道德的示范者；要严以修身、严以用权、严以自律，清清白白做人、干干净净做事、堂堂正正做官，真正做到率先垂范、以上率下。这些思想和要求，都是对中国优秀传统文化的传承和发展。

第四节　新时代中国传统文化的传承特点和价值

中国传统文化是中华民族在长期的历史实践过程中创造、传承下来的宝贵遗产，其虽历经千年沧桑，但在新时代的背景下还有很多传承价值亟待我们去挖掘。我们应当以中华优秀传统文化为理论基础，认真归纳总结传统文化在新时代的主要传承特点，即自我革新性、独特性、兼容并蓄性等特征，从而为新时代建设社会主义经济、构建社会主义和谐社会和建立新型大国外交关系等提供价值源泉和理论基础。

近年来，由于经济全球化浪潮的持续猛进和互联网的广泛普及，我国经济在快速发展、信息交流更加顺畅的同时也受到了一些巨大的文化冲击。西方主流意识形态不断融入本土文化，与之而来的还有一些西方腐朽文化对我国的渗透，社会中的道德滑坡现象层出不穷，不少人对个人主义、自由主义等社会思潮缺乏科学判断。这与快速发展的经济形成了鲜明对比，文化建设中的“短腿”现象依然存在。于是，许多专家学者强烈呼吁在传统文化中寻找解决问题的答案，党的十九大报告明确指出中国优秀传统文化是中国特色社会主义文化的主要来源之一。因此，解决以上问题需要用中国优秀传统文化来保驾护航。

一、新时代中国传统文化的传承特点

（一）自我革新的品质保留了最核心的特征

中国是世界四大文明古国之一，令亿万中华儿女骄傲和自豪的是，中华文明历经数十载，经历多次朝代更迭和外族入侵，依然是世界上唯一个没有中断的文明。这主要得益于它能在多次的朝代更替中不断进行自我调整，但是其核心要素一直被保留。比如，对“天”的崇拜。人们认为“天”是仁慈的化身，而“皇帝”“君主”是上天任命来管理天下的。“天”代表了非排外的世界观，这使得其他民族文化可以通过融合而不是被征服，友好地融入中国传统文化中。

中国传统文化强大的自我革新、调整能力，使得近代以来的一些西方大国惧怕“中国复兴”，但是崛起后的中国是像威斯特伐利亚体系中的大国诉诸武力一样，还是按传统文化的思想以和平手段解决问题？实践中的中国已经给出了答案。如今得到世界各国普遍认可并写入联合国决议的“人类命运共同体”思想，就来源于儒家的“仁政”思想、墨家的“兼相爱，交相利”的兼爱思想、法家的“兵者，国之大事，死生之地，存亡之道，不可不察也”的反战思想等中国优秀传统文化。2019 年第 72 届世界卫生大会首次将起源于中医药的传统医学纳入《国际疾病分类》，传统医学进入国际标准体系，这彰显了我国中医药服务在人类健康服务中的能力和地位，体现了中医及中国传统文化中的“合和之道”。随着历史车轮的滚动，无论是在古代，还是在新时代；无论是自然地传承，还是有选择地传承，中国传统文化在不断自我革新的过程中始终能取各家文化之长而保留自身最核心的特征，且核心特征又能适应新时代的需要而被赋予新的内涵和价值。

（二）特有的多民族传统造就了独特的文化

中国传统文化是中国所特有的，与世界上其他民族文化不同。中国传统文化是以满足自身需要的农业经济为主、手工业为辅，以汉族文化为核心，在与其他各族人民的交流中融合发展的。在这种条件下，特定区域、特定民族形成的文化圈具有强烈的民族性。正因为它具有强烈的民族性，所以它是中华民族所特有的，具有独特性。1996年，当代著名的国际政治理论家塞缪尔·亨廷顿在其出版的书——《文明的冲突》中指出，世界上是存在着多种文明的，而中华文明作为单一且独特的文明被大家认可了。

由于我国幅员辽阔，地大物博，且长期处于一个自给自足的环境中，故中国传统文化在不同地区、不同民族的差异中形成了具有不同特点的地方民俗，如农民丰收节、传统古庙会、元宵节、少数民族庆贺节等。除此之外，还形成了独特的文化区域，如中原、荆楚、巴蜀、吴越等文化区域；不同民族、派别学说之间交融争鸣，形成了诸子百家的文化思想，如儒家的“中庸”思想、道家的“无为”思想、墨家的“兼爱、非攻”思想等各家思想；传统文学中的律诗、古体诗、绝句、楚辞、宋词等；传统医学中的“望闻问切”四诊合参的方法、中医疗法、肢体疗法等。传统文化渗透在中国的政治、经济、文化、社会等各个方面。

（三）海纳百川的胸怀使其源远流长

中国传统文化历经五千年的历史沉淀而能源远流长的最重要的原因是其自身的包容性。在历史中成长起来的传统文化，受自给自足的小农经济和中原地区自古以来“面朝黄土背朝天”的生产方式的影响，中国人的思想中难免会有封闭保守的一面，但是在多民族融合中成长起来的中国传统文化却具备了绝大多数国家都不具备的兼收并蓄的大包容、大气势和大气魄。其中最有说服力的是儒家文化。儒家的“仁政”思想使得传统中国没有出现极端的专制和暴政，与同时期西方国家霍布斯的“利维坦”式的国家形成了鲜明对比。

我们所称的“华夏文明”在夏商周时期只包括陕西、山东、河南等中原地区的思想文化，而现在其含义却远超出这一地域限制，这是中国传统文化不断地吸收包容、兼收并蓄的结果。中国传统文化不仅吸收了突厥人、藏族、回族、满族、维吾尔族等游牧民族、少数民族的多种优秀文明成果，而且吸收借鉴了西方文明，并形成了自己特有的文化。中国传统文化有以汉字汉语、中华武术、传统节日、传统文学、传统建筑等为载体的丰富内容，还有佛教的清心寡欲、儒学的中庸致和、道家的无为而无不为的人生哲学……丰富的内容、多样的形式、高深的哲学思想，融入了社会生活的各个方面。

简而言之，中国传统文化在历史长河中所表现的自我革新性、独特民族性、兼收包容性等特征是五千年文明仍然光辉灿烂的重要原因，但是传统文化的传承性特征绝不仅限于这三个，其世俗性、开放性、多样性、悠久性等也是传承中的特点，这诸多的特点构成了中国传统文化最重要的特质。

二、新时代中国传统文化的传承价值

（一）有利于社会主义经济的健康发展

随着世界各国联系的加强，西方加快了以经济实力为基础的“强势文化”的输出，其形式不局限于文化手段，更多的是借助经济、政治来发力：肯德基、麦当劳、好莱坞、NBA等带有美国文化元素的事物在极短的时间里席卷了中国大地。对于这些外来文化，我们要抱有强大的包容态度，但又不得不时刻警惕它带来的强大冲击，无论是文化价值观方面的还是经济、政治方面的。文化与政治、经济相互交融，同时文化对经济又具有强大的反作用。研究中国近代思想史的主要代表约瑟夫·列文森教授认为，“中国的儒学被认为是历史博物馆中的优美陈列品”；儒学学者郑家栋则认为儒家传统是在图书馆里或文人学者的书架上。因此，我们要传承并复兴优秀的传统文化，发挥其新时代的经济价值。中国传统文化作为几千年来中华文明的结晶，在新时代中有大量可挖掘的资源，如中国的武术吸引了众多海外弟子，中医药传到海外被用来治病救人，这样的例子比比皆是。但是，我国虽拥有丰富的文化资源，但对于文化产业的开发利用却不是很理想，因此，我们应充分挖掘中国传统文化的经济价值，提高其在文化产业中的利用质量和效率。此外，中国传统文化的经济价值不能仅停留在文化产业上，还要体现在对经济领域行业的规范上。

优秀的中国传统文化有利于促进社会主义经济的发展。如儒家文化中的“仁”与“和”，“仁”就其基本含义而论是爱人，即爱他人、利他人、成就他人的精神，而“和”的思想几乎存在于人、自然、社会等多个关系链中，其“团结一致、和睦相处”的内涵在当代经济发展中要求人们在追求自己利益的同时还要关切他人的利益，进而照顾到社会，它使人们自觉地意识到只有整个国家的经济发展了，只有将市场做大做强，自己才能分得更大的“蛋糕”，有一个更为广阔的市场前景。“仁”与“和”对西方世界所强调的个人本位所带来的社会纷争无疑是具有调和矛盾的作用的。近几年来，诚信问题受到了人们的广泛关注，“毒奶粉”“假粉条”“阴阳合同”等相继出现，这些失信企业一次次地触动着人们的神经。儒家的“仁”与“和”无疑会给予这些企业正确的道德指向，推动其健康发展。

（二）有利于社会主义和谐社会的建设

优秀的传统文化是社会主义文化的根基，其核心是儒家、道家与佛家思想。建设社会主义，建设和谐社会，离不开这些优秀的传统文化。若离开了这些文化，社会的发展就缺少了根基，先进文化就成了无源之水、无本之木。随着改革开放的实行，西化式教育方式下的国人开始痴迷西方的洋节日，如圣诞节、平安夜等，认为不过洋节就是落伍。这是事实真相，也是我们对传统节日的宣传不够所带来的后果。因此，我们要形成以中国传统文化为主体的社会氛围，把各少数民族团结在优秀的汉文化周围，使汉文化成为具有向心力的主体文化精神，这才是真正的兼收并蓄、海纳百川。

几千年来，中国传统文化形成了以儒家的“仁义礼智信”“温良恭俭让”为核心的道德内容，这对于当代和谐社会价值体系的构建具有重大意义。钱逊先生认为，“传统文化中的仁爱精神，威武不屈的独立人格精神，忧国忧民、竭诚尽忠的爱国精神，‘慎独’的道德精神以及敬老爱幼等，都是‘传统美德’”。作为传统文化中的精髓部分，中国传统文化传递的精神价值是人类文化价值的精华。众所周知，“善行”是中国文化的主导思想，追求崇高的思想品质、陶冶高尚的情操是大多数中国人所热衷的，这一道德传统亘古不变。这些优秀的传统道德有利于社会主义和谐社会的构建。

（三）有利于新型大国外交关系的建立

中国传统文化中的“以和为贵”思想是我们处理民族问题和外交关系的一贯主张。中国传统文化历来奉行“大一统”的思想，而中国传统文化也是维系两岸同胞亲情的纽带。同时，中国传统文化中的一些论述为中国实际问题的深入研究提供了新的方向。五四运动以来，中国共产党把马克思列宁主义思想与中国文化、中国的革命实践结合起来，促进了毛泽东思想的形成。周恩来总理在日内瓦会议中提出的和平共处五项原则成为国际处理国家间关系的准则，其“求同存异”的思想就是来源于儒家的“君子和而不同，小人同而不和”的“和而不同”思想。邓小平理论中关于建设中国特色社会主义的实践及其相关的方针政策使中国的经济、政治、文化有了突飞猛进的发展，其改革开放的举措震惊了全世界。习近平总书记提倡的“人类命运共同体”思想和“一带一路”倡议体现了中国和平共赢的外交政策。这既符合传统文化的义利观，又符合共产党人为人类幸福而奋斗的伟大使命的要求。

参考文献

[1] 常彦 . 中国传统文化导论 [M]. 西安：陕西师范大学出版总社，2018.

[2] 姬喆，蔡启芬，张晓宁 . 中国传统文化元素与艺术设计实践 [M]. 长春：吉林文史出版社，2021.

[3] 姜兵，魏雪峰，韩霞 . 中国传统文化读本 [M]. 成都：电子科技大学出版社，2017.

[4] 李红丽 . 中国传统文化导读 [M]. 上海：上海交通大学出版社，2017.

[5] 李宽松，罗香萍 . 中国传统文化概论 [M]. 广州：中山大学出版社，2018.

[6] 李乾夫，李鸿昌，杨更兴，等 . 中国传统文化概论 [M]. 昆明：云南大学出版社，2015.

[7] 路伟 . 中国传统文化 [M]. 桂林：广西师范大学出版社，2016.

[8] 马怀立，姜良威，张毅 . 中国传统文化 [M]. 天津：天津人民出版社，2018.

[9] 彭金祥 . 汉字与中国传统文化 [M]. 成都：电子科技大学出版社，2017.

[10] 冉启江，韩家胜，康佳琼 . 中国传统文化 [M]. 上海：上海交通大学出版社，2016.

[11] 孙丽青，邵艺 . 中国传统文化概观 [M]. 上海：复旦大学出版社，2014.

[12] 汤一介 . 中国传统文化的特质 [M]. 上海：上海教育出版社，2019.

[13] 王瑞文，柳松，黄凤芝 . 中国传统文化概论 [M]. 北京：北京工业大学出版社，2019.

[14] 王善禄 . 中国传统文化论 [M]. 济南：齐鲁书社，2013.

[15] 向秀清 . 中国传统文化与艺术欣赏 [M]. 重庆：重庆大学出版社，2018.

[16] 许永莉 . 中国传统文化概论 [M]. 北京：北京工业大学出版社，2020.

[17] 杨文涛 . 中国传统文化 [M]. 北京：中国言实出版社，2020.

[18] 叶碧，魏俊杰，刘小成 . 中国传统文化概论 [M]. 杭州：浙江大学出版社，2017.

[19] 张斌 . 中国传统文化概论 [M]. 长春：吉林出版集团股份有限公司，2021.

[20] 张宏 . 中国传统文化概论 [M]. 北京：北京理工大学出版社，2019.

[21] 张竟荣，宋旭民，邱燕 . 中国传统文化概论 [M]. 北京：国家行政学院出版社，2019.

[22] 张晓芝，王慧颖 . 中国传统文化十六讲 [M]. 重庆：重庆大学出版社，2020.

[23] 张义明，易宏军 . 中国传统文化概论 [M]. 西安：西北大学出版社，2019.

[24] 赵昭 . 中国传统文化十讲 [M]. 重庆：重庆大学出版社，2019.

[25] 周臻，黎莉，华雪春 . 中国传统文化 [M]. 北京：航空工业出版社，2015.

[26] 朱岚 . 中国传统文化 [M]. 北京：国家行政学院出版社，2013.